레고® 파워 펑션 아이디어 북

다양한 기계와 동작 원리

레고®
파워 펑션
아이디어 북

다양한 기계와
동작 원리

지은이 **이소가와 요시히토** | 옮긴이 **공민식**

인사이트
insight

The LEGO® Power Functions Idea Book, Volume 1: Machines and Mechanisms

레고® 파워 펑션 아이디어 북 Volume 1 : 다양한 기계와 동작 원리

초판 1쇄 발행 2016년 5월 4일 **지은이** 이소가와 요시히토 **옮긴이** 공민식 **펴낸이** 한기성 **펴낸곳** 인사이트 **편집** 조은별 **본문 디자인** 윤영준 **제작·관리** 박미경 **용지** 월드페이퍼 **인쇄** 현문인쇄 **제본** 자현제책 **후가공** 이지앤비 **등록번호** 제10–2313호 **등록일자** 2002년 2월 19일 **주소** 서울시 마포구 잔다리로 119 석우빌딩 3층 **전화** 02–322–5143 **팩스** 02–3143–5579 **블로그** http://blog.insightbook.co.kr **이메일** insight@insightbook.co.kr **ISBN** 978–89–6626–182–6 책값은 뒤표지에 있습니다. 잘못 만들어진 책은 바꾸어 드립니다. 이 책의 정오표는 http://blog.naver.com/legoinsight/2206929163381에서 확인하실 수 있습니다. 이 도서의 국립중앙도서관 출판예정도서목록(CIP)은 서지정보유통지원시스템 홈페이지(http://seoji.nl.go.kr)와 국가자료공동목록시스템(http://www.nl.go.kr/kolisnet)에서 이용하실 수 있습니다(CIP제어번호: CIP2016010301).

차례

팔, 날개, 그리고 다른 구동부

소개

이 책은 레고 테크닉 부품을 이용해 만들어 볼 수 있는 다양한 모델을 소개하는 아이디어 북입니다. 특히, 레고 파워 펑션(Power Function) 시리즈의 모터, 램프와 같은 전기 관련 부품의 활용 기법에 초점을 맞추고 있습니다.

왜 설명이 없나요?

이 책은 여러분이 지금 읽고 있는 '서문' 과 '목차' 외에는 글이 없습니다. 대신, 특정한 기법 또는 원리를 보여 주기 위한 조립 모델을 쉬운 것부터 어려운 것까지, 여러 각도로 찍은 사진을 제공합니다.

이 책에서는 모델을 완성시키는 데 필요한 부품에 대해서는 소개해 주지만, 레고 기성품에 포함된 것과 같은 단계별 조립도는 제시하지 않습니다. 여러분은 다양한 각도에서 촬영된 이미지를 보며, 흡사 퍼즐을 풀어나가는 과정처럼 스스로 모델을 완성시켜야 합니다. 이 과정은 처음에는 약간 익숙치 않게 느껴질 수도 있지만 하나씩 단계를 밟아 나가다 보면 충분히 여러분만의 노하우가 생길 것입니다.

부품색의 의미

이 책에 등장하는 예제들은 모두 여러분이 구조를 이해하기 쉽도록 의도적으로 다른 색상을 조합해 만들었습니다. 모델을 따라 만들기 위해 책의 예제와 같은 색을 고집할 필요는 없습니다. 부품의 모양, 좀 더 나아가 부품의 동작 특성만 동일하다면 여러분이 원하는 색상과 모양의 부품을 사용해도 무방합니다.

부품 대체하기

이 책의 모델들은 가능한 한 쉽게 구할 수 있는 부품 위주로 만들었습니다. 하지만 예제에 사용된 모든 부품의 모양과 색을 똑같이 맞추는 것은 쉽지 않을 것입니다.

대부분의 독자들은 자신이 가지고 있는 레고 부품을 활용해 이 책의 모델을 만들어보고 싶어할 것입니다. 만약 책에 나온 것과 같은 부품이 없다면 대체할 만한 부품을 찾는 과정도 필요하겠지요.

예를 들어, 레고에는 많은 종류와 크기의 타이어가 있습니다. 만약 여러분이 이 책의 특정한 모델에 사용된 타이어와 똑같은 타이어가 없다면, 비슷한 크기의 다른 타이어를 사용해도 크게 문제가 되지 않습니다. 파워 펑션 모터도 마찬가지입니다. 이 책에서 가장 많이 사용되는 것은 파워 펑션 M 모터(미디엄 모터)입니다. 대부분의 모델에서, 여러분은 M 모터와 거의 크기가 비슷한 파워 펑션 L 모터 또는 구형의 9V 모터를 사용해도 구동할 수 있을 것입니다.

참고로, 이 책의 맨 뒤에서 책에서 제시된 모델들을 만드는 데 필요한 부품 목록을 볼 수 있습니다. 부품 목록은 여러분이 부품을 찾거나 구하는 데 많은 도움을 줄 것입니다.

당신이 창작가입니다

모델을 만들 때 단순히 따라 만드는 것보다 면밀히 검토하고 고민하며 만드는 것을 추천합니다. 왜 이렇게 만들었을까, 어떻게 이런 움직임이 완성되는 것일까를 고민하고 이런 모양을 갖추게 된 이유를 생각해 보는 과정을 통해 여러분은 자신의 조립 능력을 크게 향상시킬 수 있습니다.

이 책은 여러분의 상상력을 자극하기 위해 만든 아이디어 북입니다. 여러분이 이 책을 통해 각각의 프로젝트를 자신만의 것으로 소화해 내고, 각각의 것을 결합해서 보다 멋지고 재미있는 여러분만의 작품을 만들어낼 수 있기를 진심으로 희망합니다.

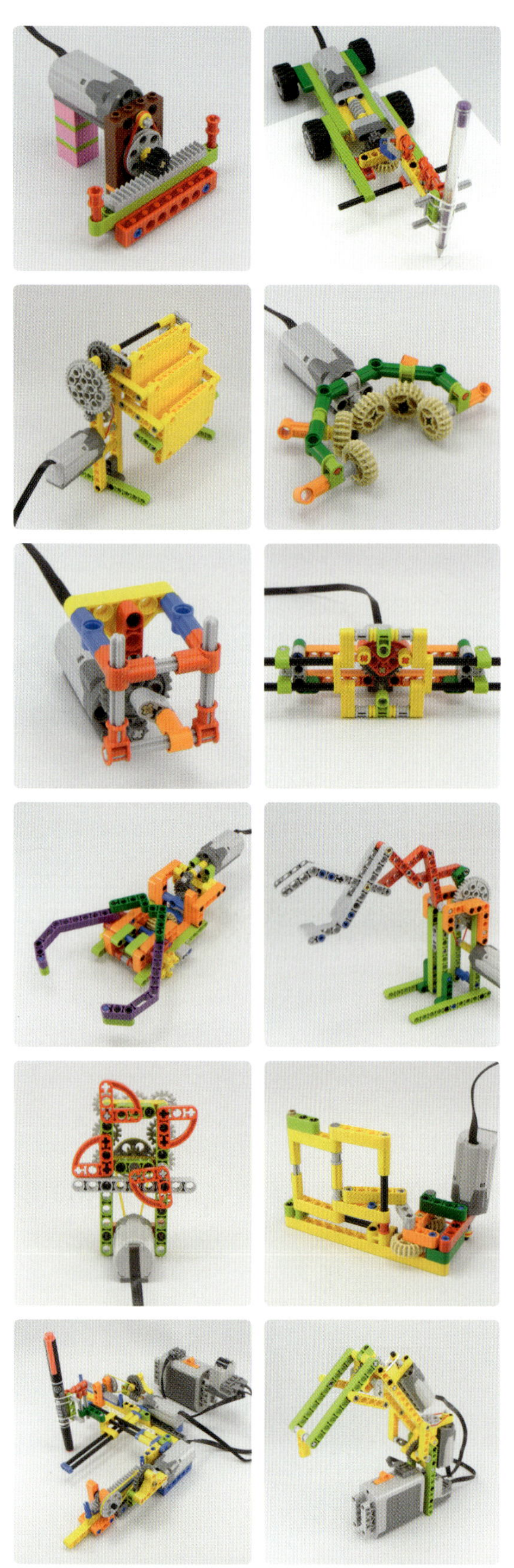

1부

간단한 동작 원리

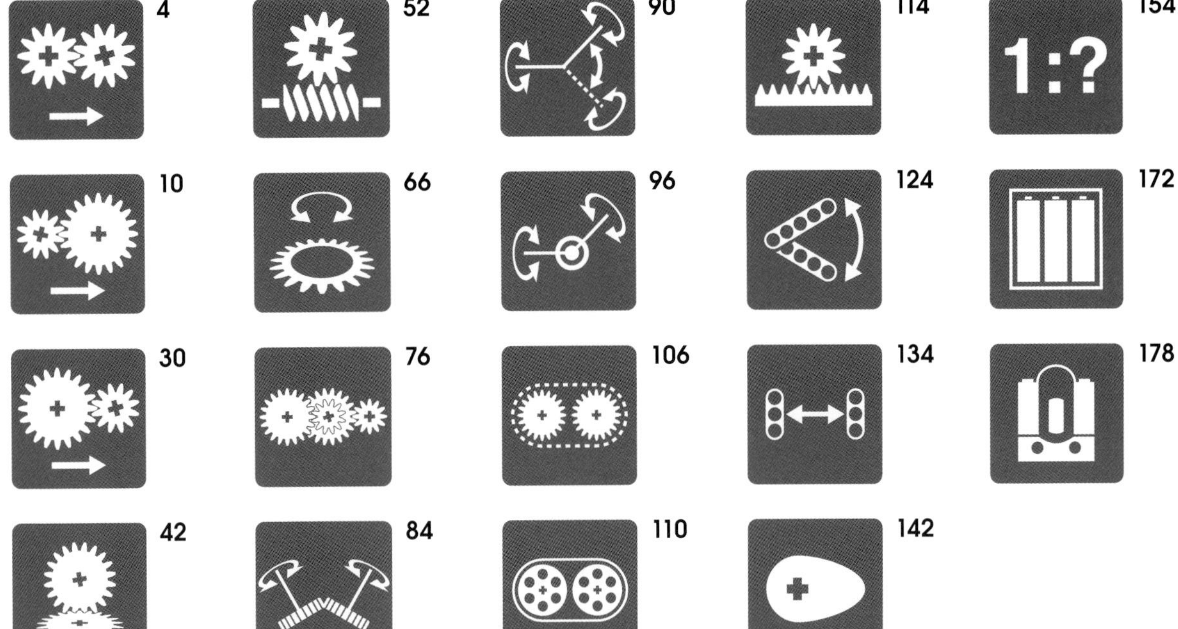

기어비, 그리고 회전력의 전달

#1

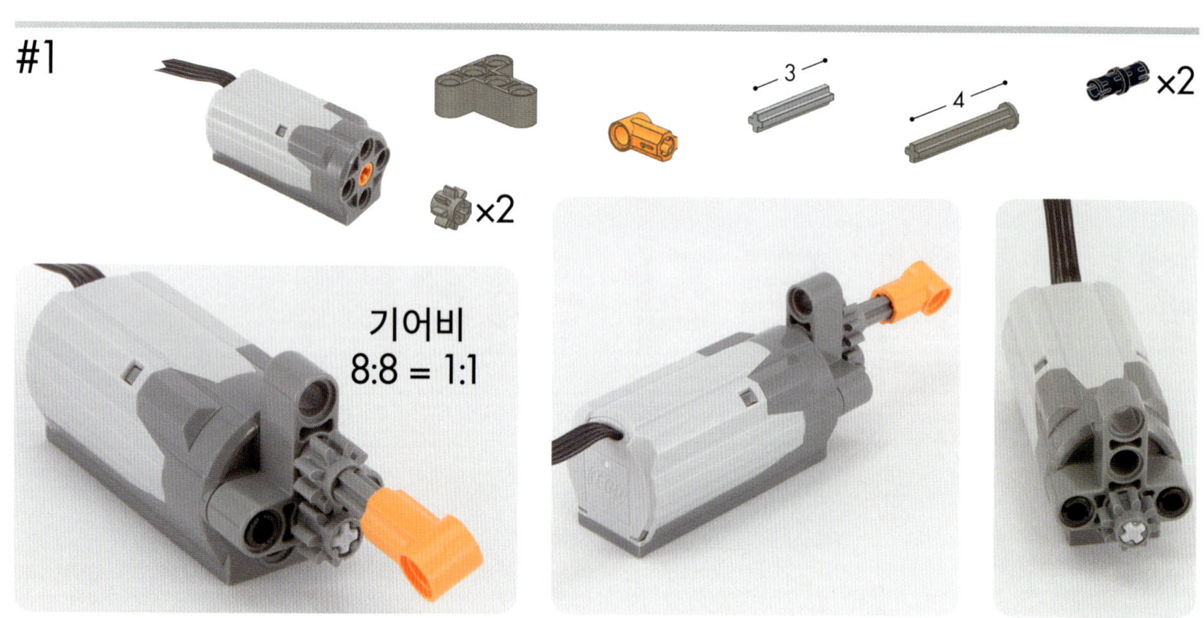

#2

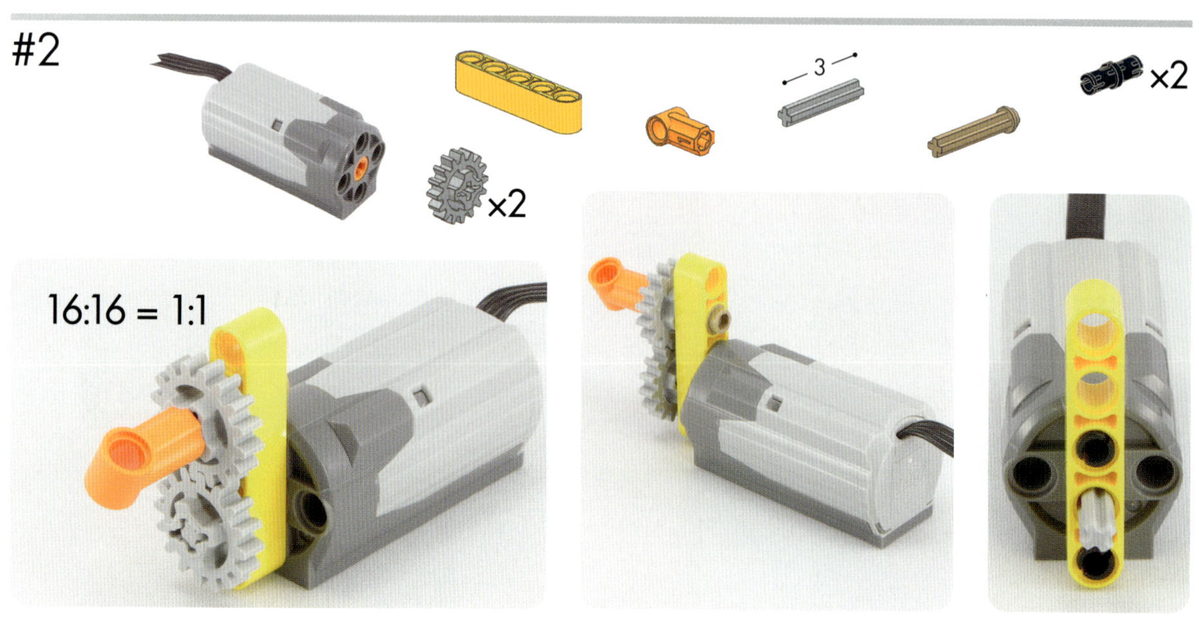

#3

16:16 = 1:1

×2

#4

24:24 = 1:1

×2

3

×2

#5

40:40 = 1:1

#6

36:12:36 = 3:1:3

#7

12:12 = 1:1

#8

20:20 = 1:1

#9

20:20 = 1:1

#10

20:20 = 1:1

#11

36:36 = 1:1

#12

36:36 = 1:1

기어 감속 구조 (힘의 증가)

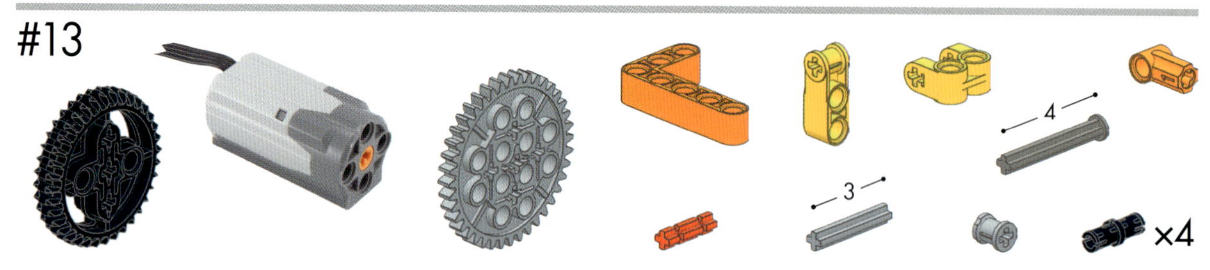

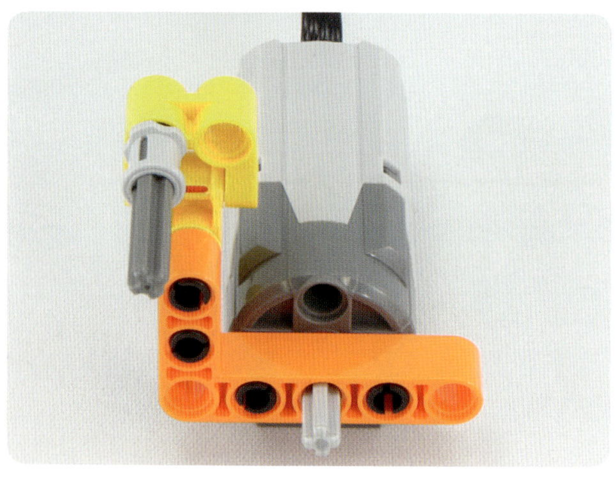

#14

36:40 = 9:10 ▶ 0.90

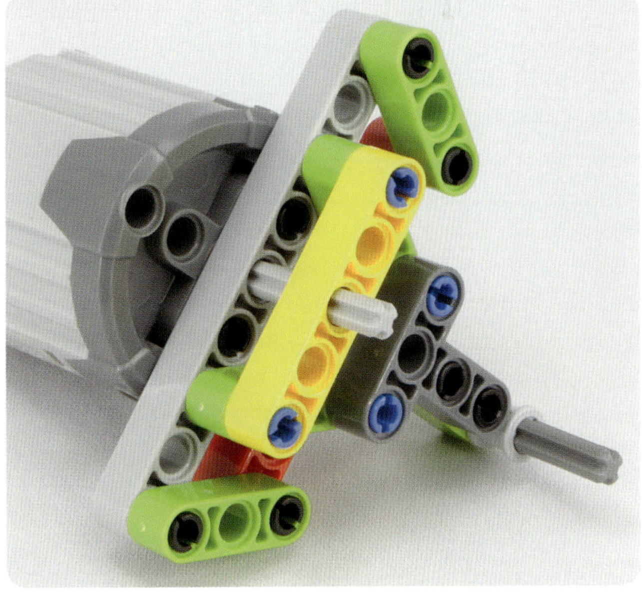

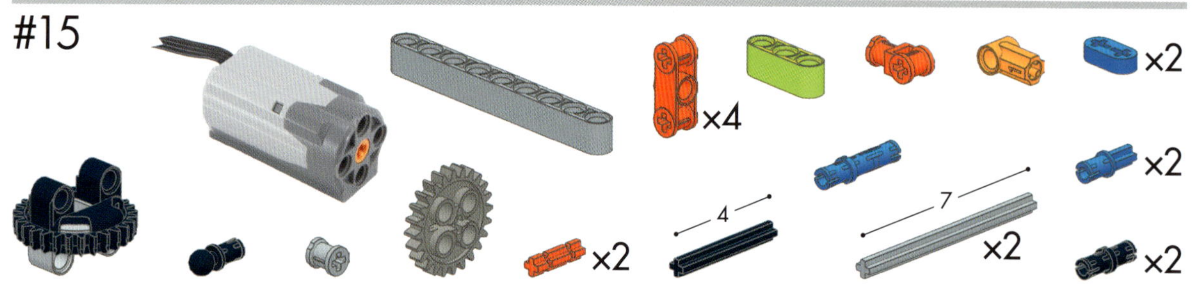

#15
×4
×2
×2
×2
4
7
×2
×2
×2

24:28 = 6:7 ▸ 0.86

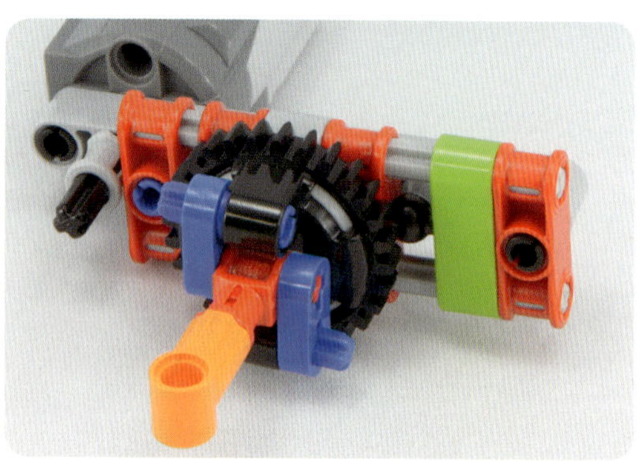

×2

#16

24:28 = 6:7 ▶ 0.86

#17

20:24 = 5:6 ▶ 0.83

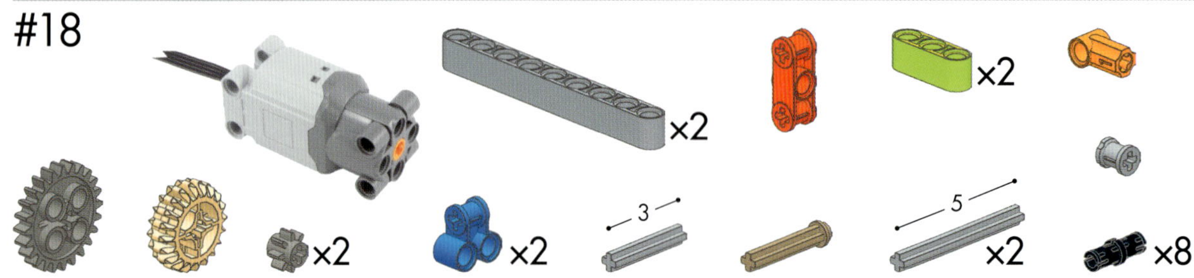

#18

20:24 = 5:6 ▶ 0.83

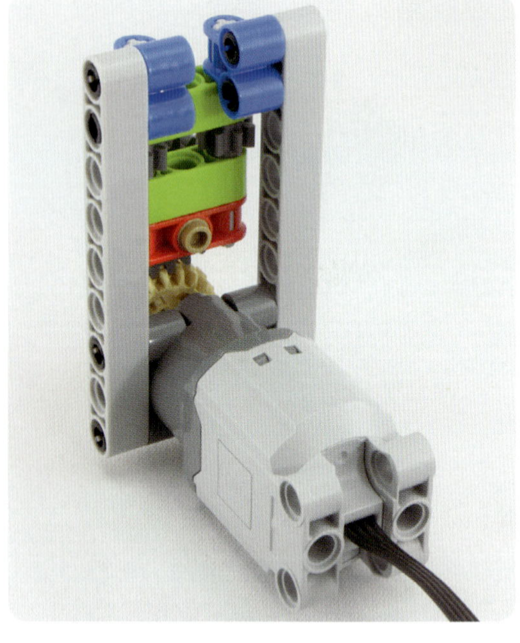

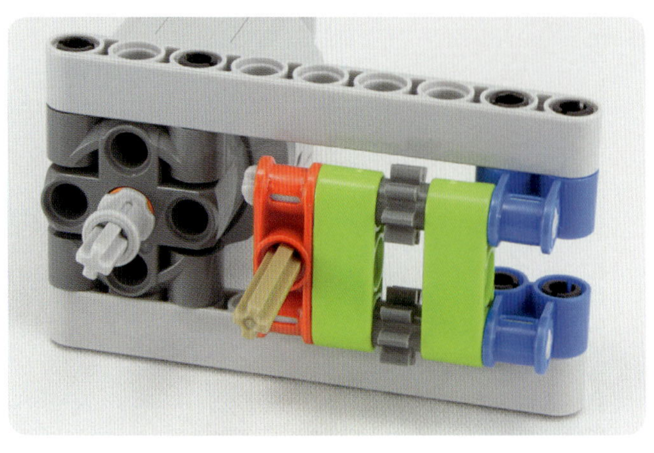

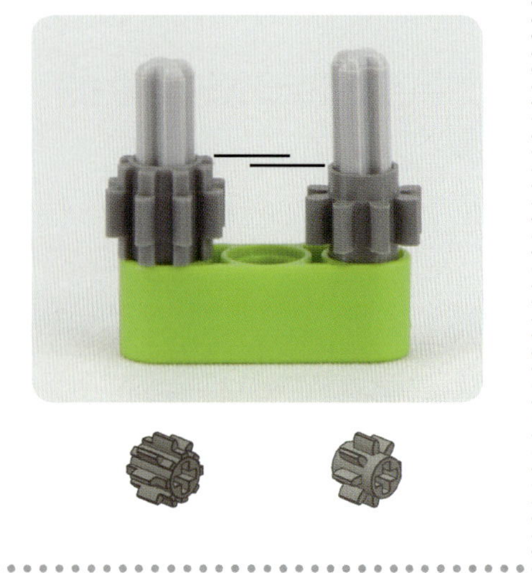

#19

16:20 = 4:5 ▸ 0.80

×3

×2

#20

16:20 = 4:5 ▸ 0.80

×2   ×3   ×2

×4   ×3   ×4   ×3

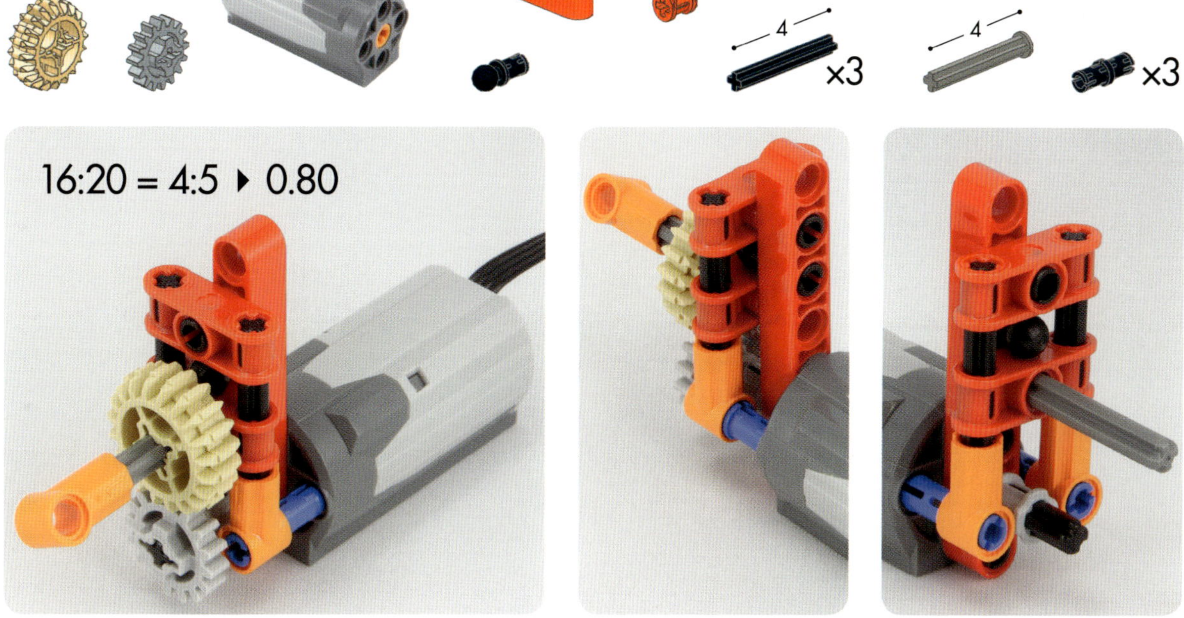

#21

28:36 = 7:9 ▶ 0.78

#22

28:36 = 7:9 ▶ 0.78

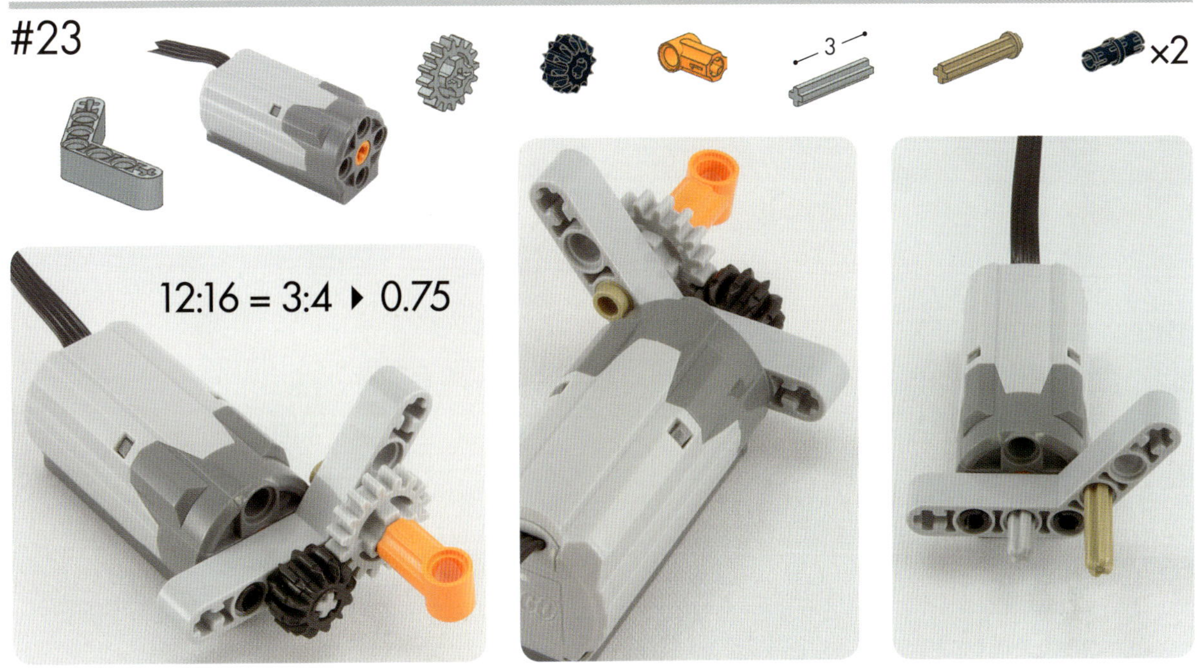

#23

12:16 = 3:4 ▶ 0.75

#24

20:28 = 5:7 ▶ 0.71

#25

24:36 = 2:3 ▶ 0.67

#26

16:24 = 2:3 ▶ 0.67

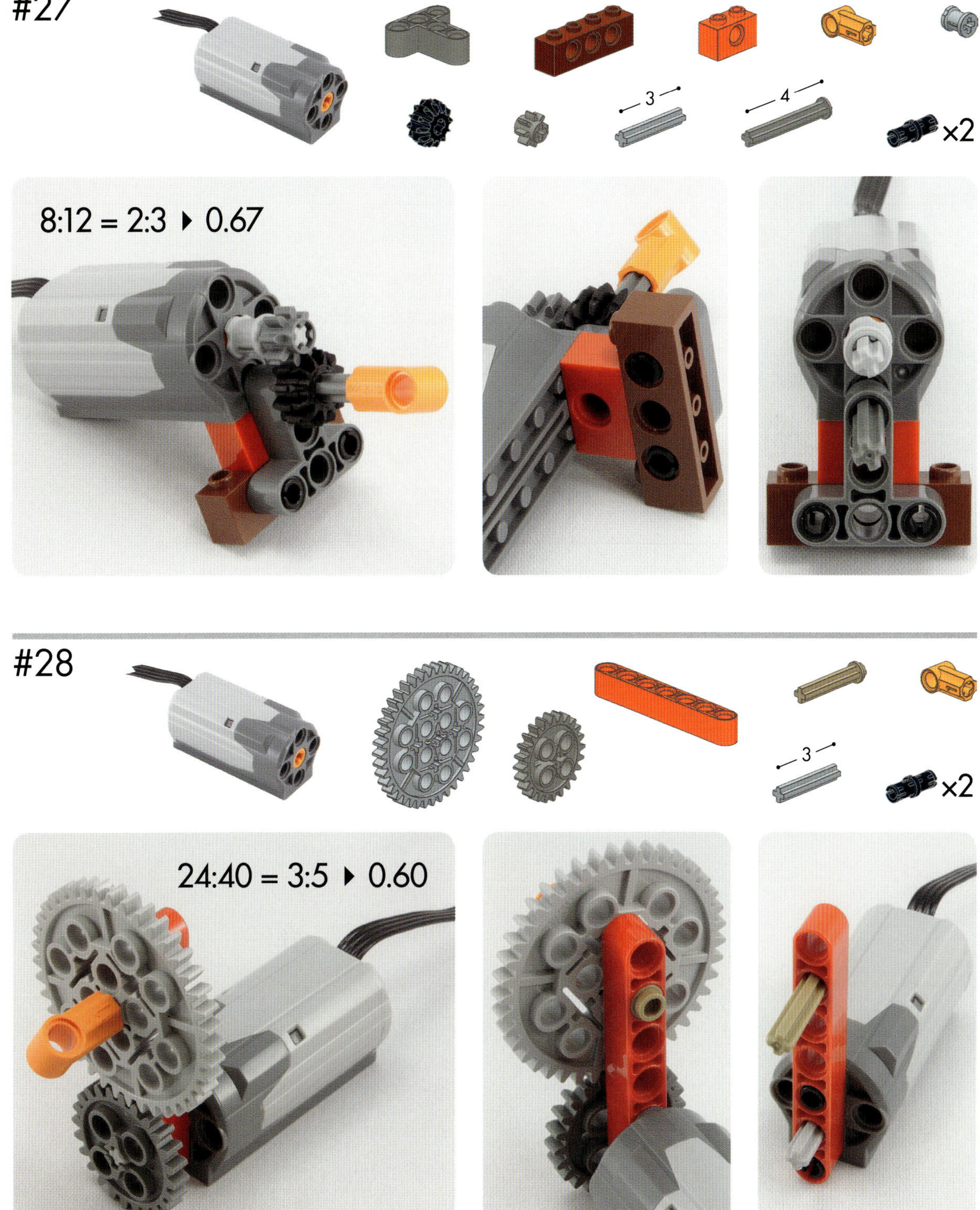

#27
8:12 = 2:3 ▸ 0.67
3
4
×2
#28
24:40 = 3:5 ▸ 0.60
3
×2

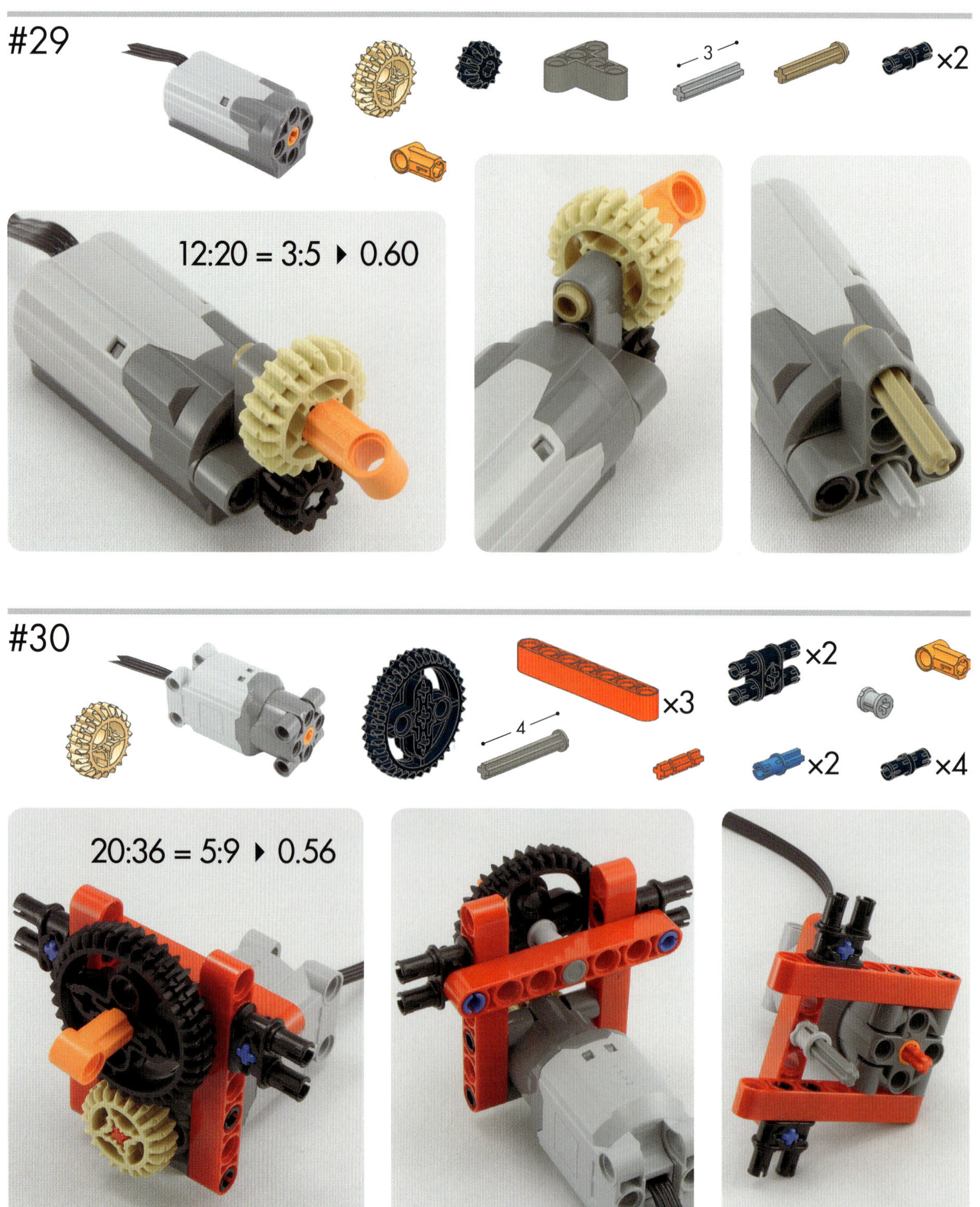

#29

12:20 = 3:5 ▶ 0.60

#30

20:36 = 5:9 ▶ 0.56

#31

20:40 = 1:2 ▸ 0.50

#32

12:24 = 1:2 ▸ 0.50

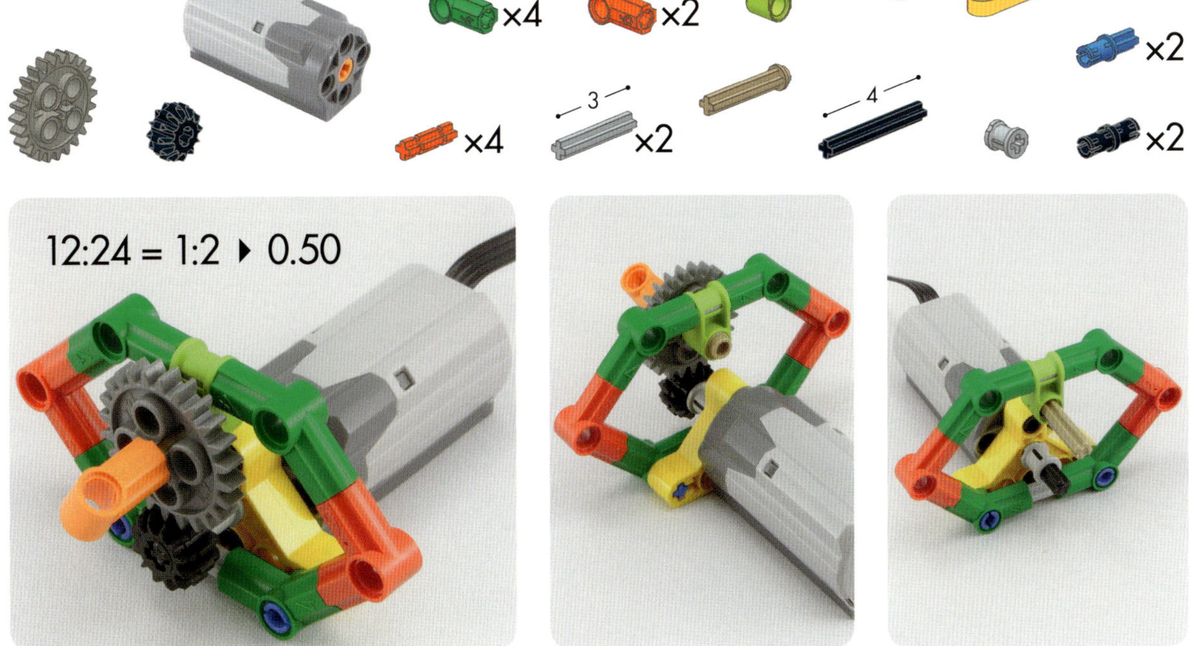

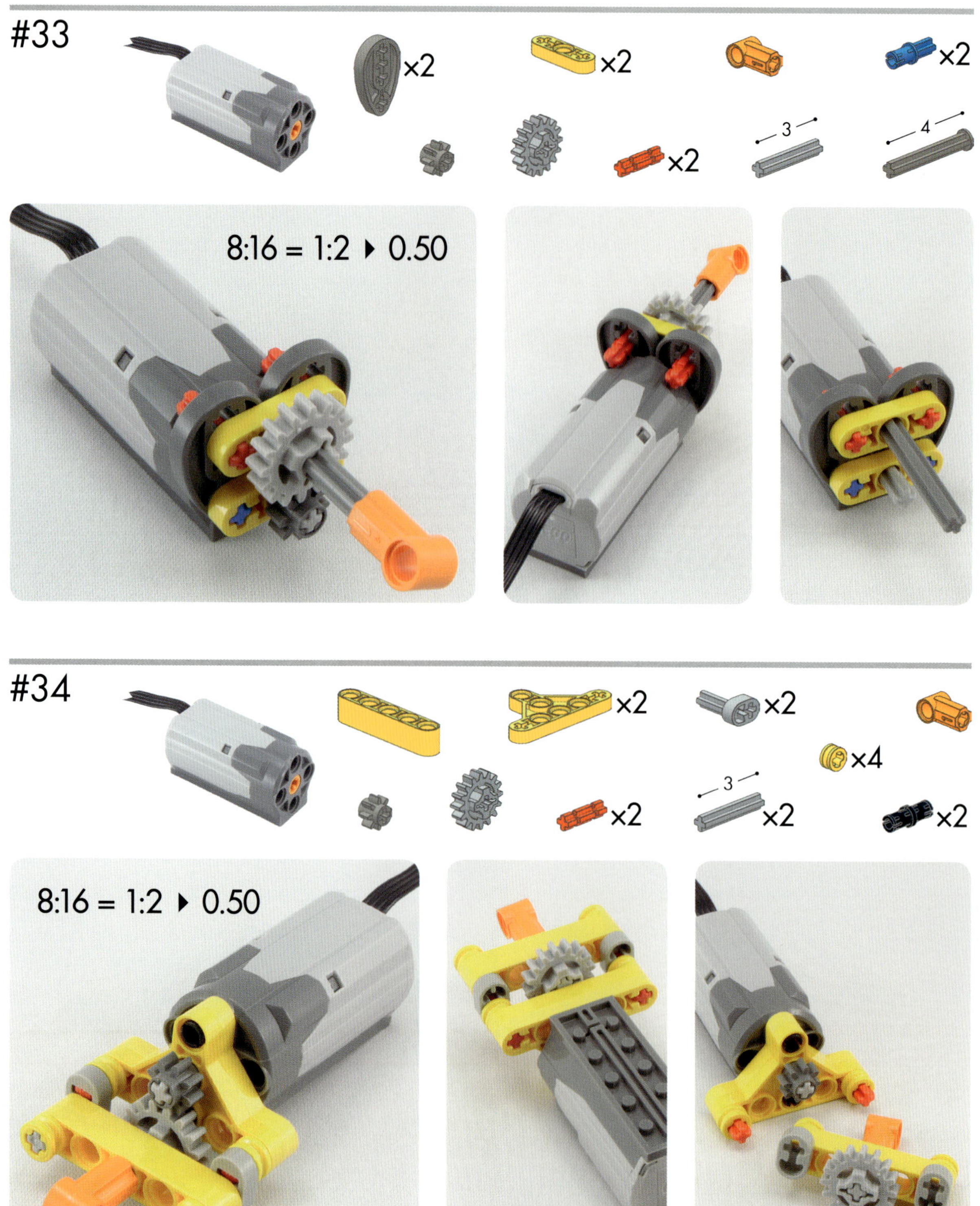

#33
×2
×2
×2
×2
×2
3
4
8:16 = 1:2 ▶ 0.50
#34
×2
×2
×4
×2
×2
×2
8:16 = 1:2 ▶ 0.50

#35

12:28 = 3:7 ▶ 0.43

#36

24:56 = 3:7 ▶ 0.43

#37

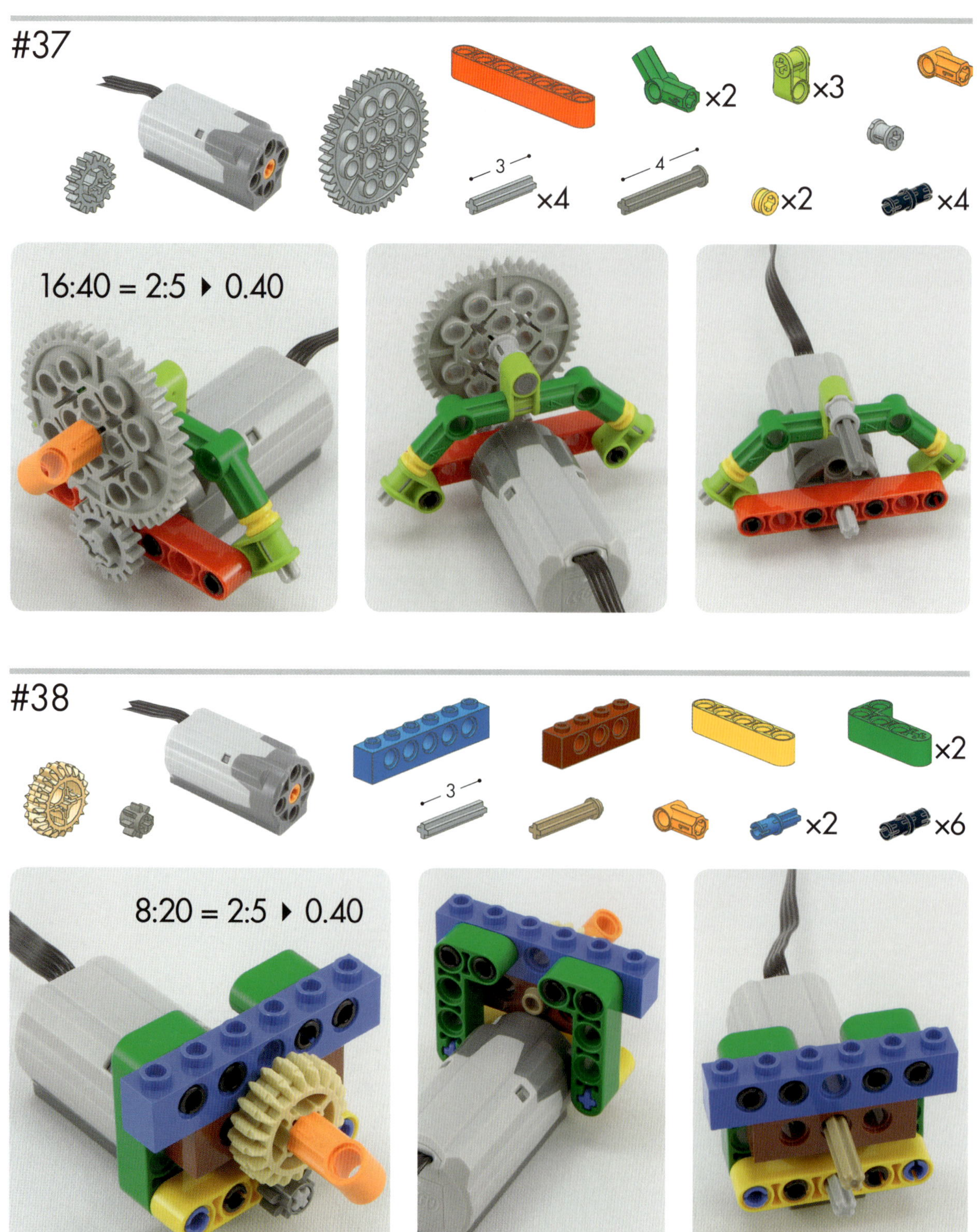

#38

#39

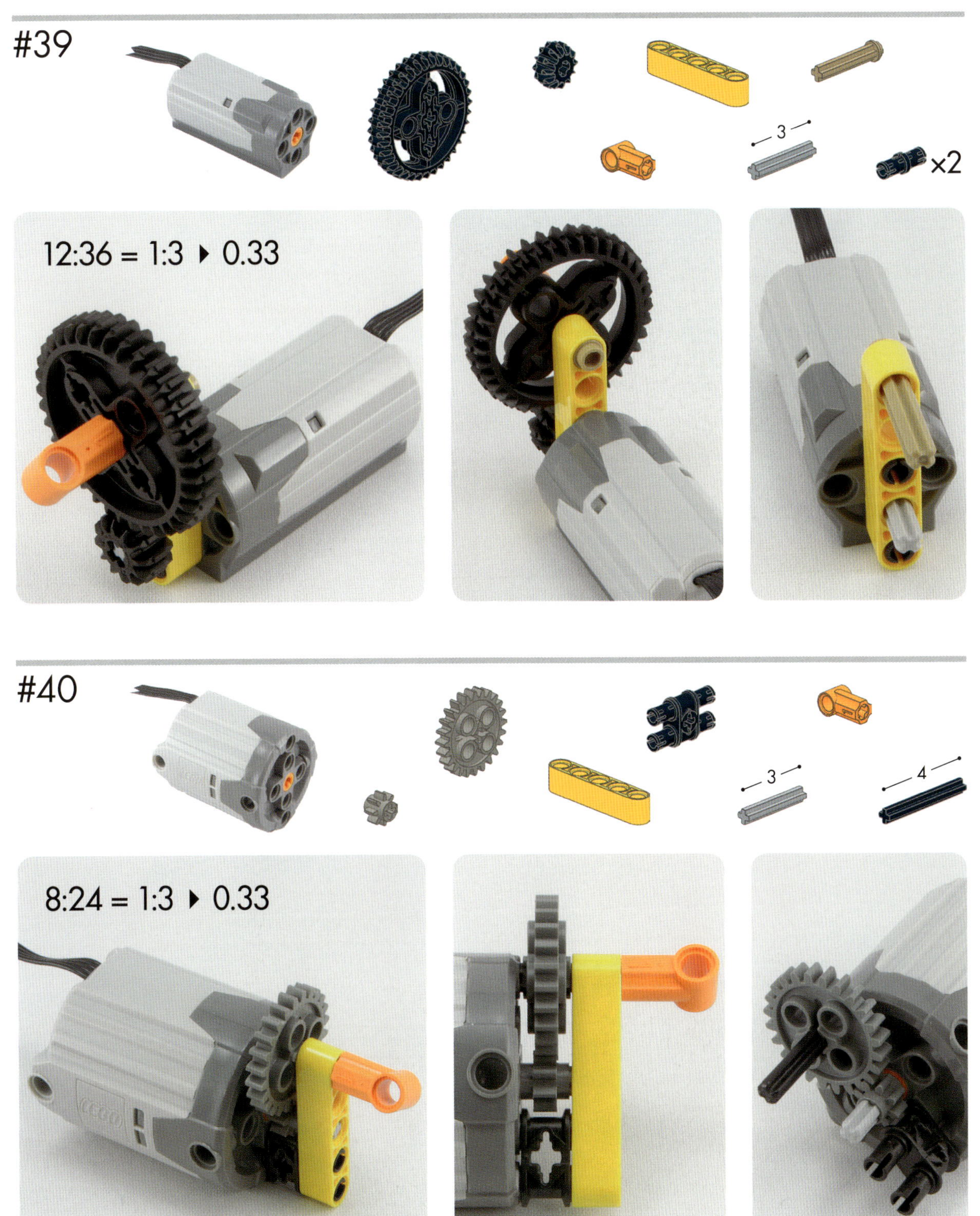

12:36 = 1:3 ▶ 0.33

#40

8:24 = 1:3 ▶ 0.33

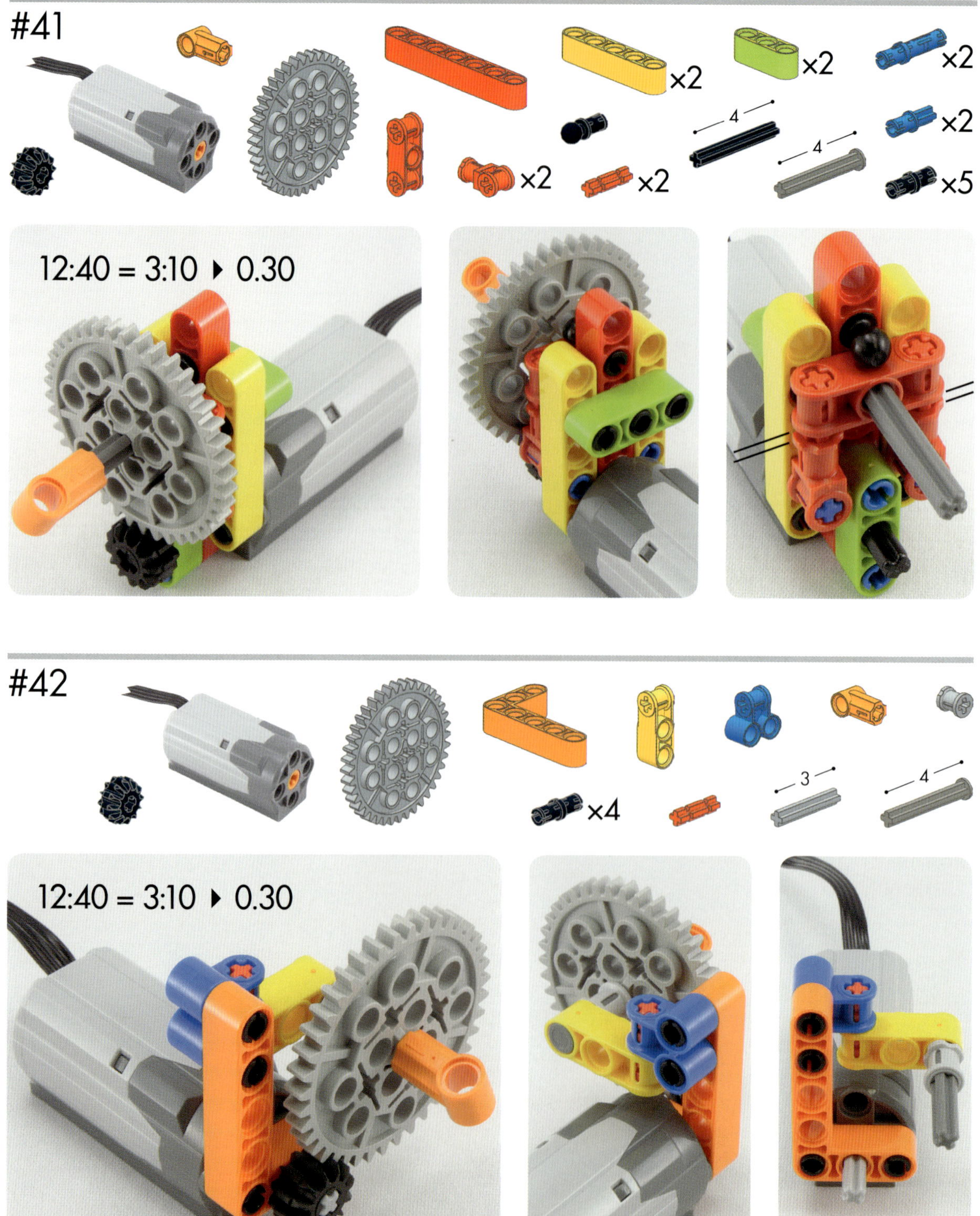

#41
×2
×2
×2
4
×2
×2
×2
4
×5
12:40 = 3:10 ▶ 0.30
#42
×4
3
4
12:40 = 3:10 ▶ 0.30

#43

16:56 = 4:14 ▶ 0.29

#44

8:28 = 2:7 ▶ 0.29

#45
×3
×2
4
4
×2
×6
8:36 = 2:9 ▶ 0.22

#46
3
×6
12:56 = 3:14 ▶ 0.21

#47

8:40 = 1:5 ▶ 0.20

#48

8:56 = 1:7 ▶ 0.14

기어 가속 구조 (속도의 증가)

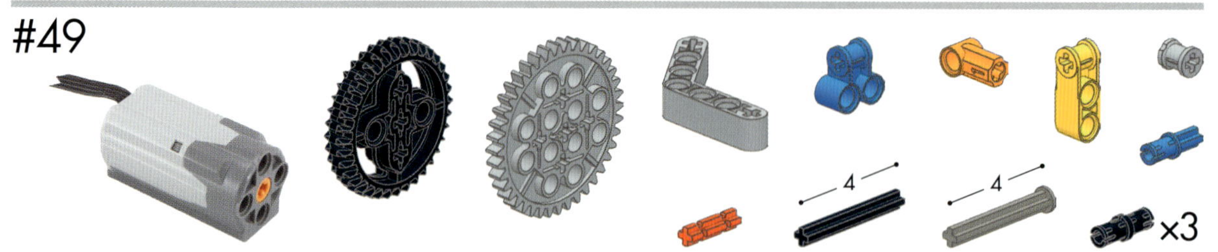

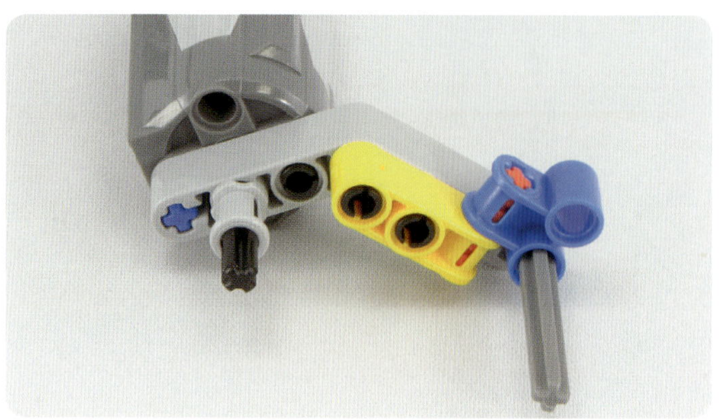

#50

28:24 = 7:6 ▶ 1.17

#51

24:20 = 6:5 ▶ 1.20

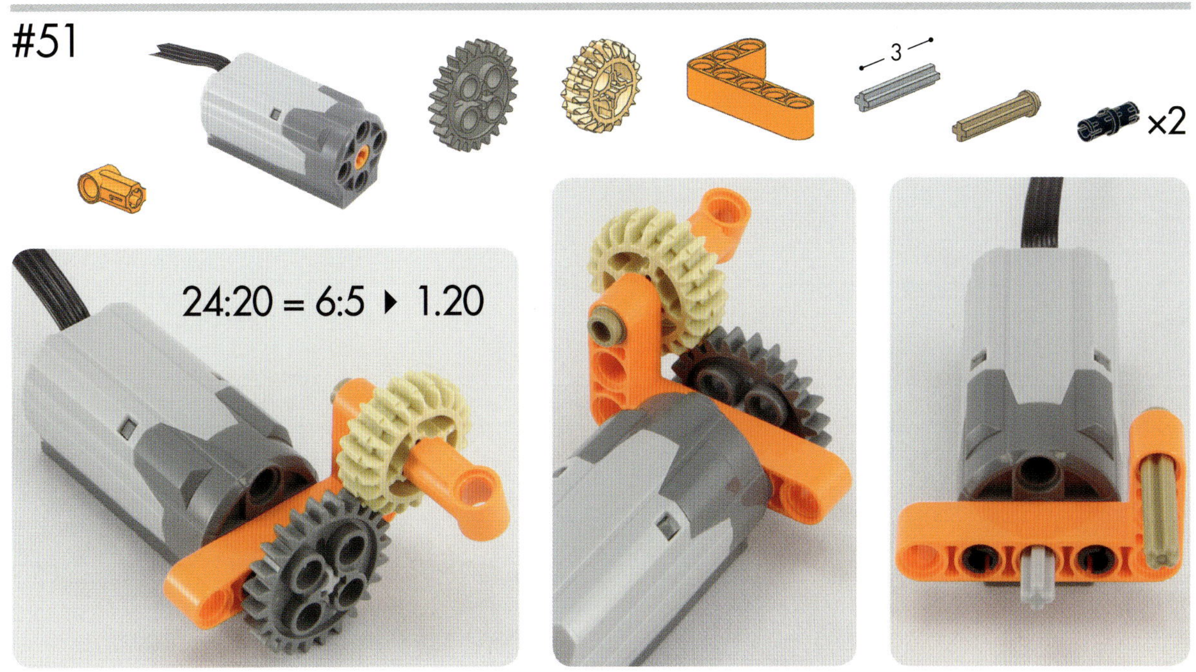

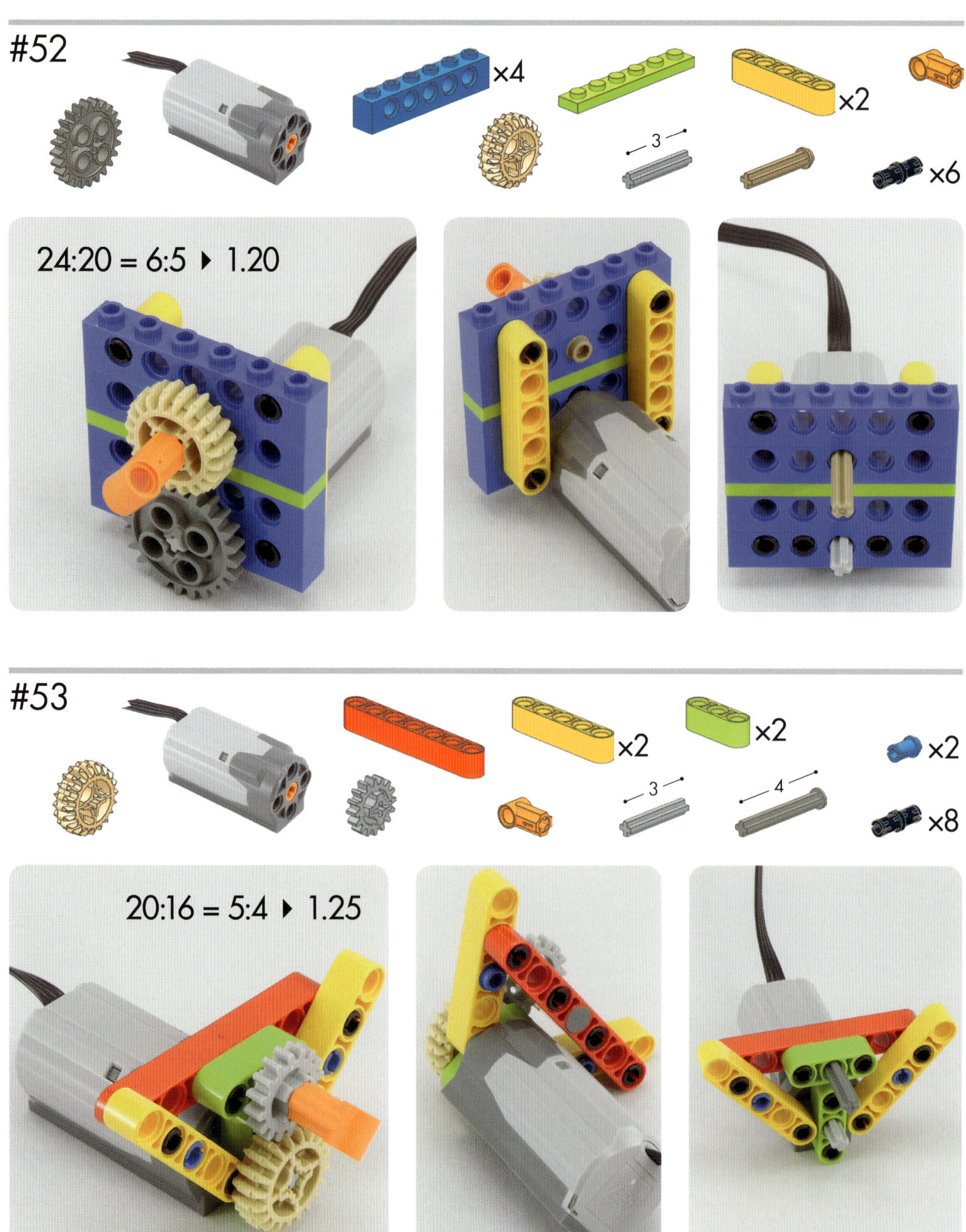

#52
×4
×2
3
×6
24:20 = 6:5 ▶ 1.20
#53
×2
×2
×2
3
4
×8
20:16 = 5:4 ▶ 1.25

#54

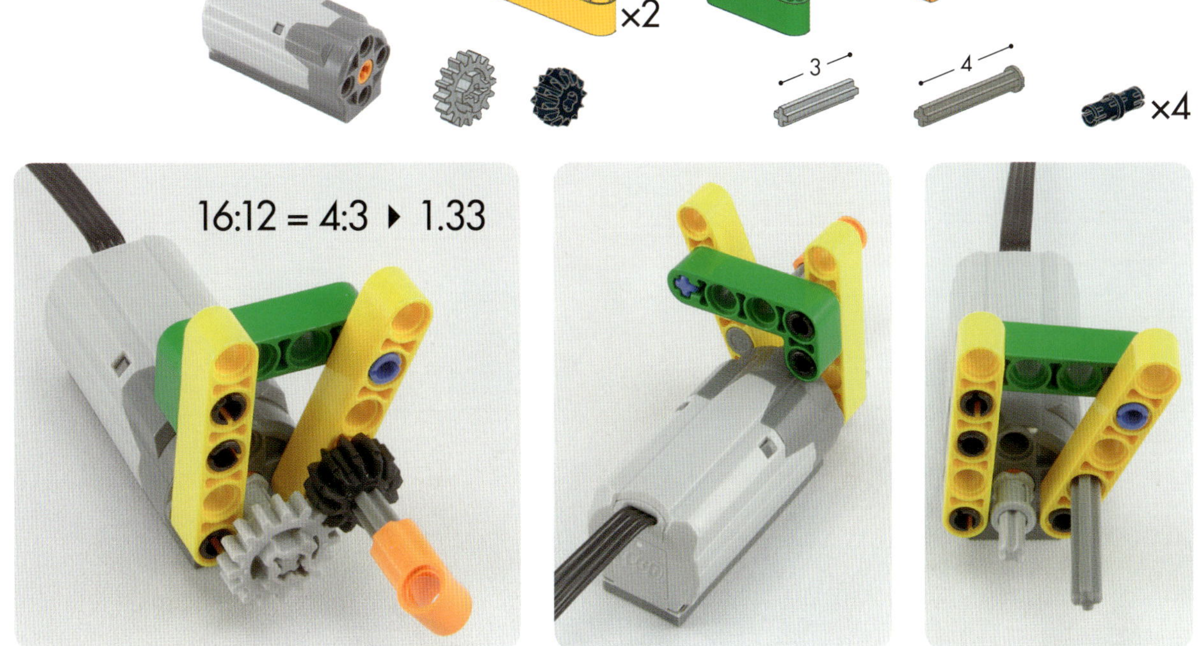

#55

#56

28:20 = 7:5 ▶ 1.40

#57

36:24 = 3:2 ▶ 1.50

#58

24:16 = 3:2 ▶ 1.50

#59

12:8 = 3:2 ▶ 1.50

#60

20:12 = 5:3 ▶ 1.67

#61

36:20 = 9:5 ▶ 1.80

#62

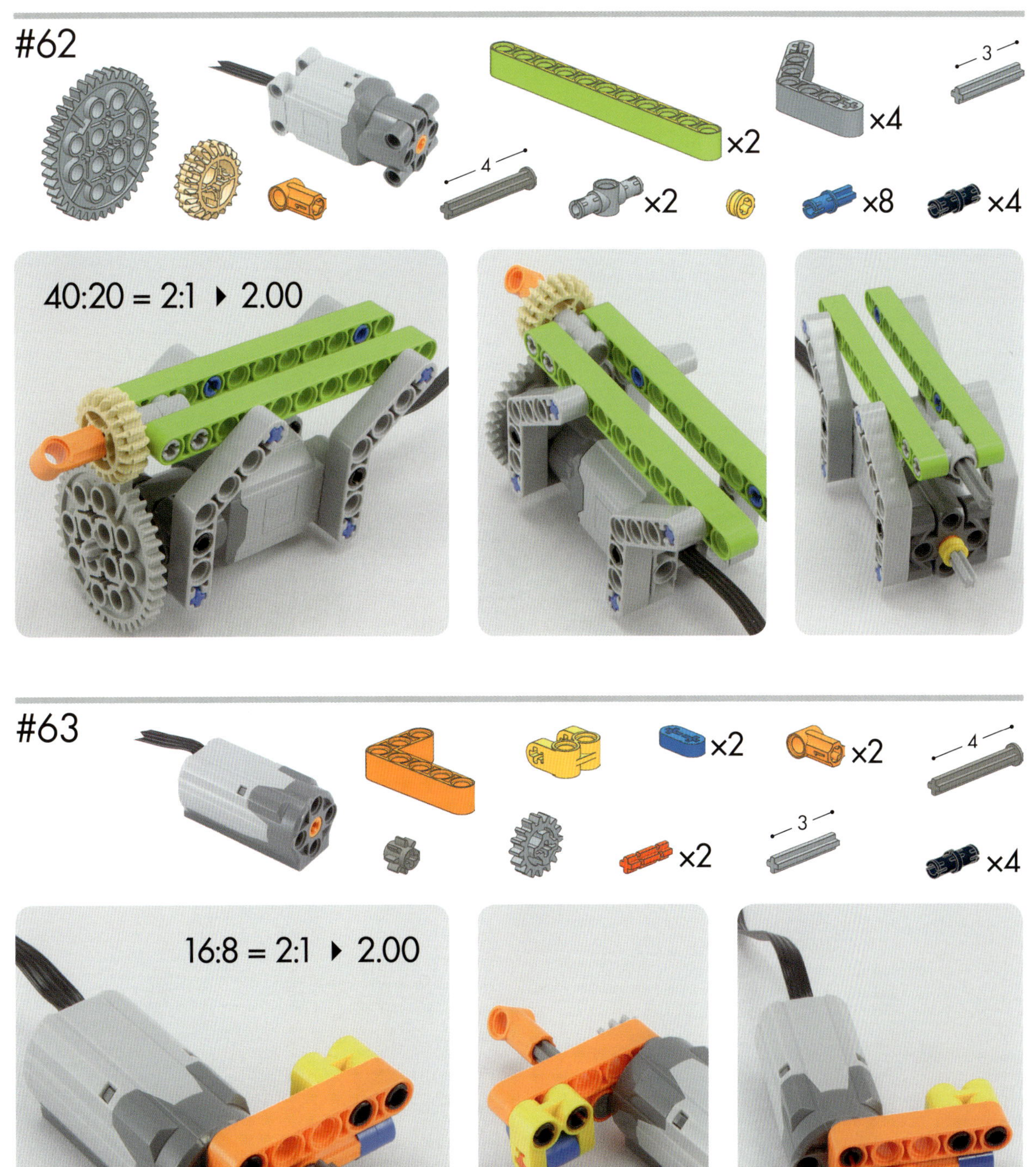

#63

#64

36:16 = 9:4 ▶ 2.25

#65

40:16 = 5:2 ▶ 2.50

#66

36:12 = 3:1 ▶ 3.00

#67

24:8 = 3:1 ▶ 3.00

#68

40:12 = 10:3 ▸ 3.33

#69

36:8 = 9:2 ▸ 4.50

#70
40:8 = 5:1 ▸ 5.00

#71
56:8 = 7:1 ▸ 7.00

회전 축의 방향 바꾸기 1 (90도)

#72

12:12 = 1:1

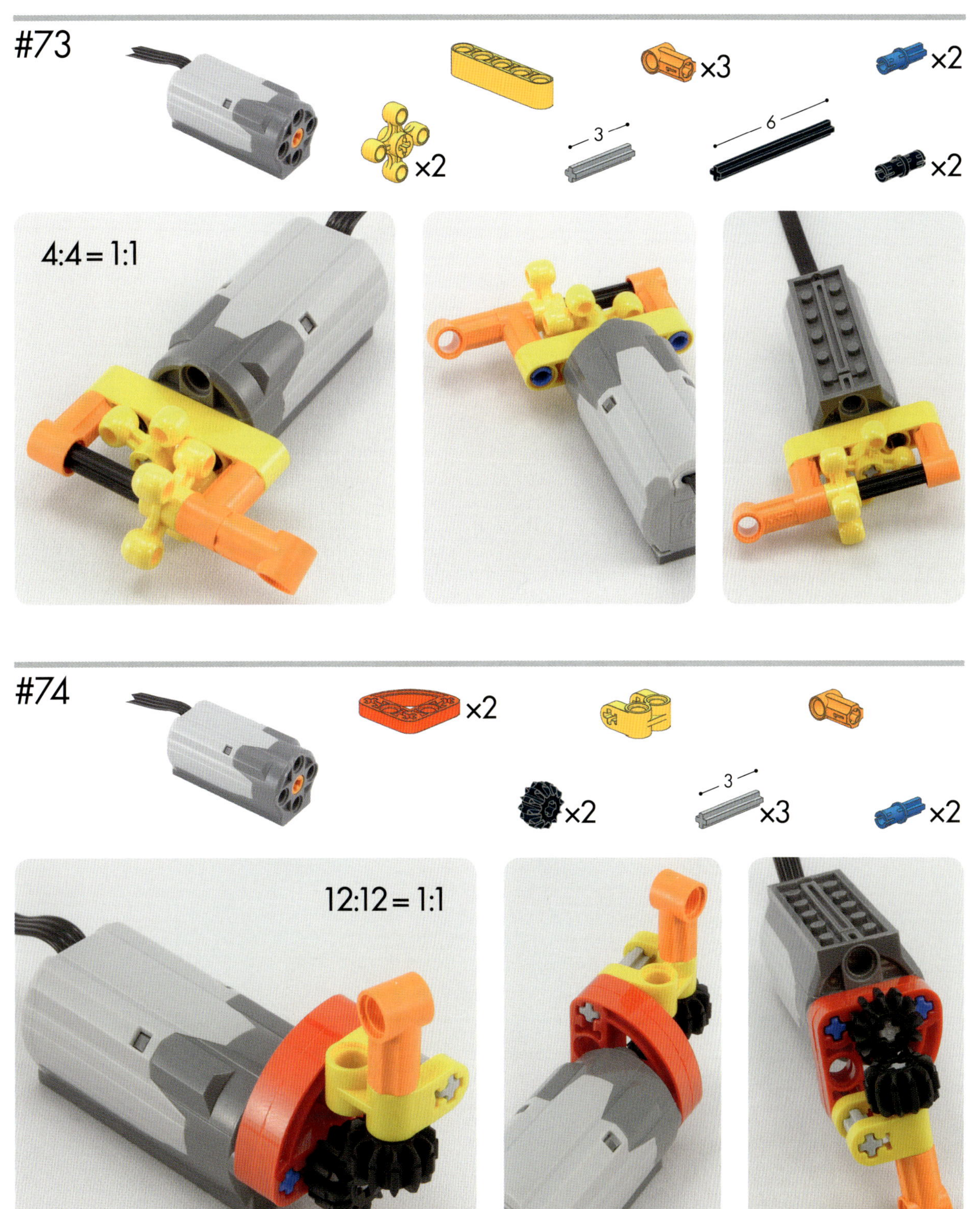

#73
×3
×2
×2
3
6
×2
4:4 = 1:1
#74
×2
×2
×2
×3
×2
12:12 = 1:1

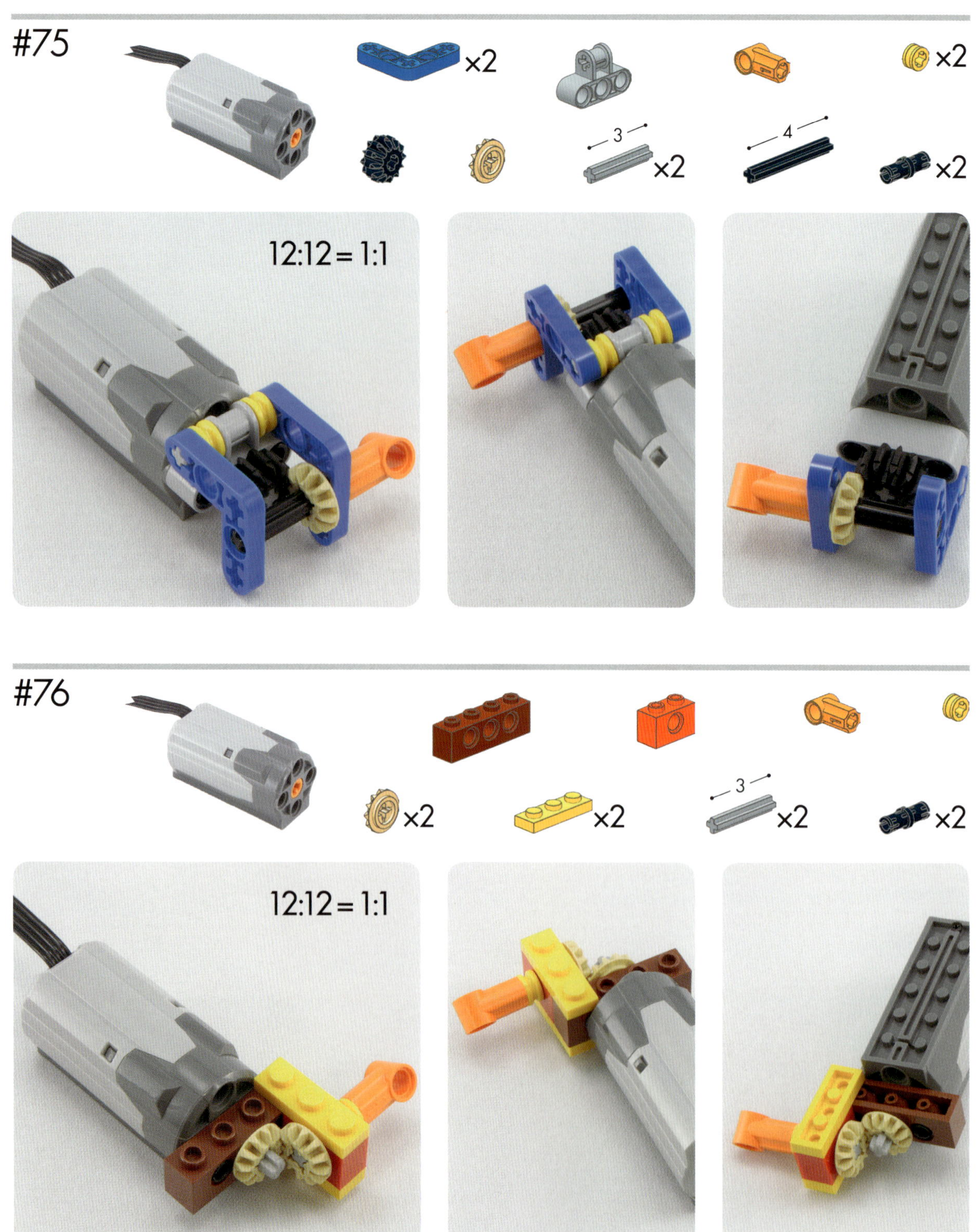
#75
×2
×2
12:12 = 1:1
3
4
×2
×2
#76
×2
×2
×2
×2
12:12 = 1:1
3

＃77

12:12 = 1:1

＃78

12:12 = 1:1

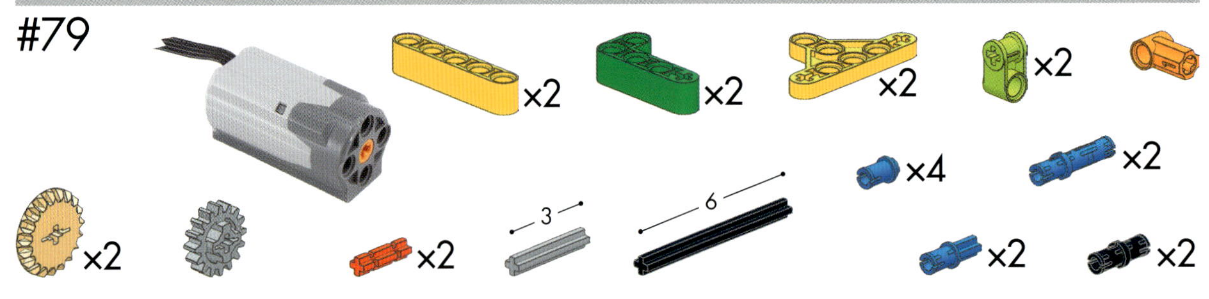

#79

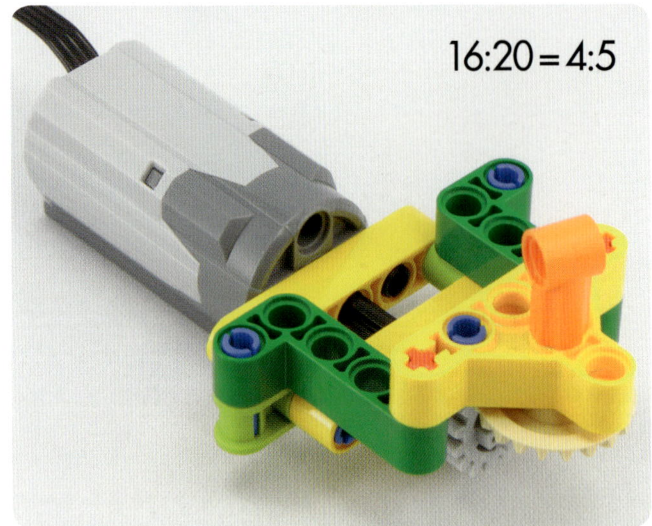

#80

16:24 = 2:3

#81

12:20 = 3:5

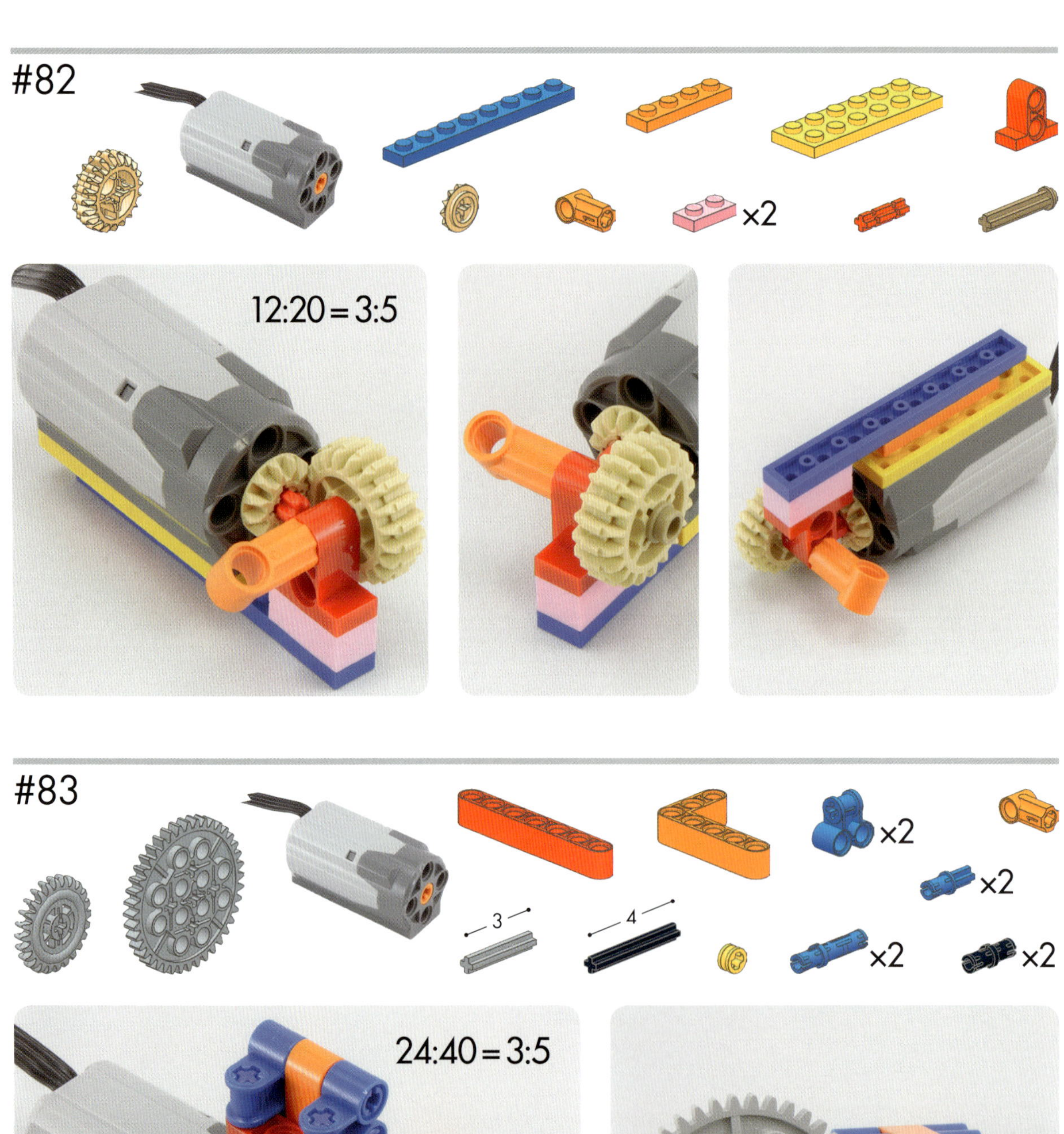

#82
12:20 = 3:5
#83
24:40 = 3:5
3
4
×2
×2
×2
×2
×2

#84

8:24 = 1:3

#85

8:24 = 1:3

#86

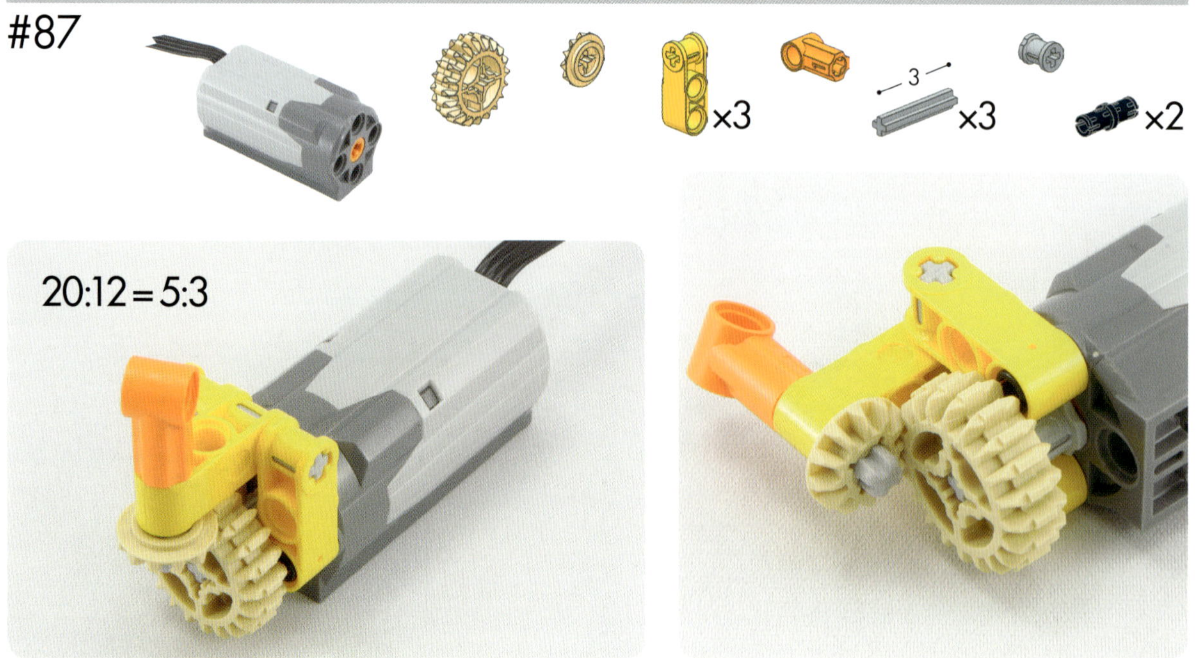

24:20 = 6:5

#87

20:12 = 5:3

#88

24:16 = 3:2

#89

36:12 = 3:1

웜(스크류) 기어를 이용한 감속 구조

#91

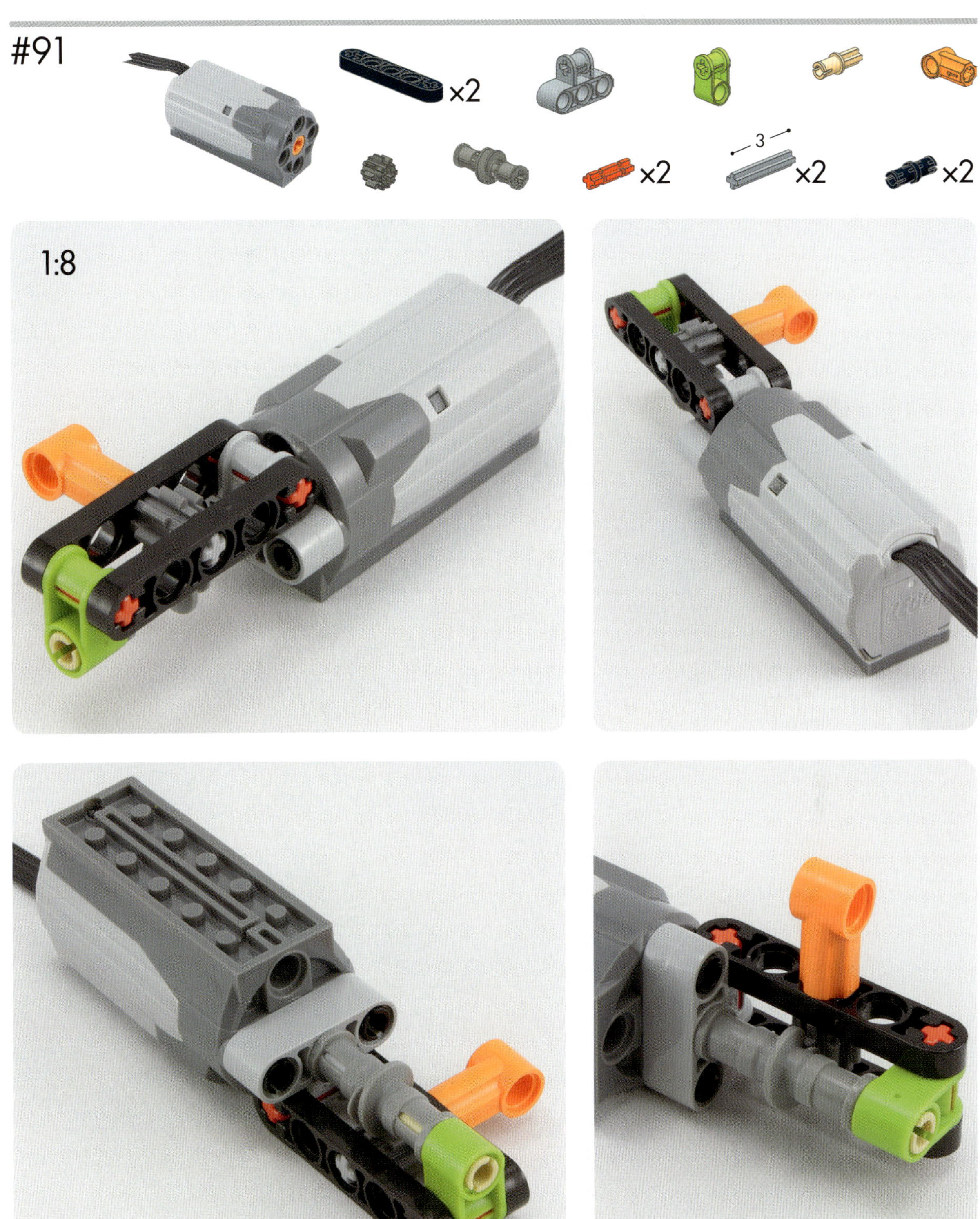

#92

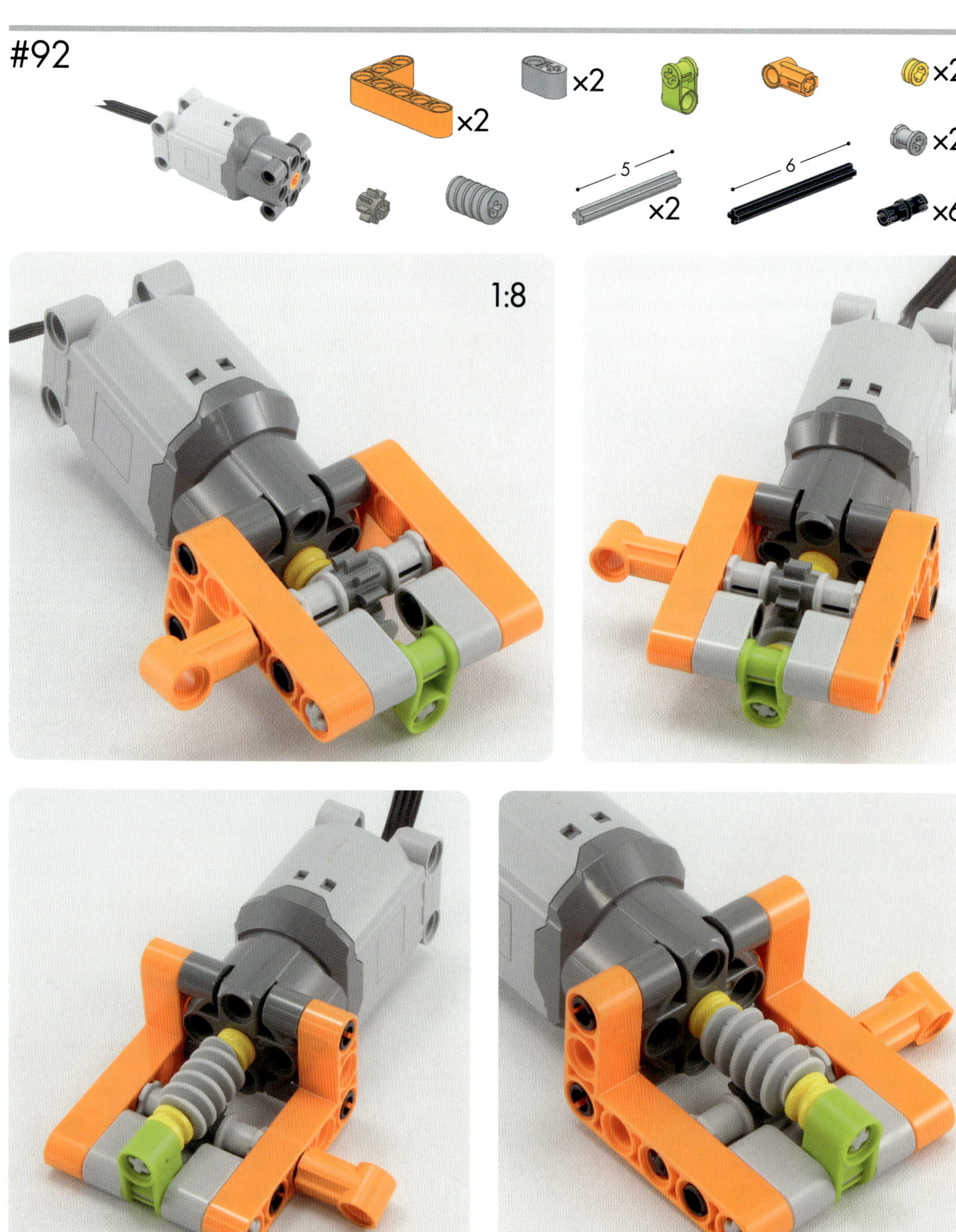

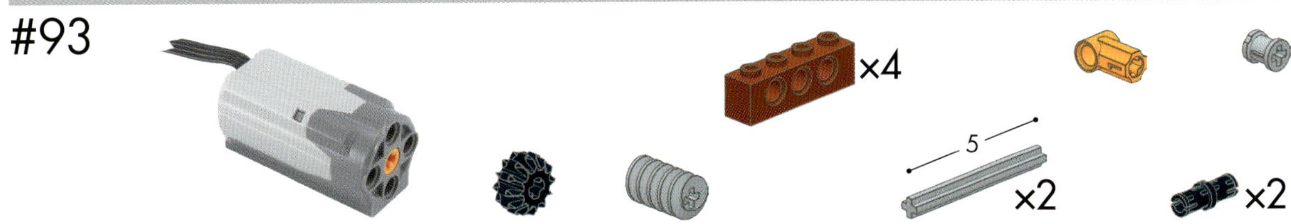

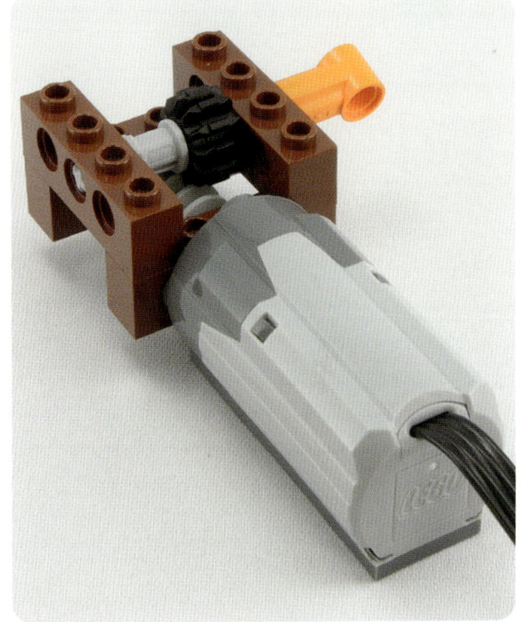

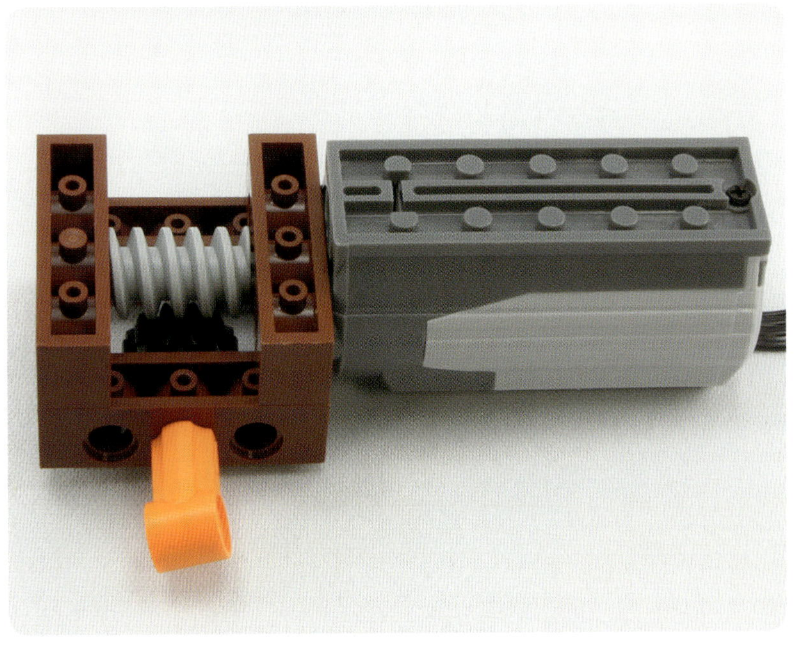

#94

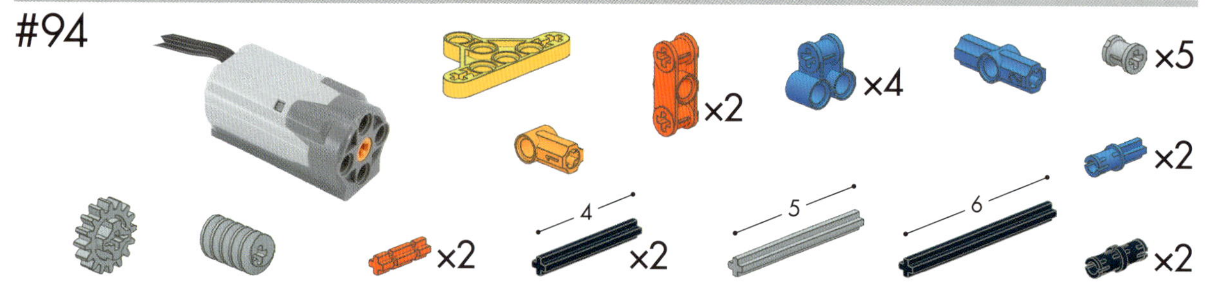

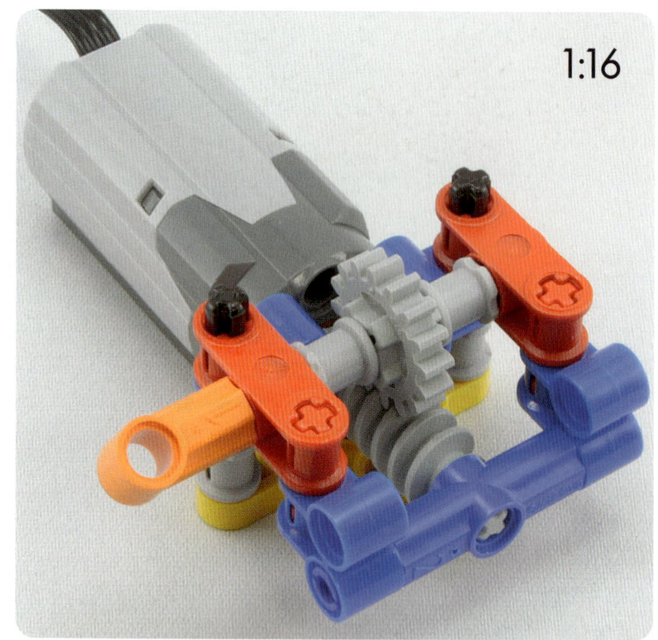

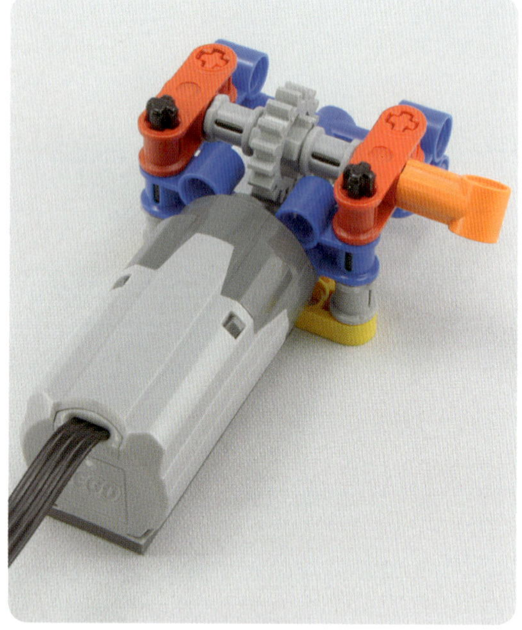

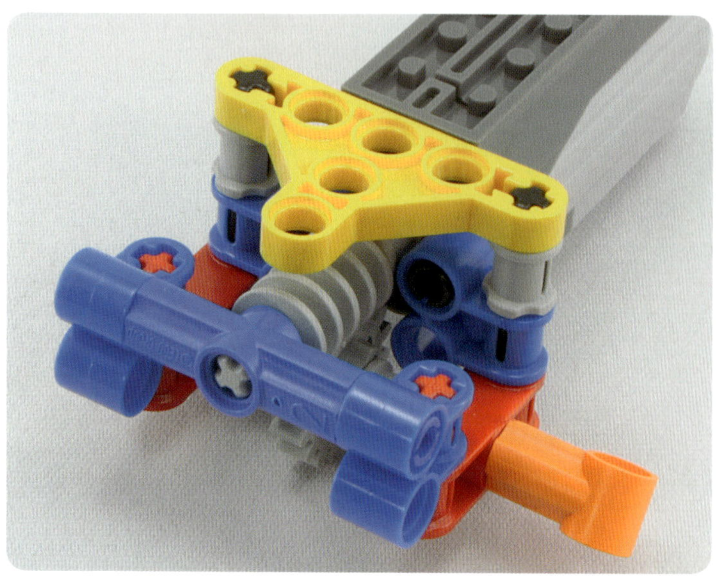

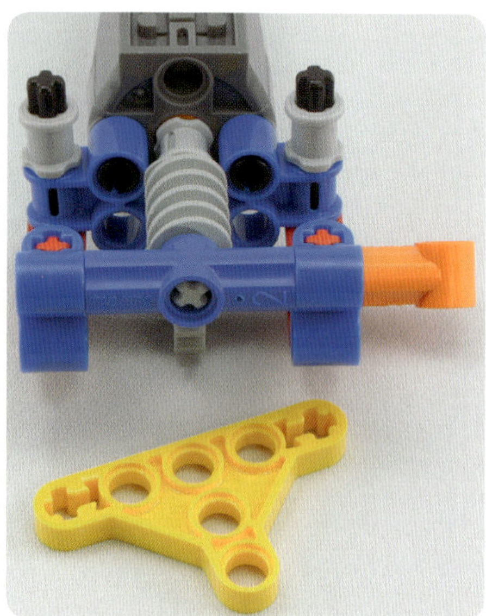

#95

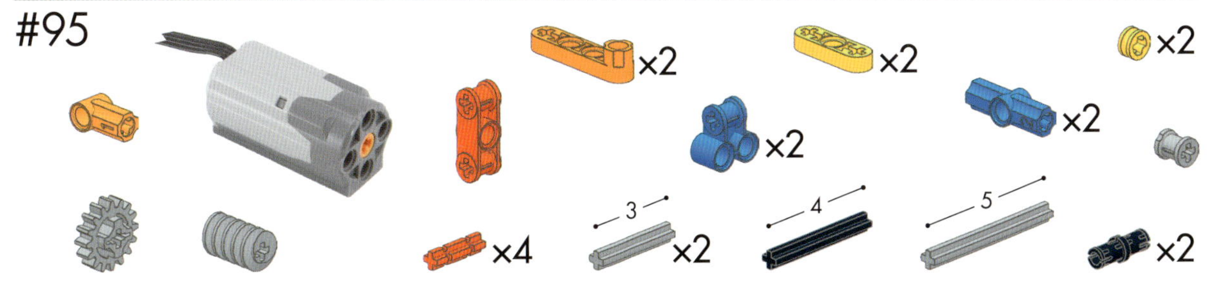

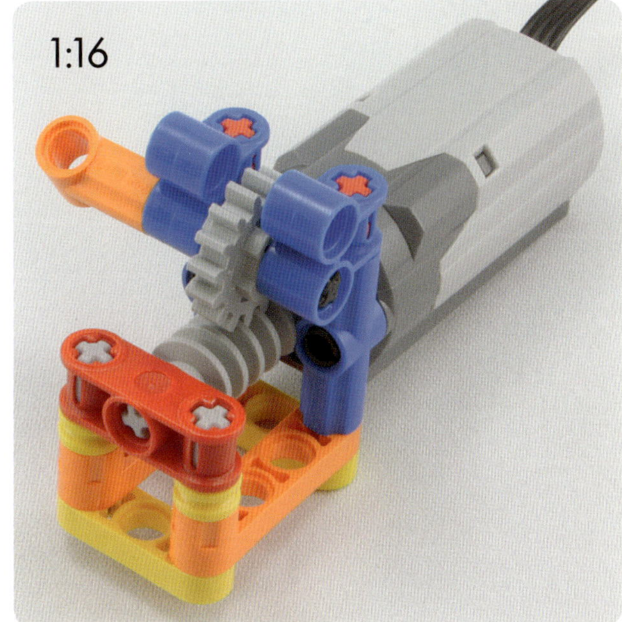

1:16

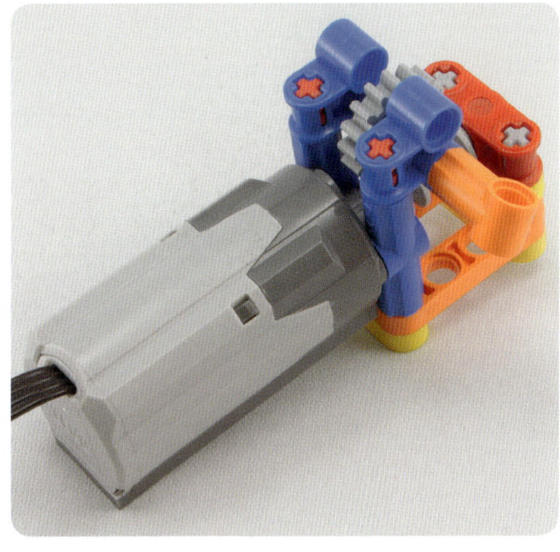

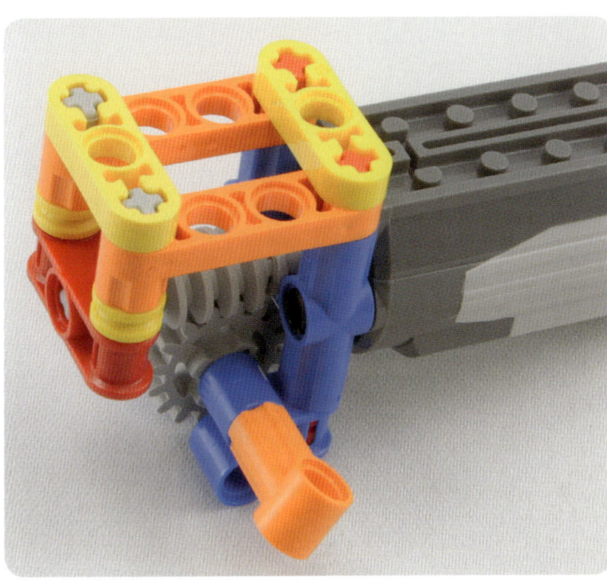

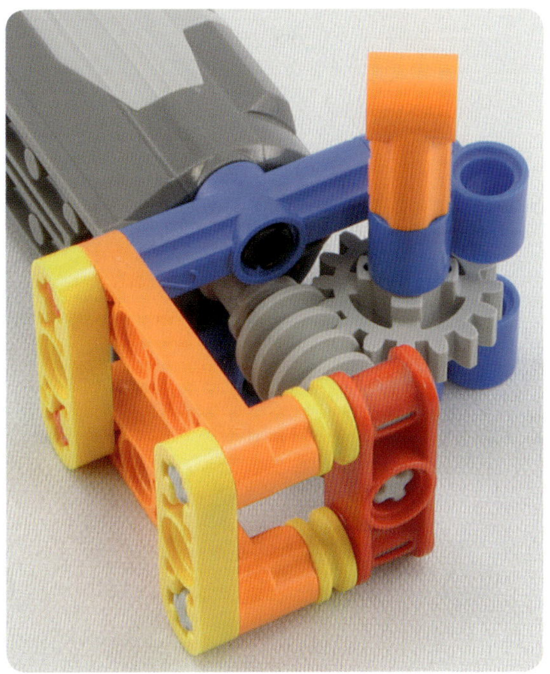

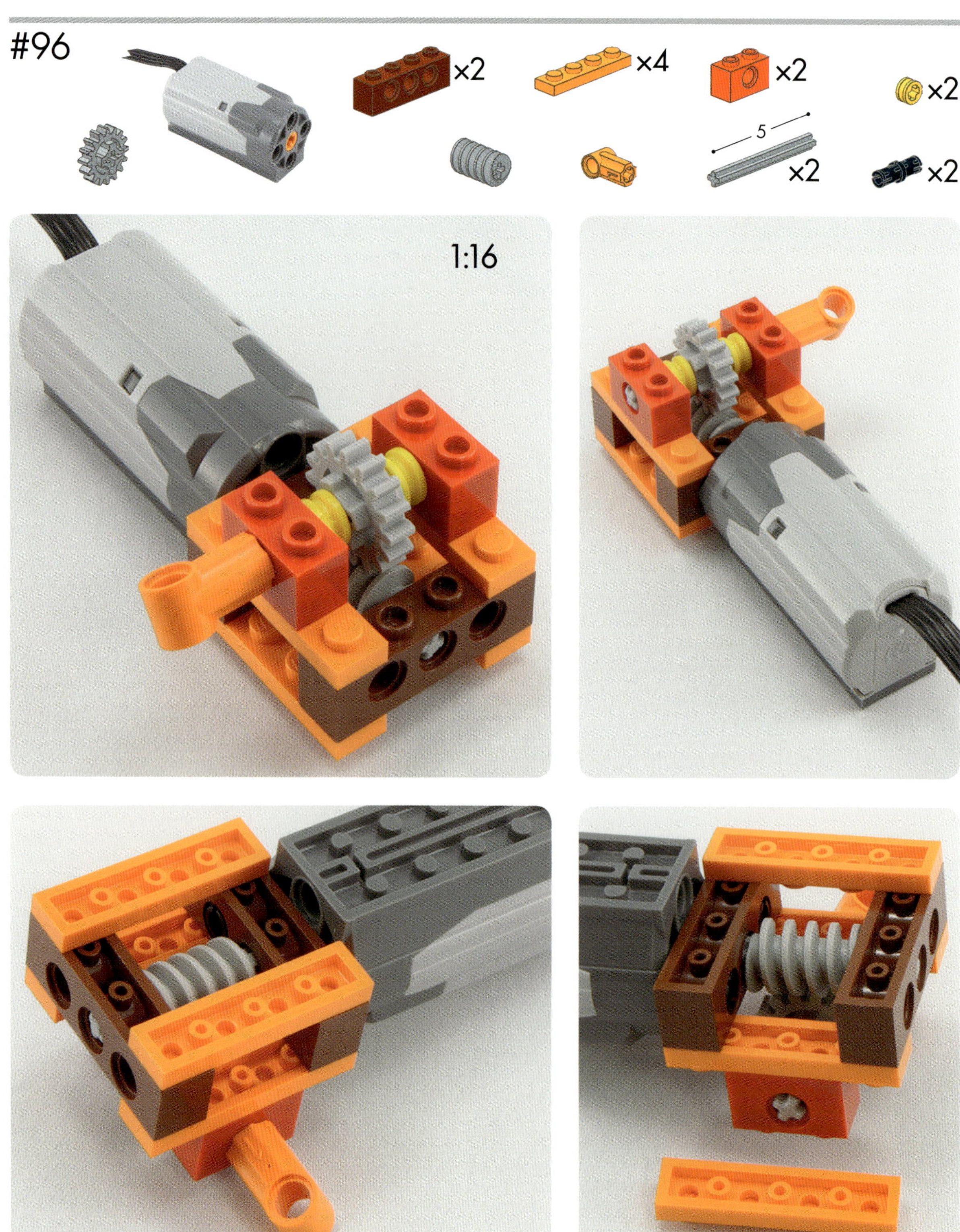

×2
×4
×2
×2
5
×2
×2
1:16

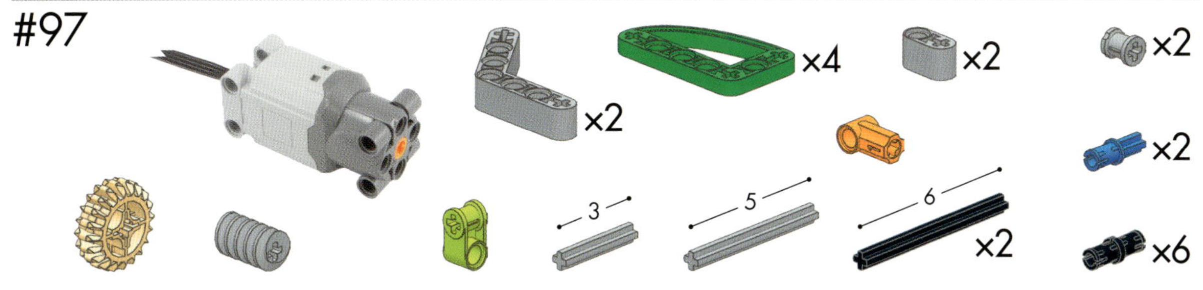

1:20

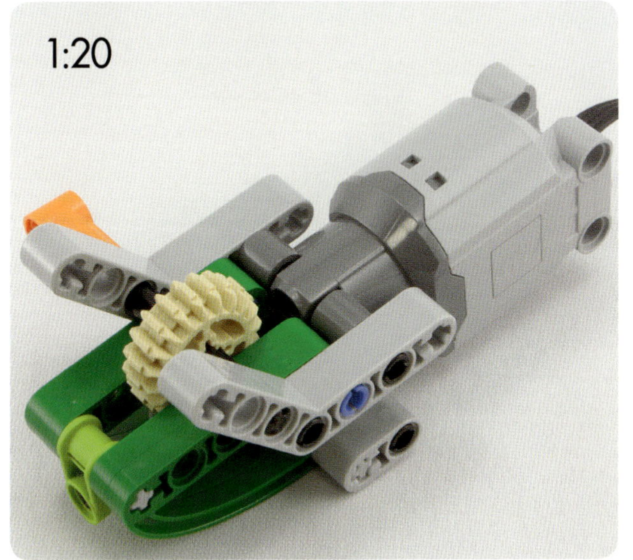

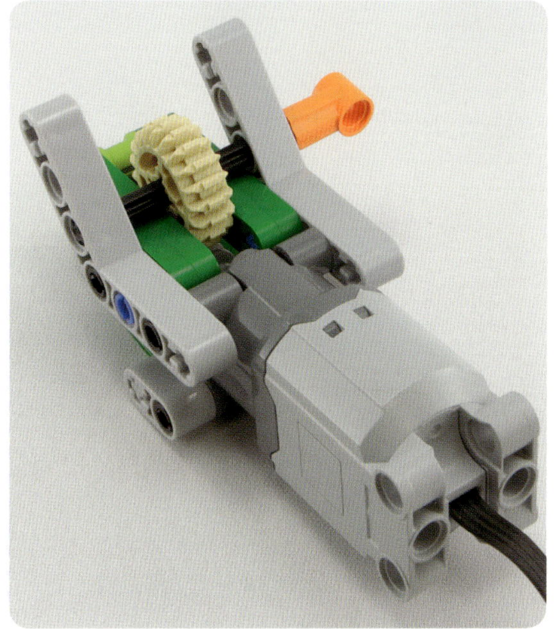

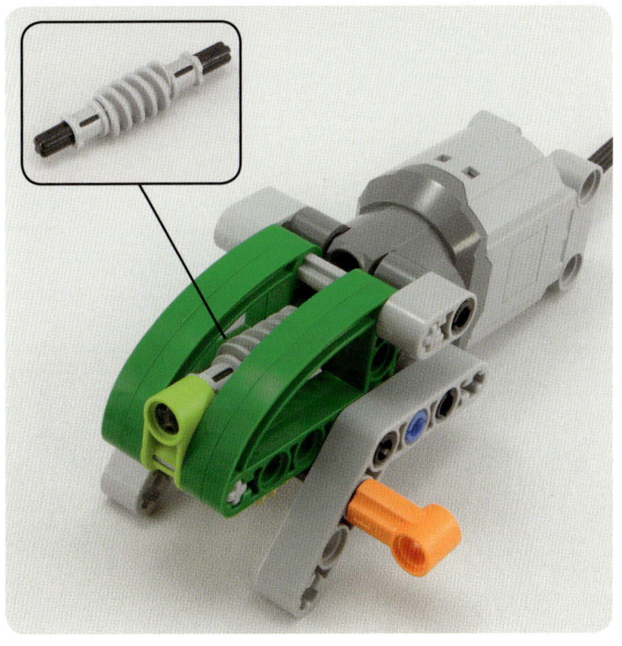

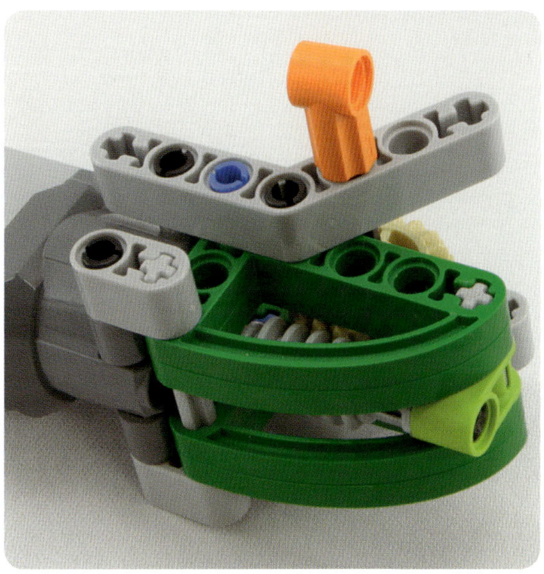

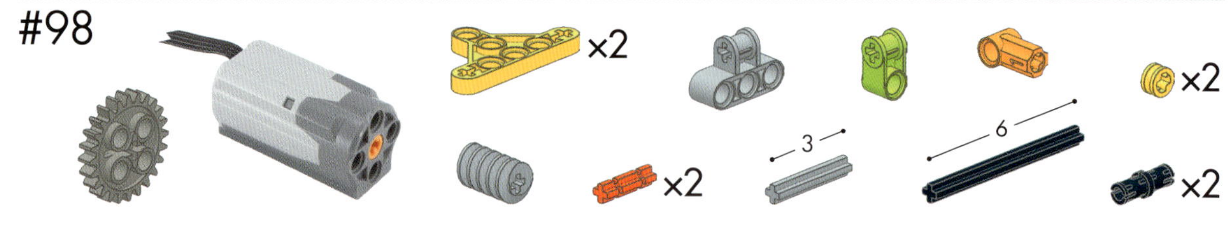

#98
×2
×2
3
6
×2
×2
×2

1:24

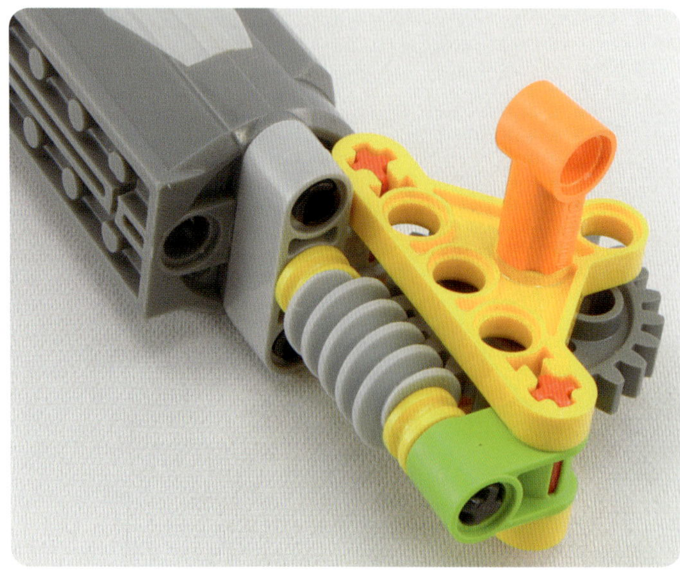

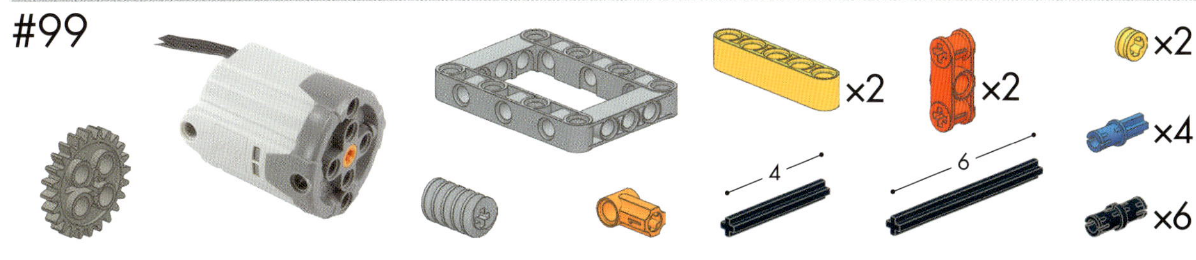

1:24

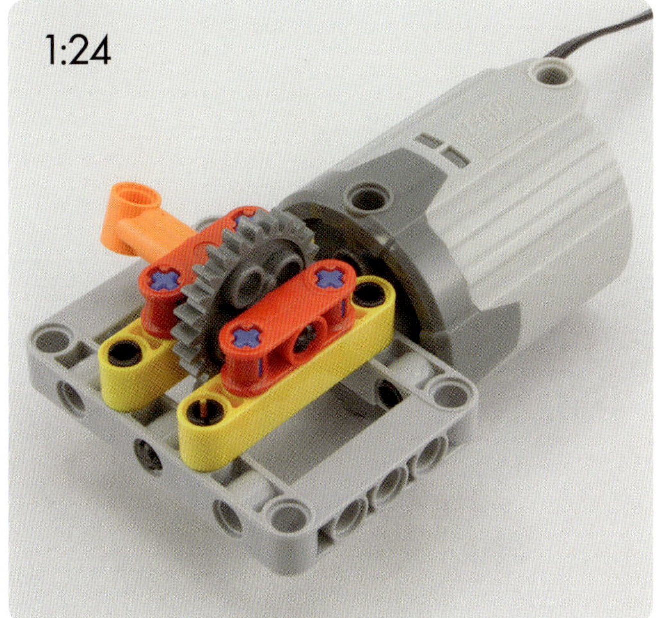

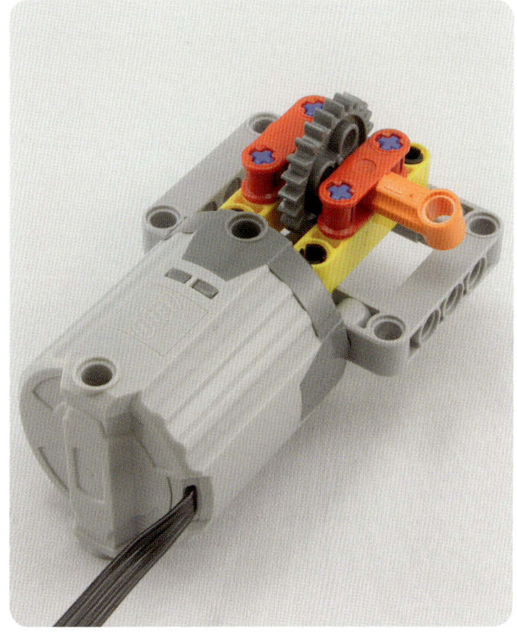

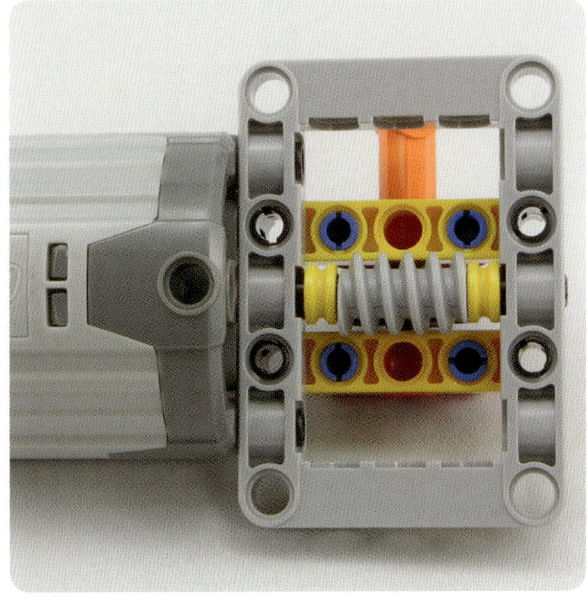

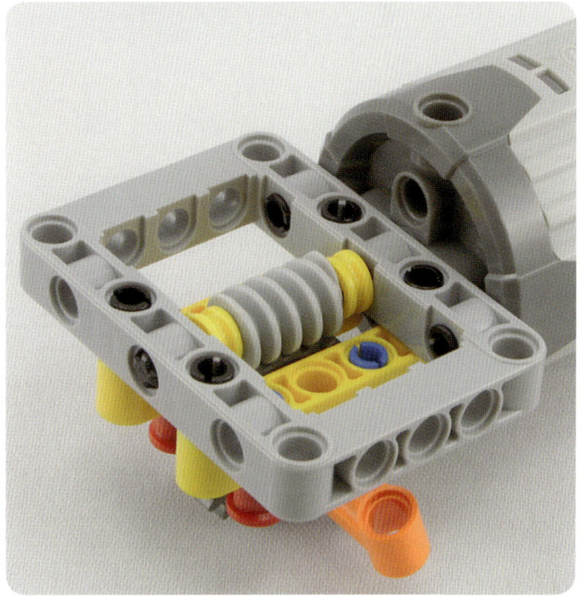

#100

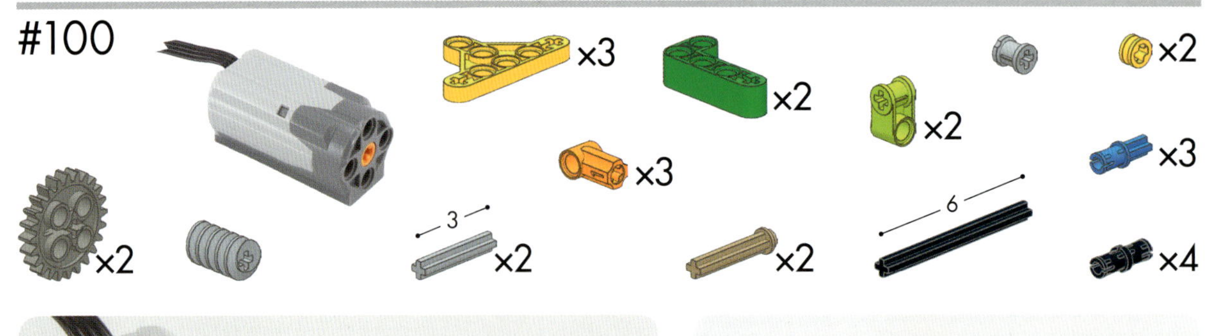

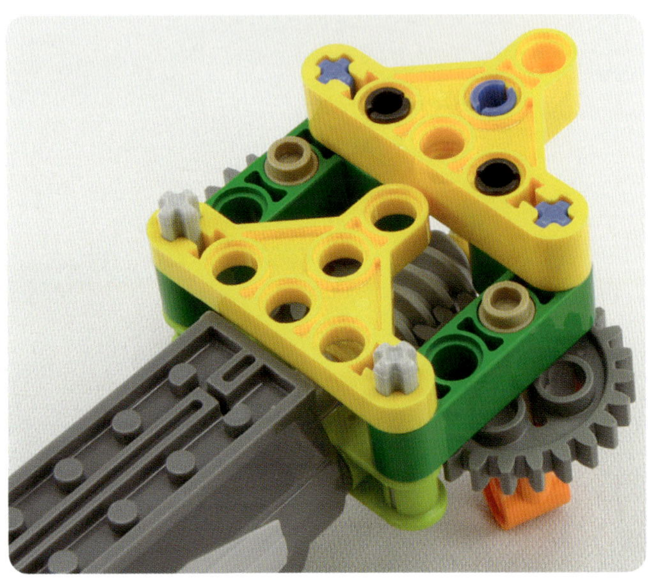

#101

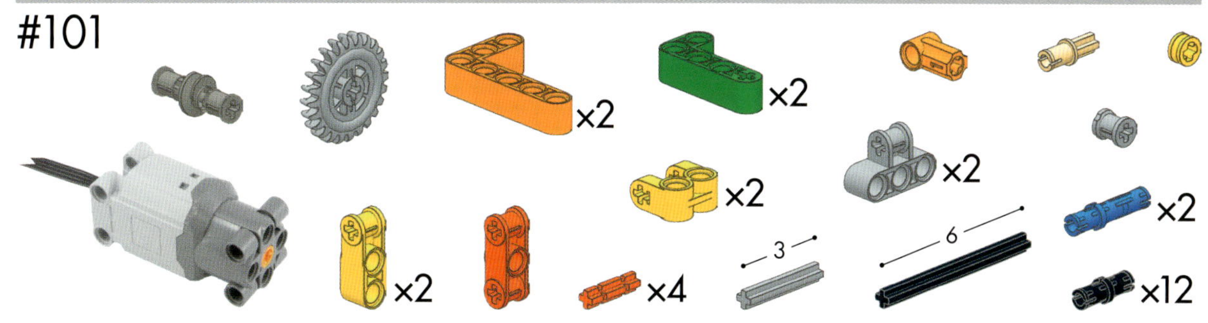

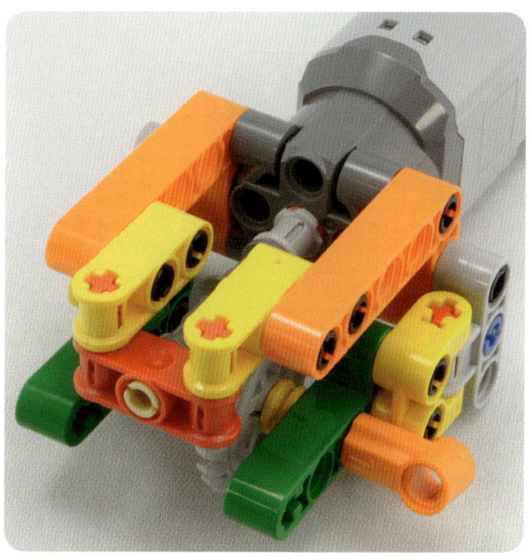

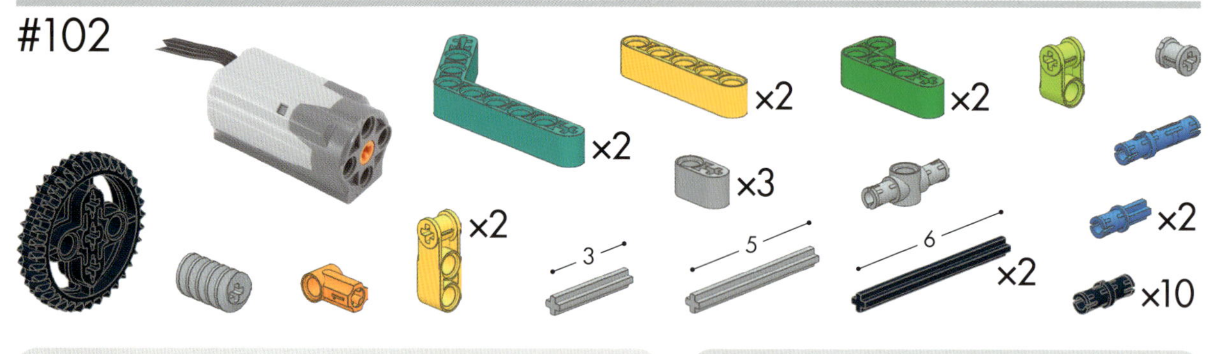

#102

1:36

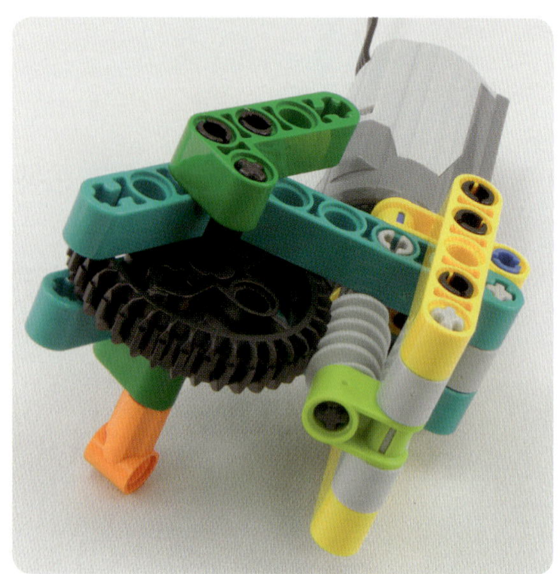

#103

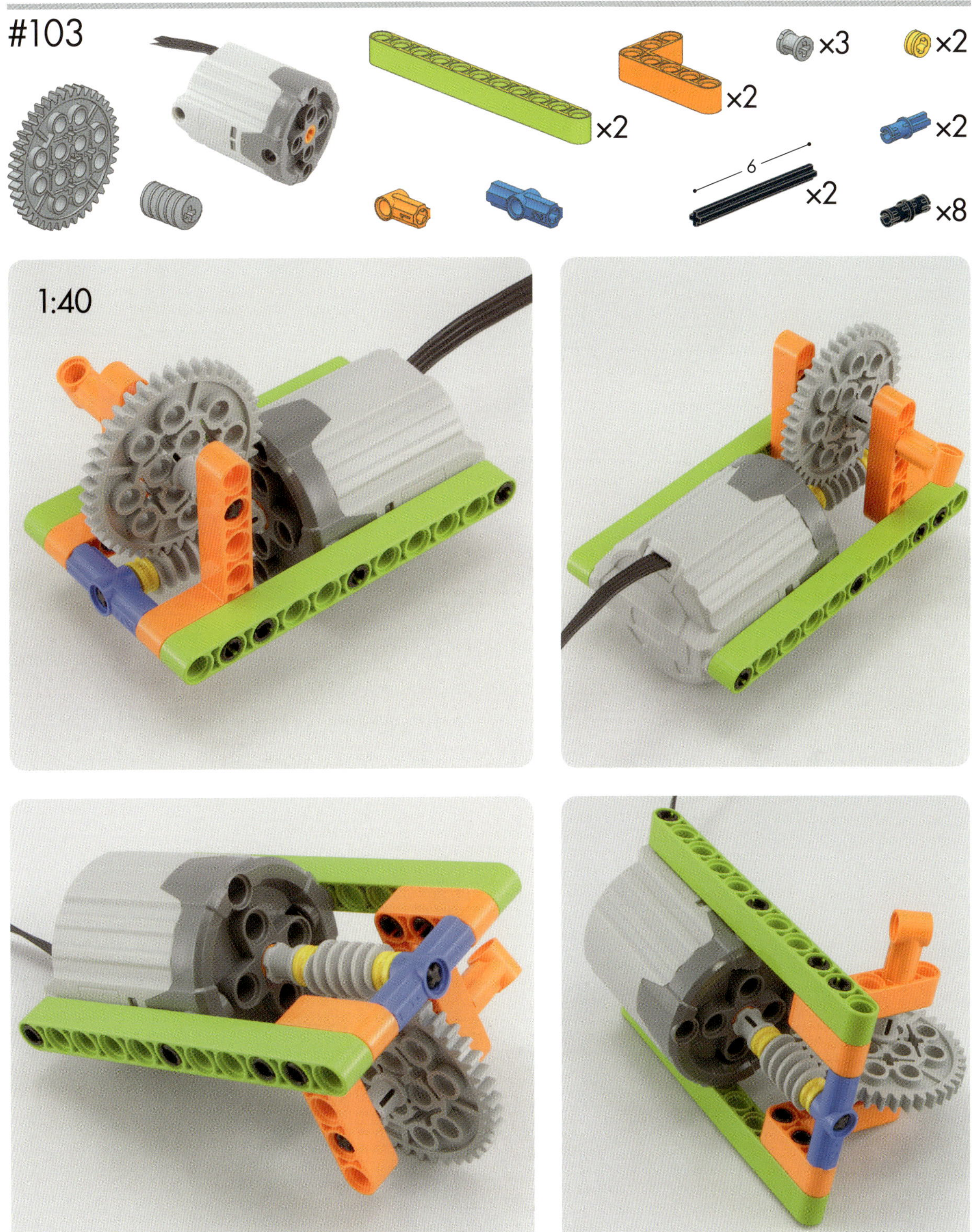

1:40

턴테이블의 활용

#104

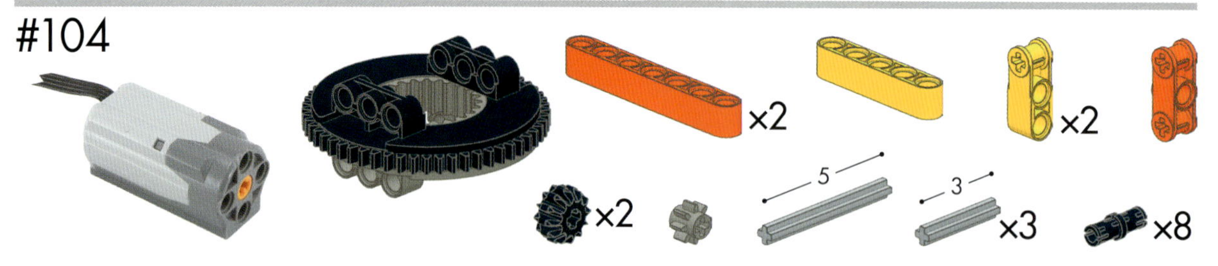

#105

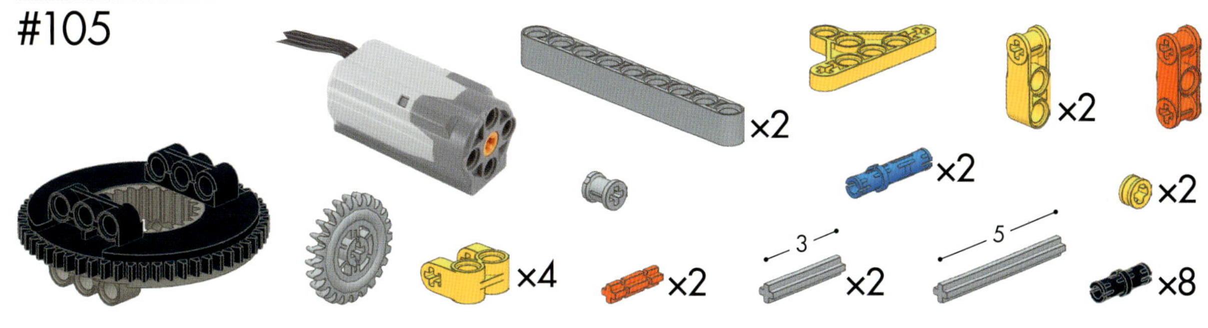

24:56 = 3:7

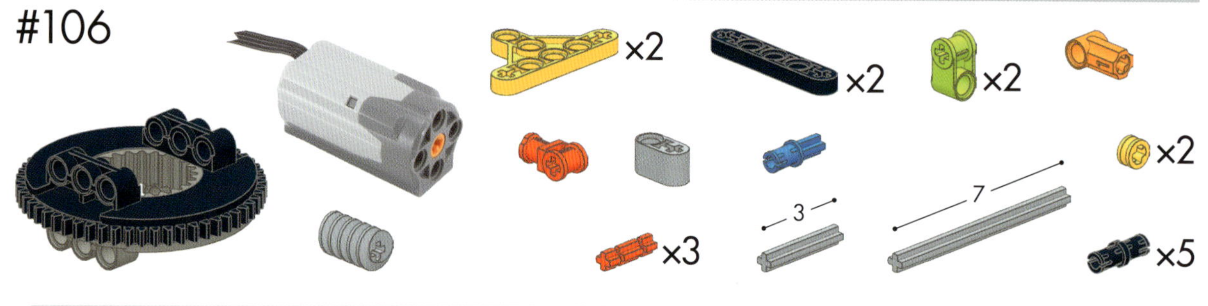

1:56

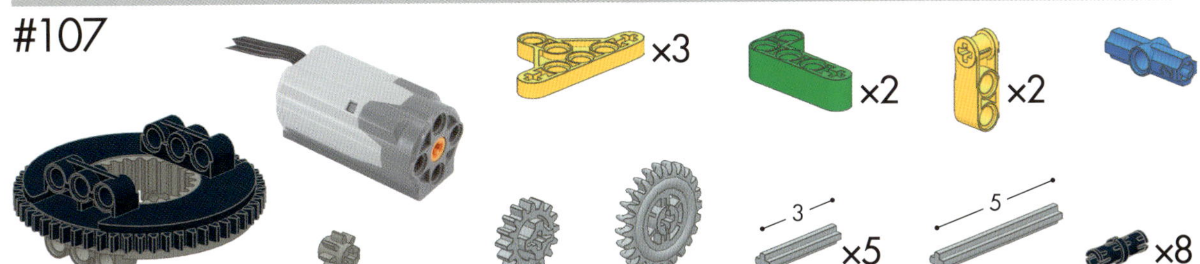

#107
×3
×2
×2
×5
×5
×8

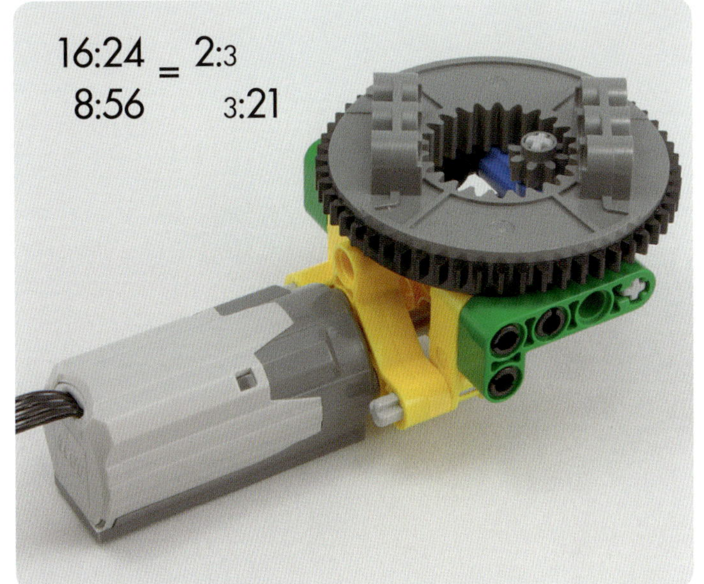

16:24 = 2:3
8:56   3:21

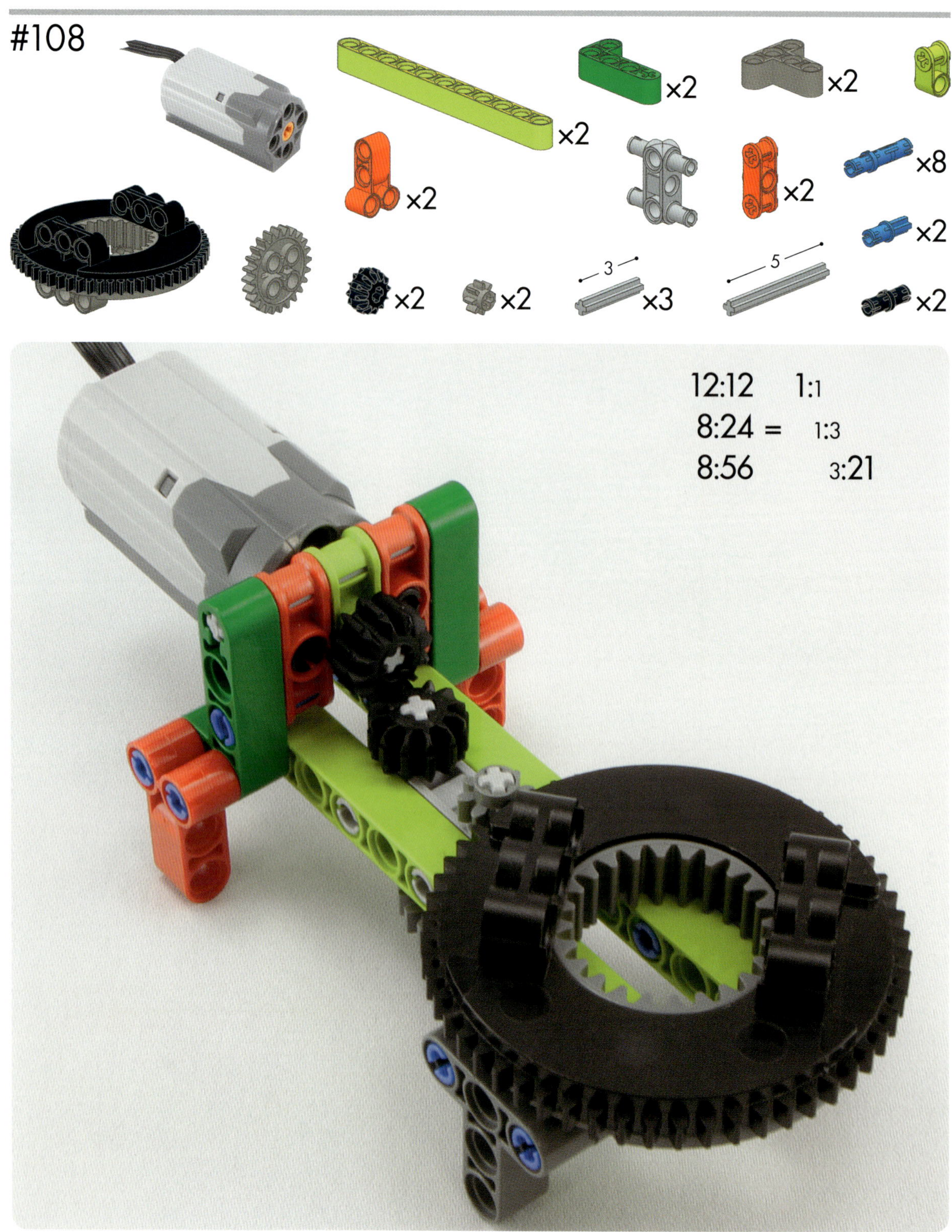
×2
×2
×2
×2
×2
×8
×2
×2
×2
3
×3
5
×2
12:12   1:1
8:24 =   1:3
8:56   3:21

8:24

12:20

16:16

20:12

24:8

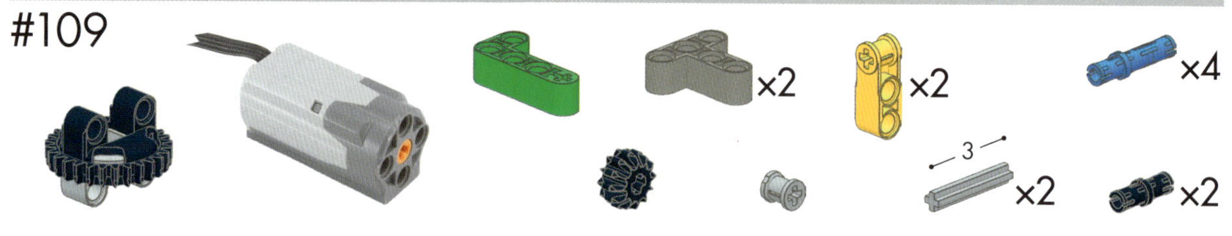

#109
×2
×2
×4
3
×2
×2

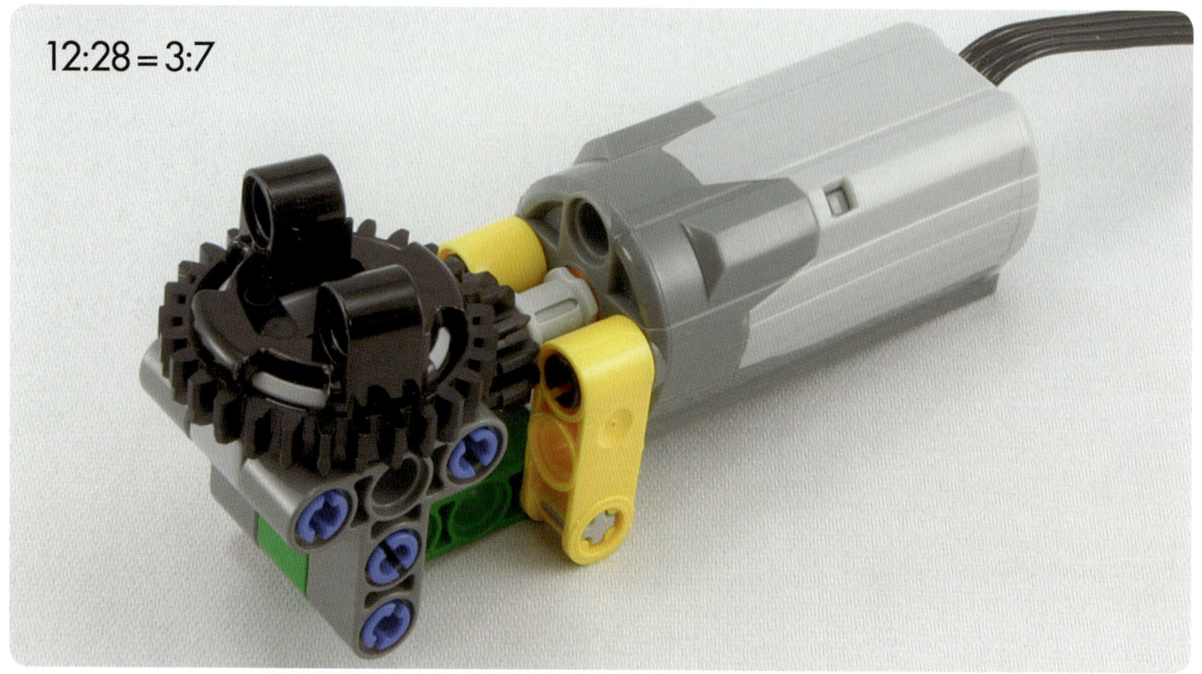

12:28 = 3:7

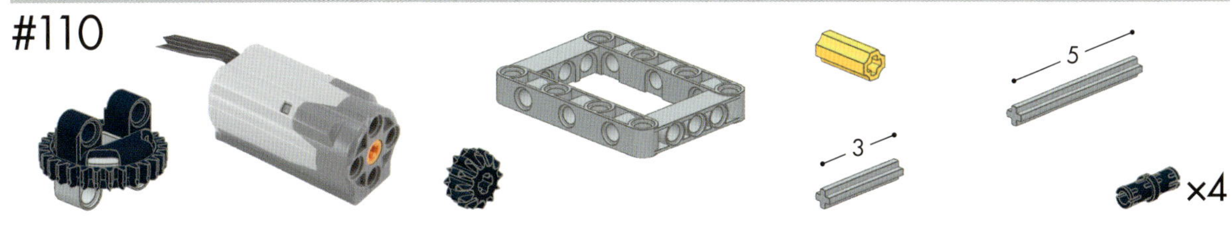

#110

12:28 = 3:7

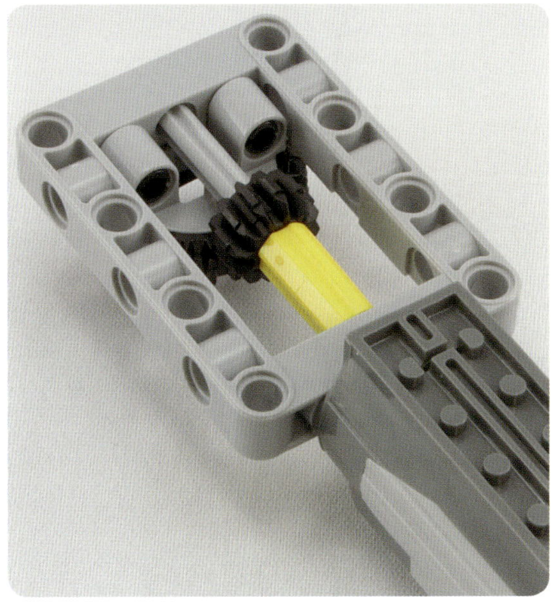

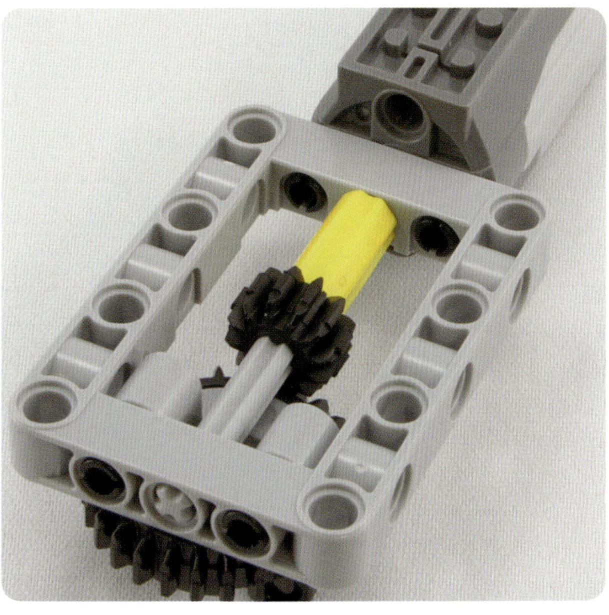

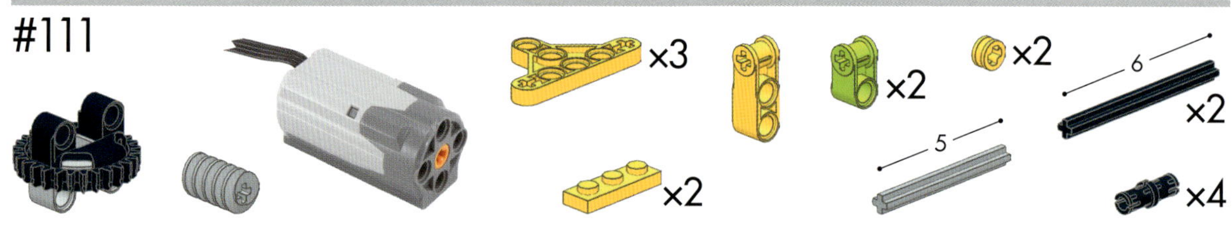

#111

1:28

#112

$$\frac{8:24}{12:28} = \frac{1:3}{3:7}$$

복합 기어 구조

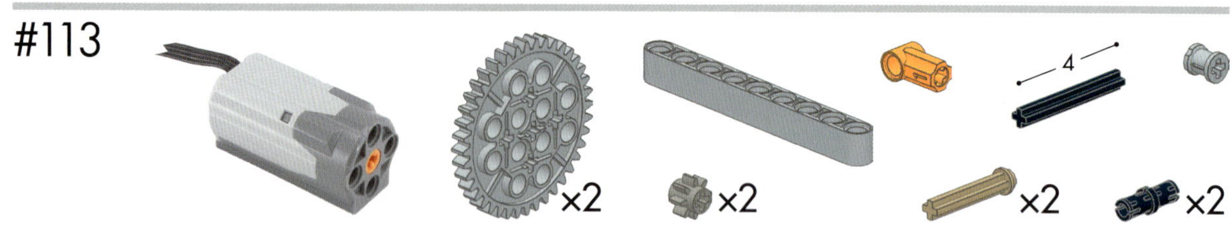

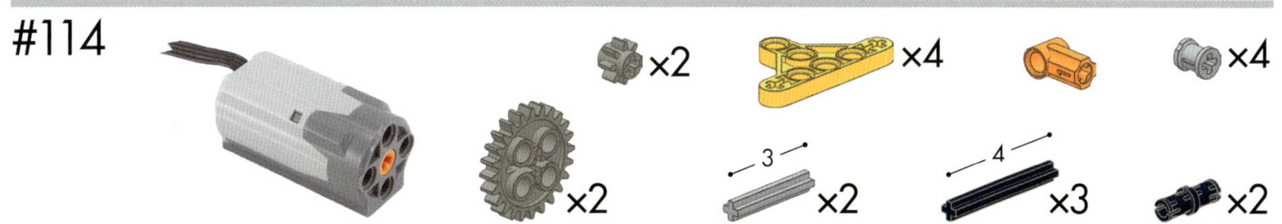

#114

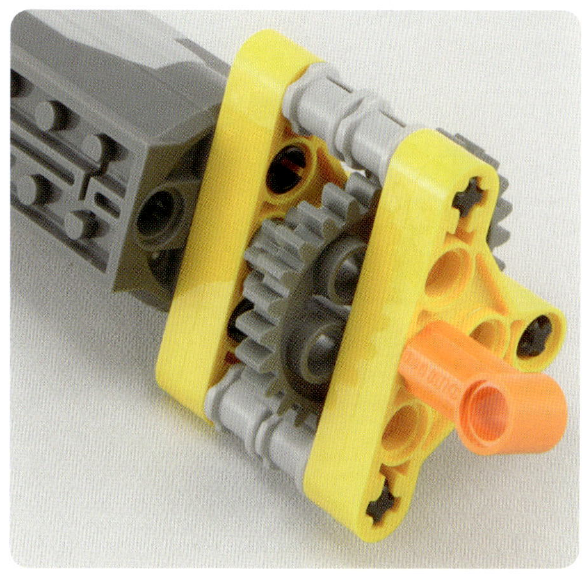

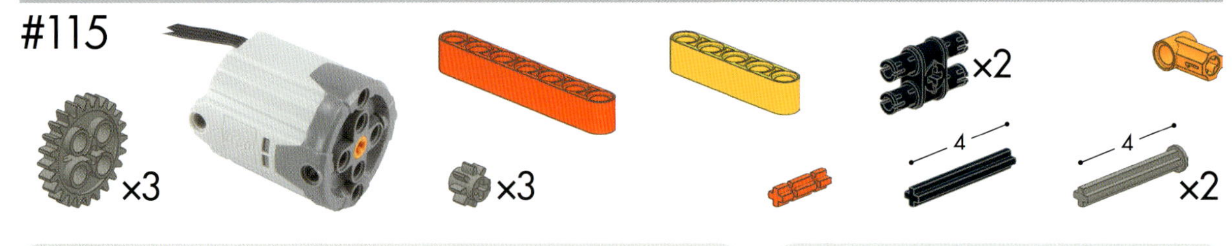

8:24   1:3
8:24 = 3:9
8:24   9:27

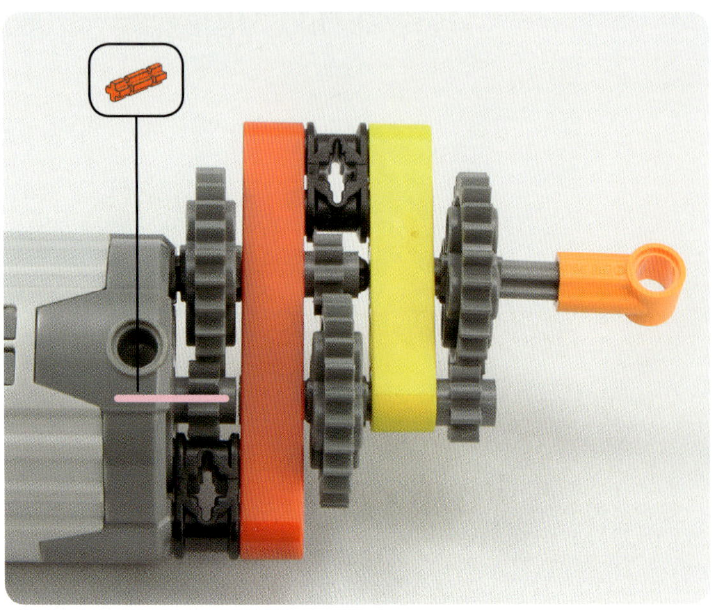

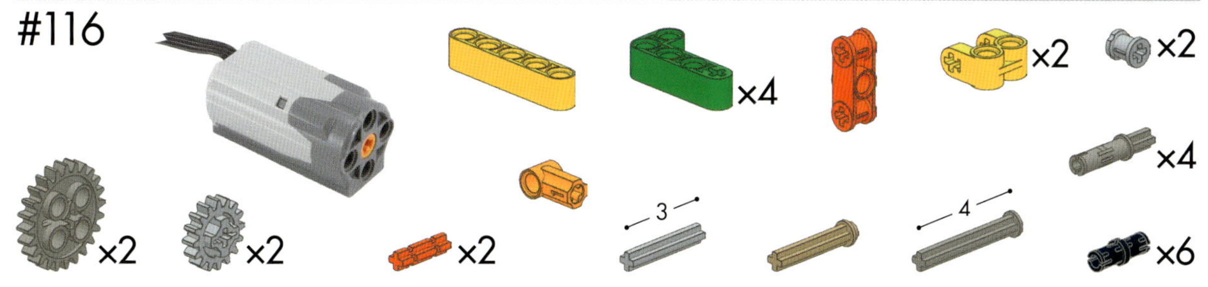

#116

$$16:24 = 4:6$$
$$16:24 \quad 6:9$$

#117

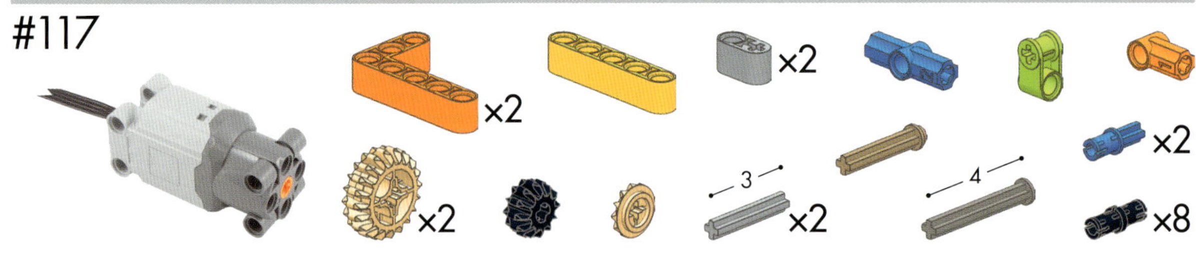

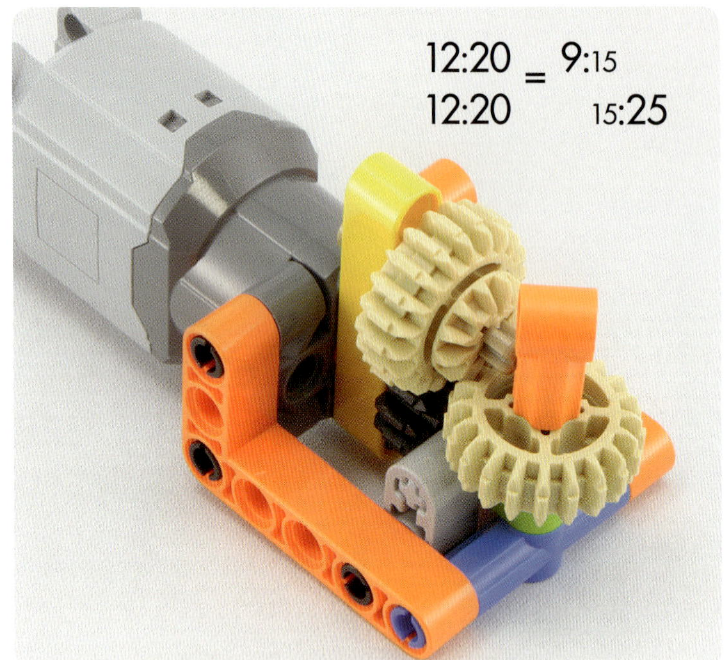

#118

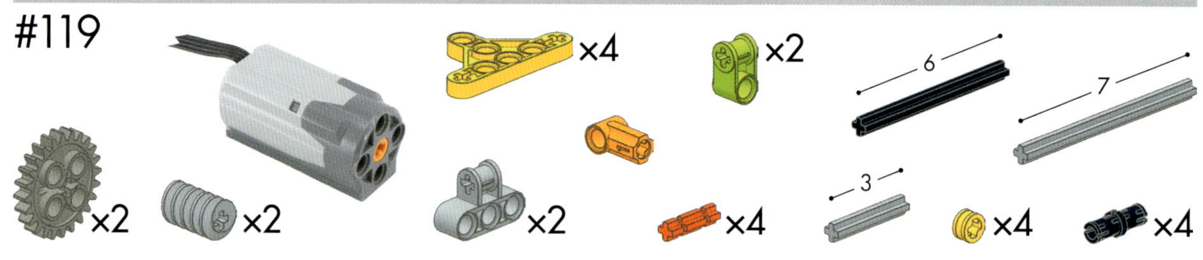

×4
×2
×2
6
7
×2
×2
3
×4
×4
×4
×4

1:24
1:24
1:24
24:576

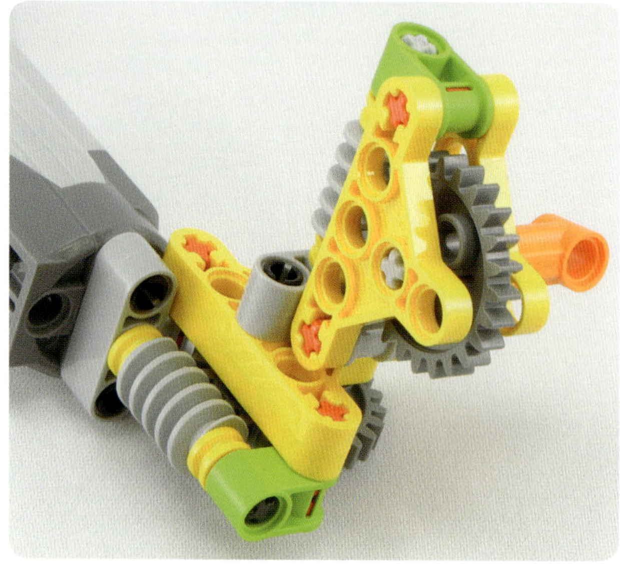

#120

12:20
1:8 =
12:20

9:15
15:120
120:200

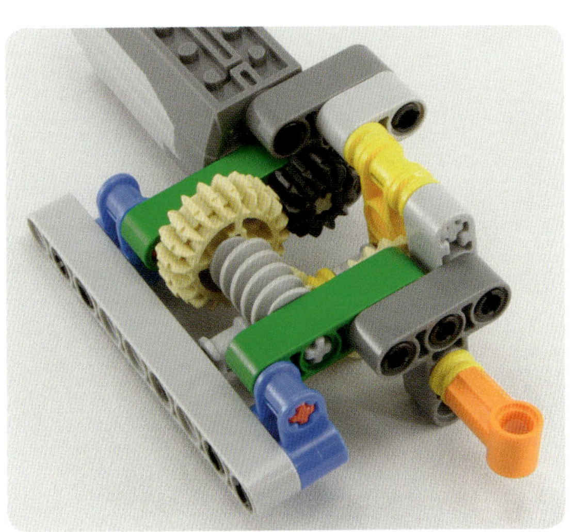

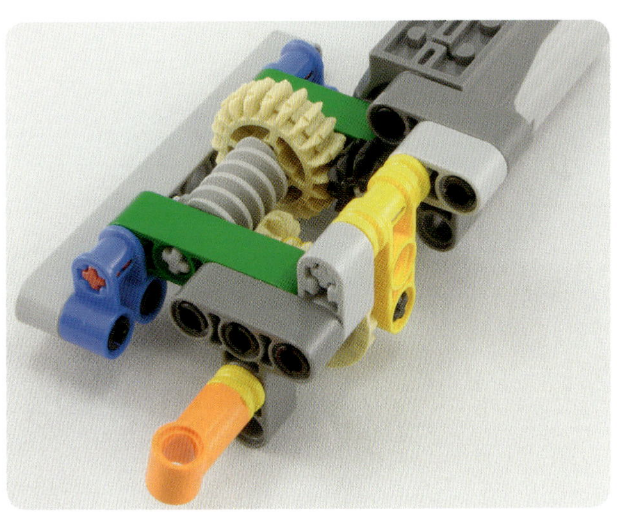

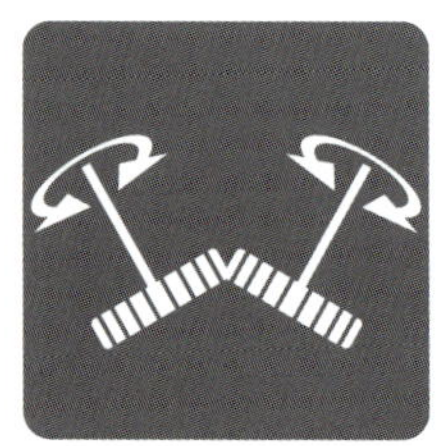

회전 축의 방향 바꾸기 2 (기타 각도)

×2 ×2 ×2 ×2 ×2 ×2 ×2

#122

#123

53.13°

16:20 = 4:5

20:36 = 5:9

53.13°

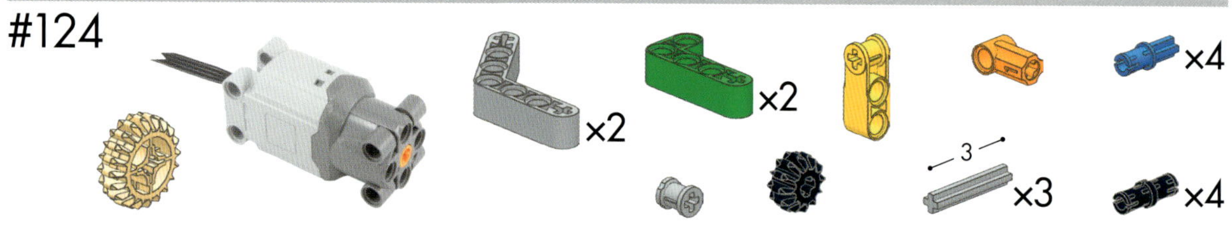

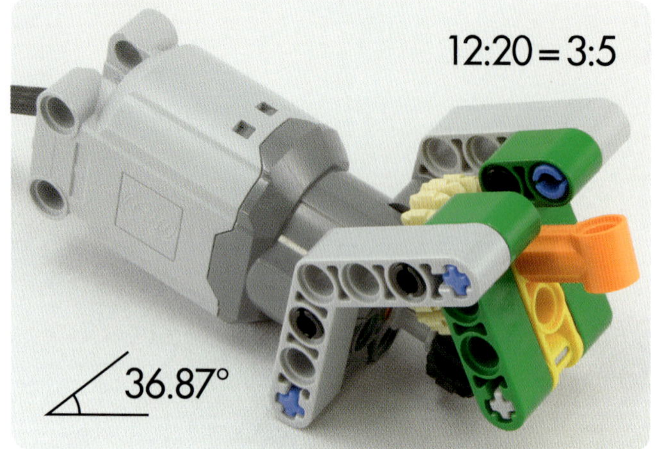

12:20 = 3:5
36.87°

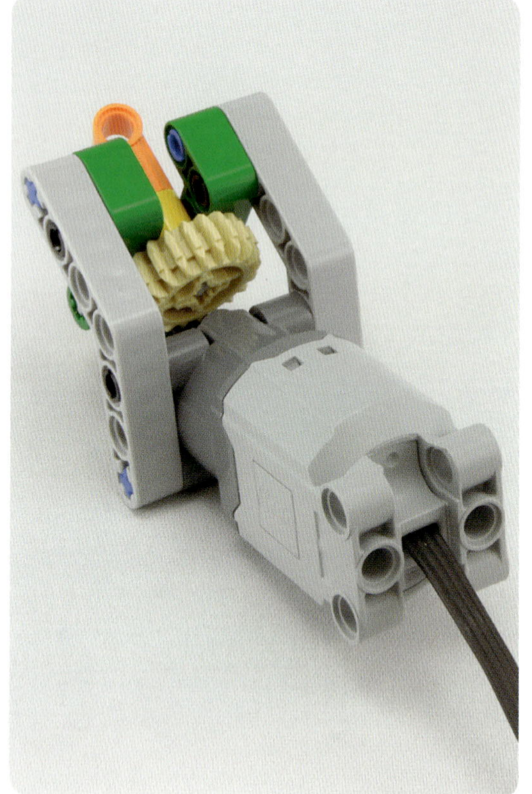

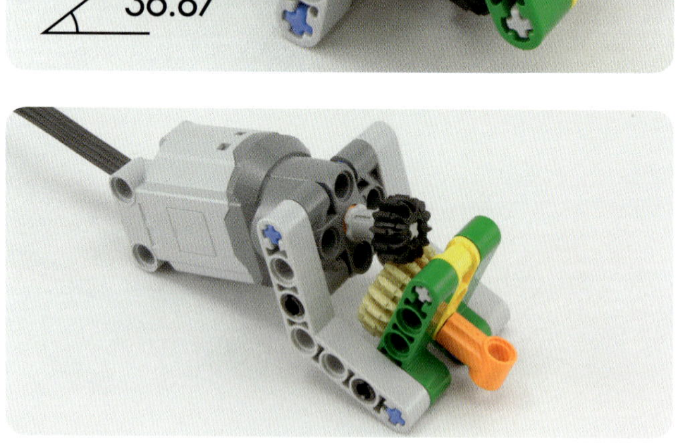

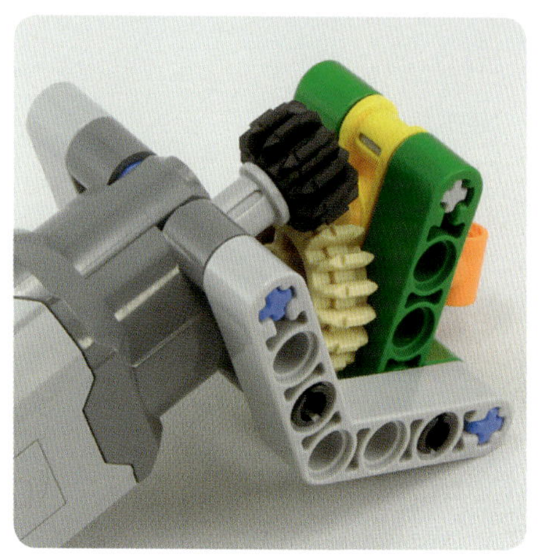

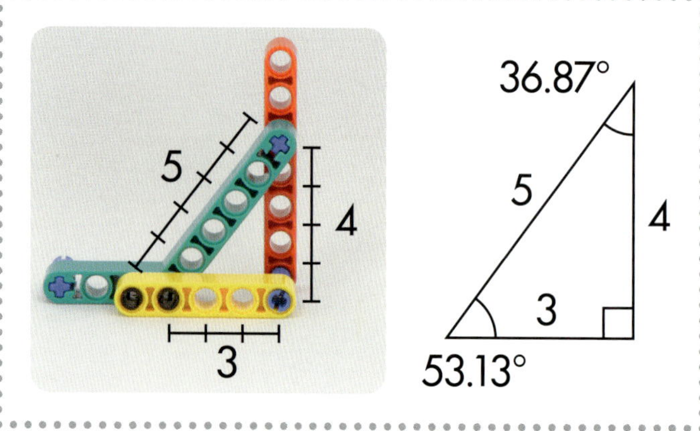

5
4
3
36.87°
5
4
3
53.13°

#125

20:16 = 5:4

67.5°

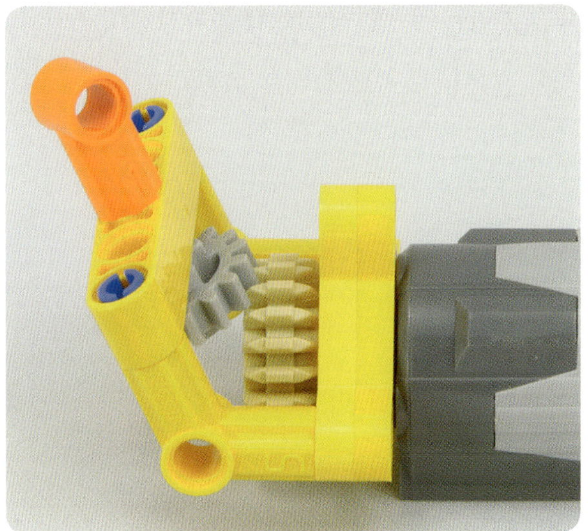

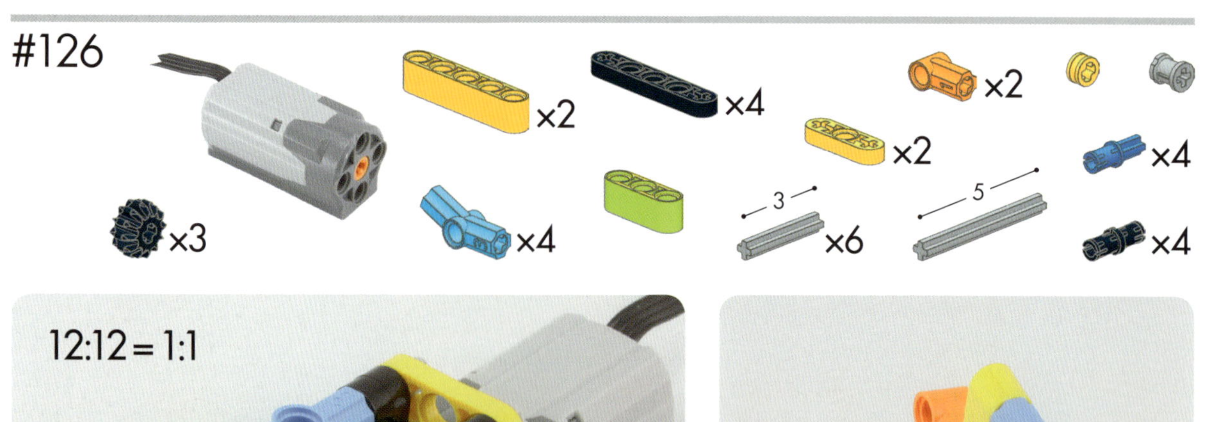

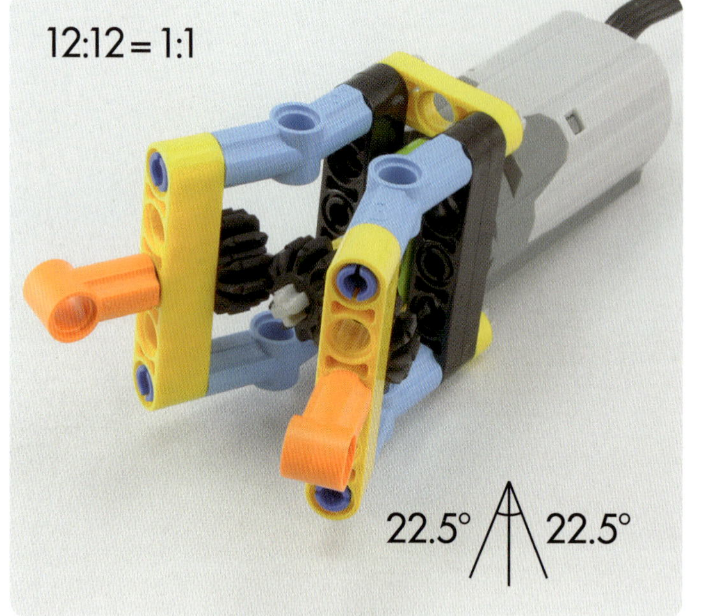

12:12 = 1:1
22.5° 22.5°

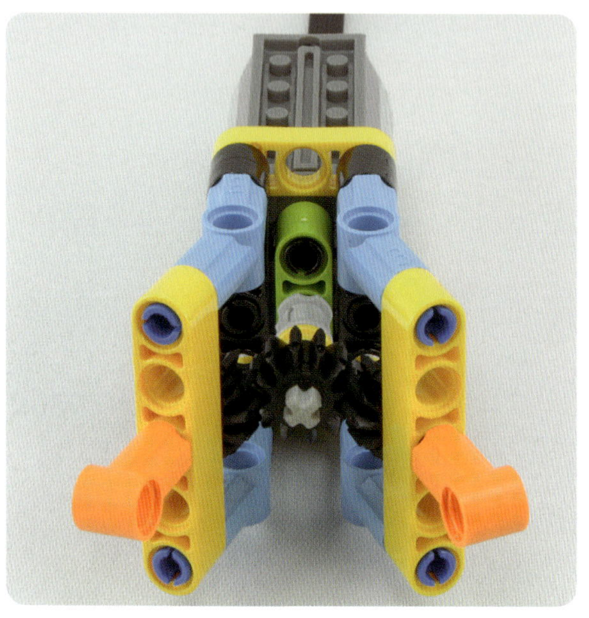

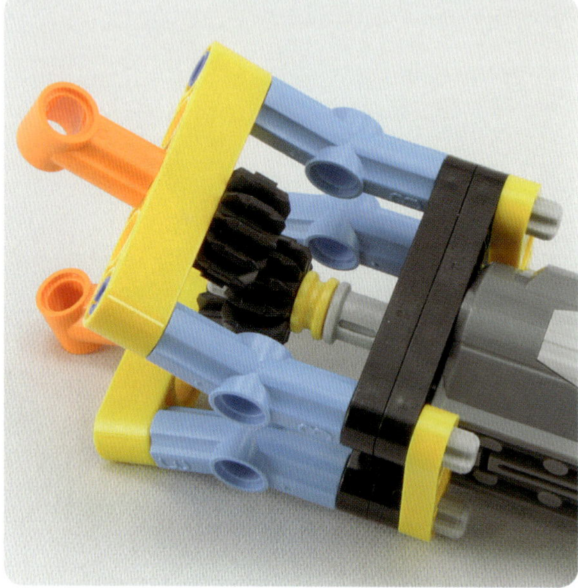

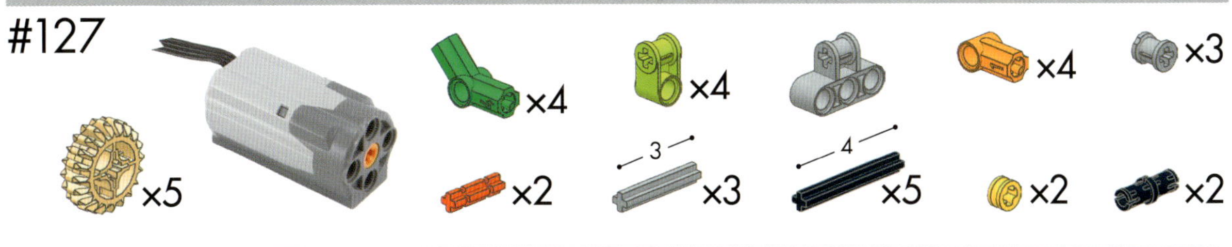

#127
×5
×4
×4
×4
×3
×2
3
×3
4
×5
×2
×2

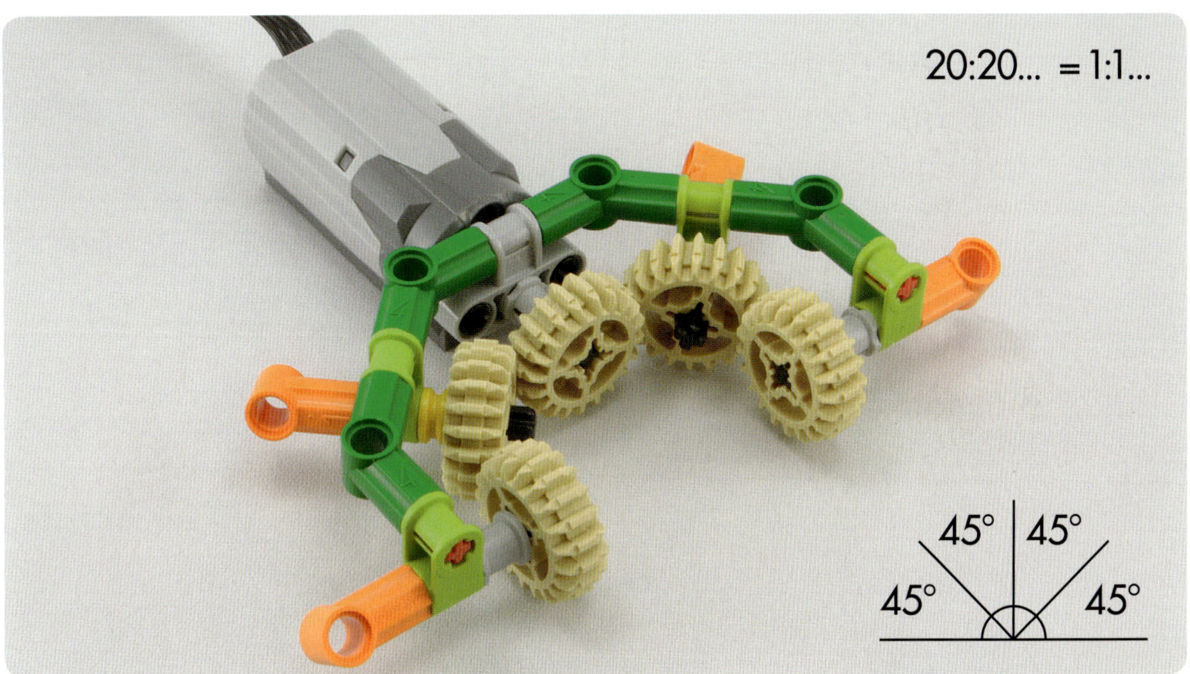

20:20… = 1:1…
45° 45°
45° 45°

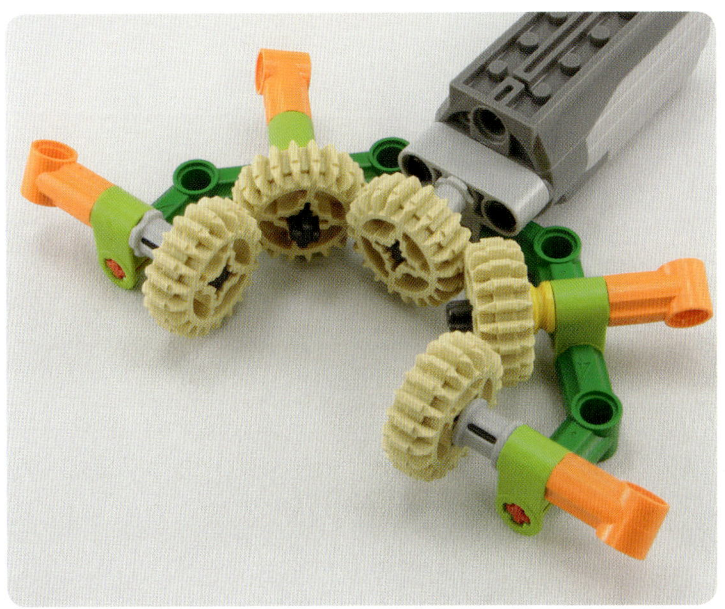

회전 축의 방향 바꾸기 3
(구동 중 방향 변환 가능)

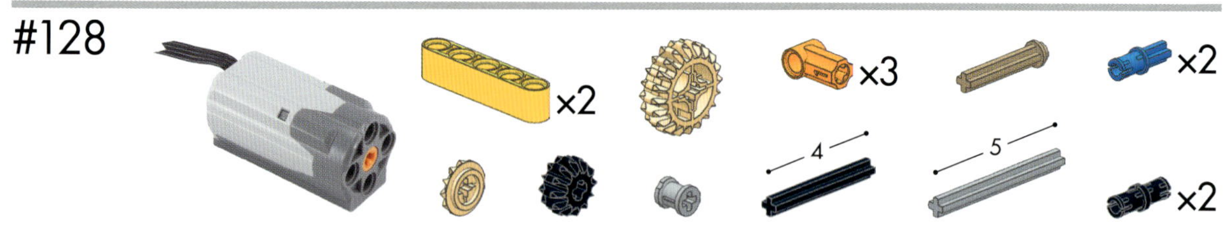

#128

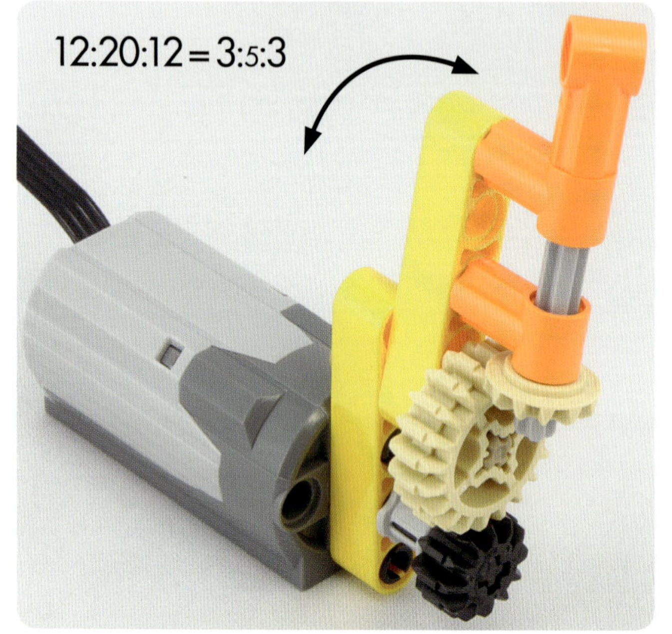

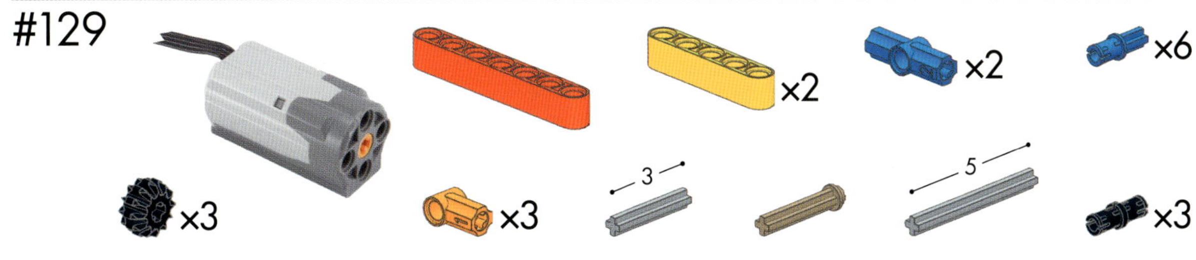

#129

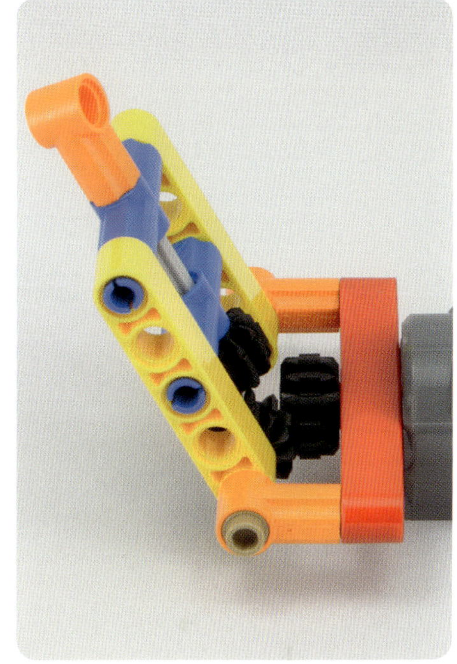

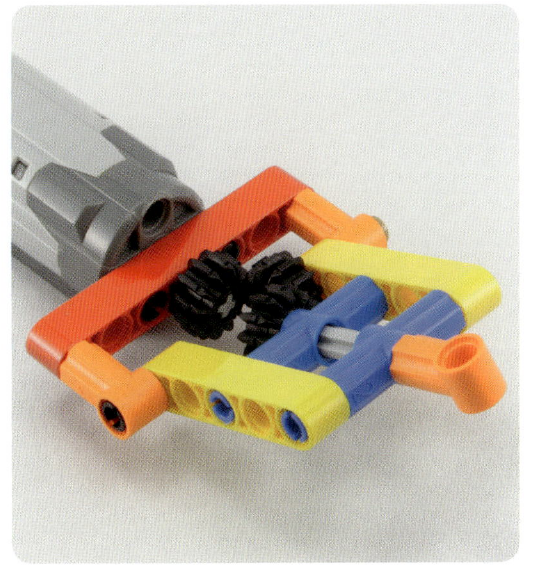

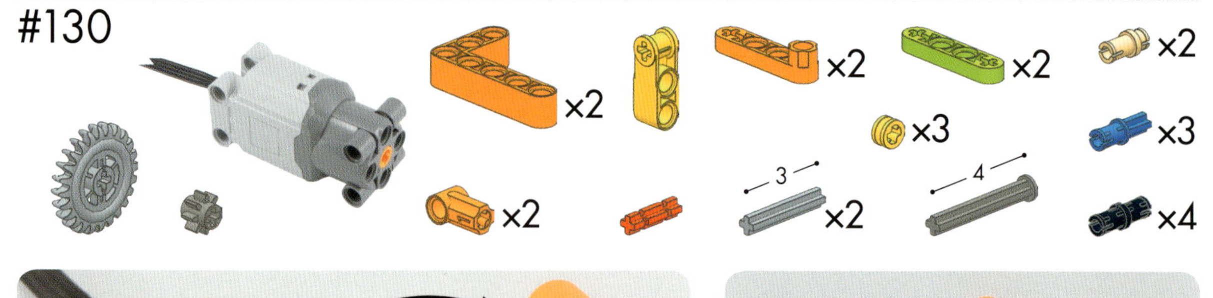

#130

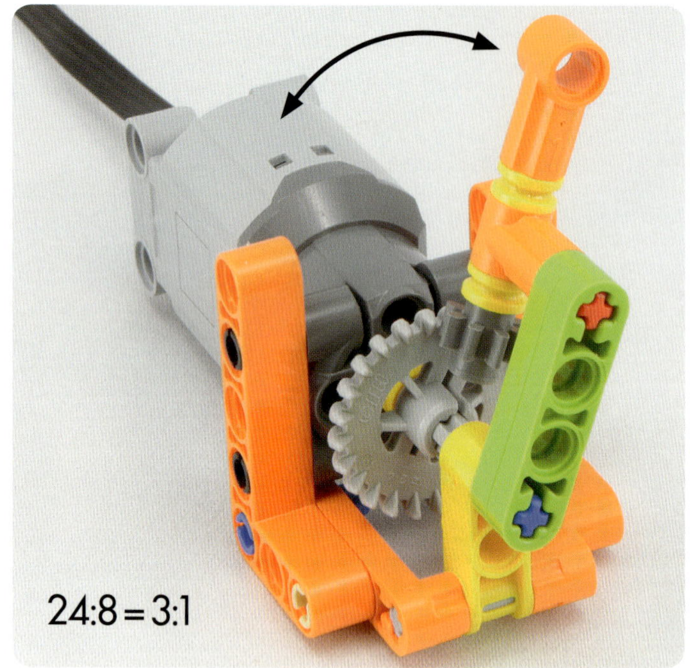

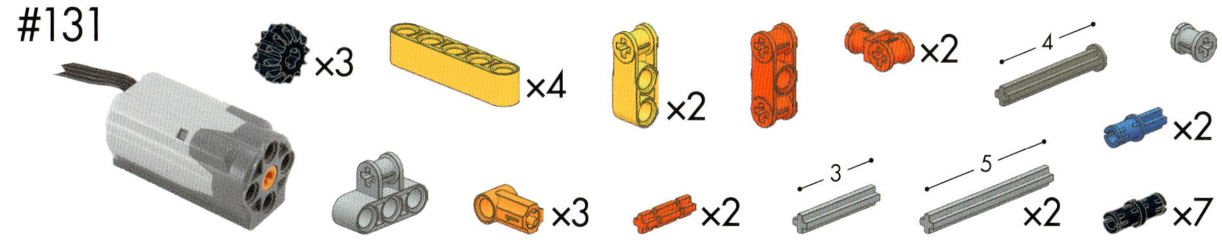

#131
×3
×4
×2
×2
4
×2
×3
×2
3
5
×2
×7

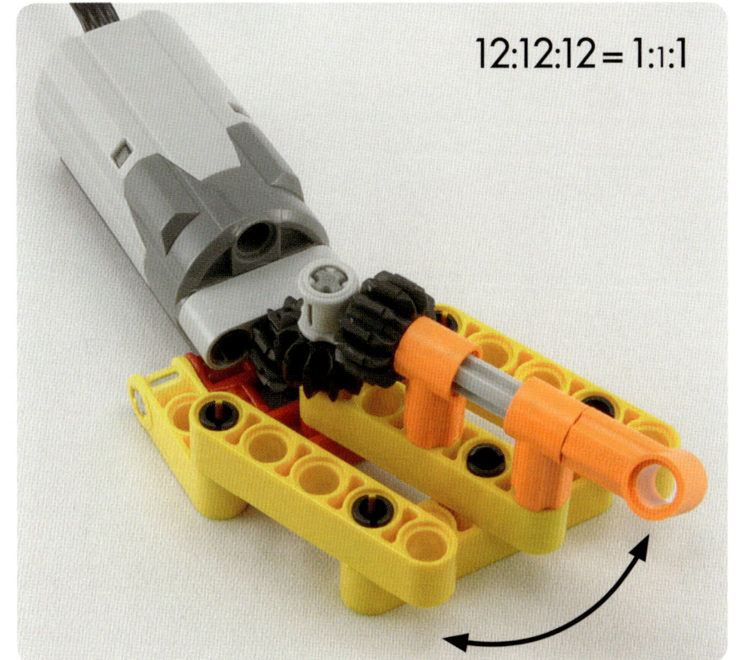

12:12:12 = 1:1:1

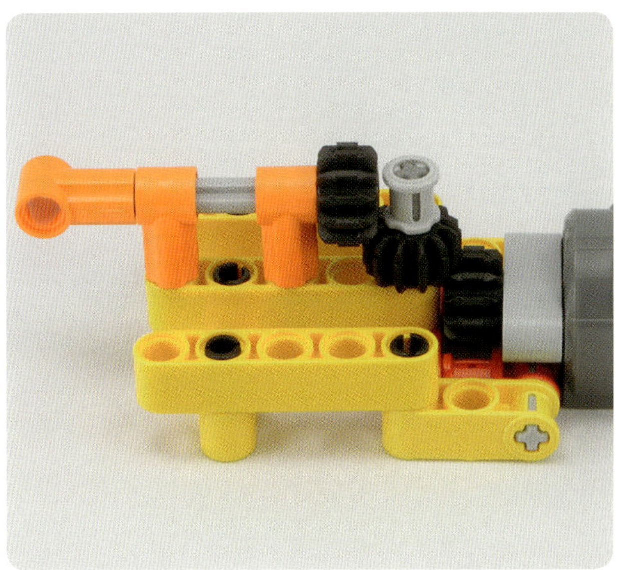

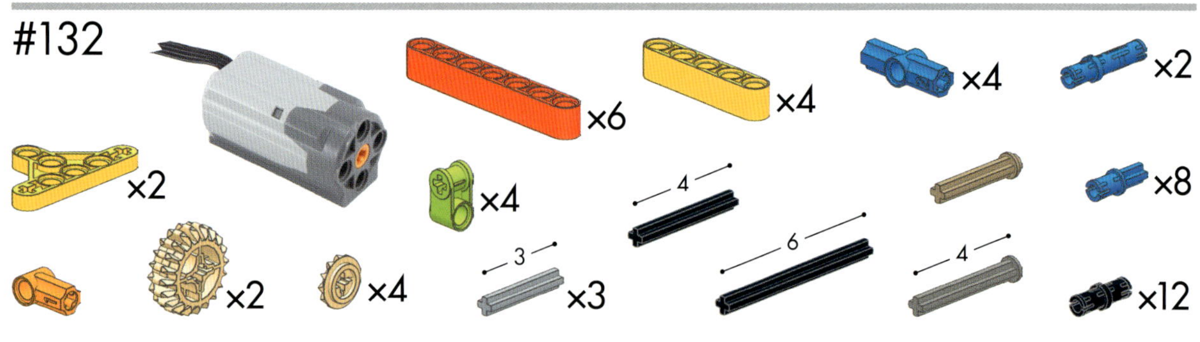

#132

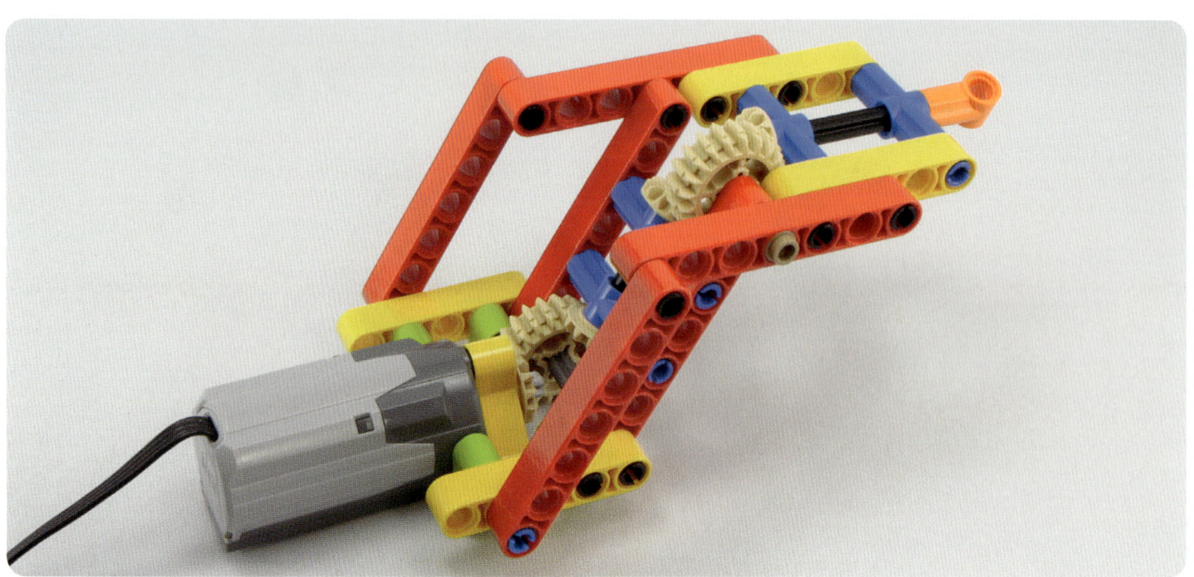

유니버설 조인트의 제작과 활용

#133

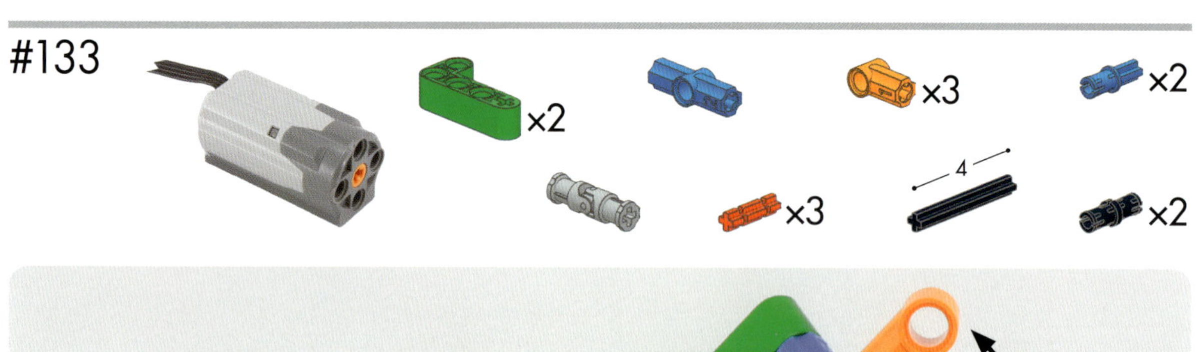

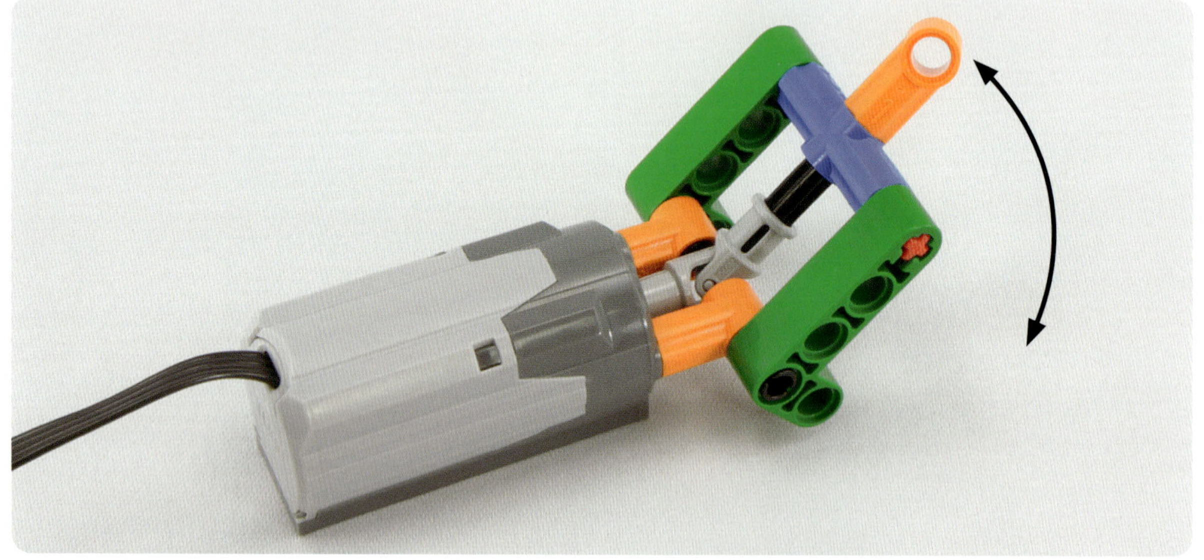

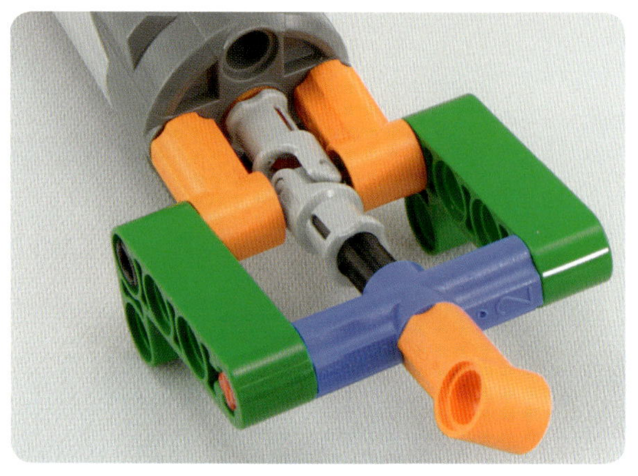

#134

#135

#136

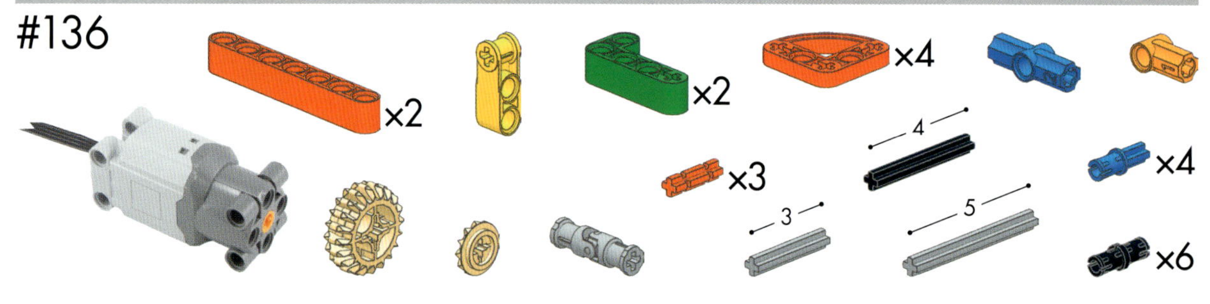

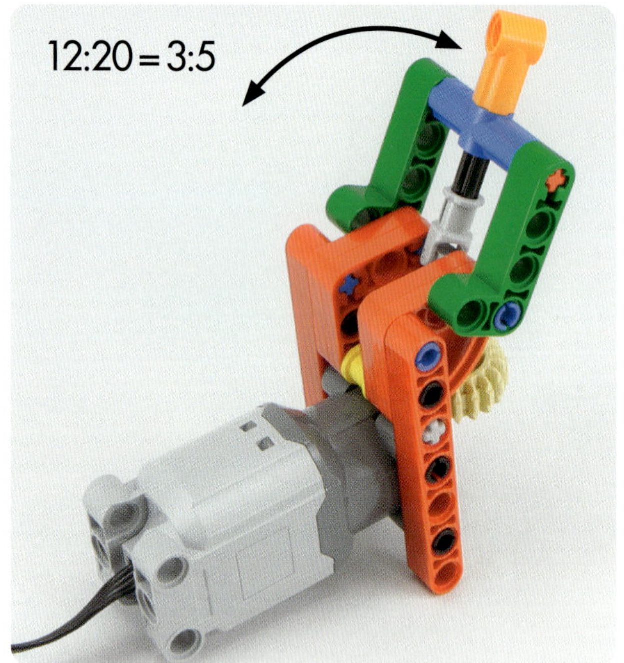

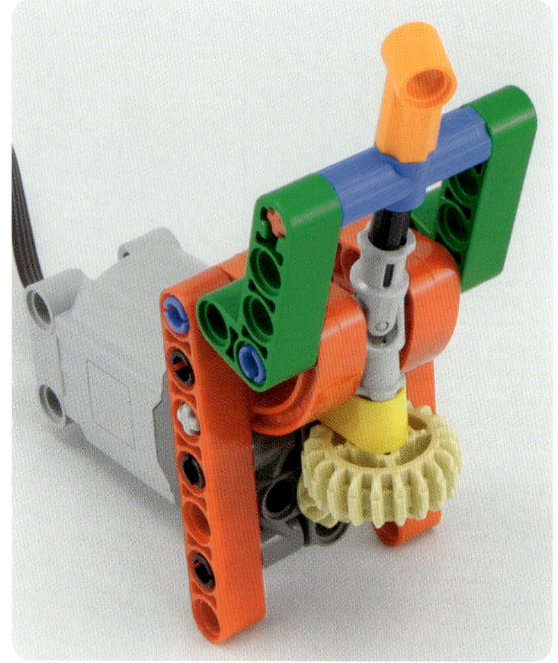

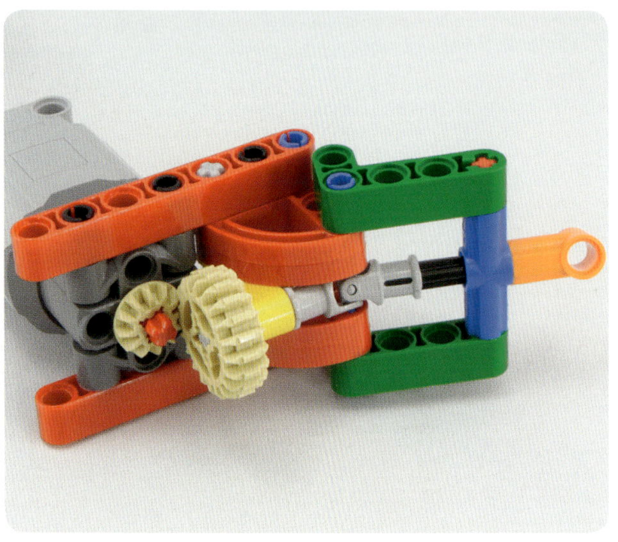

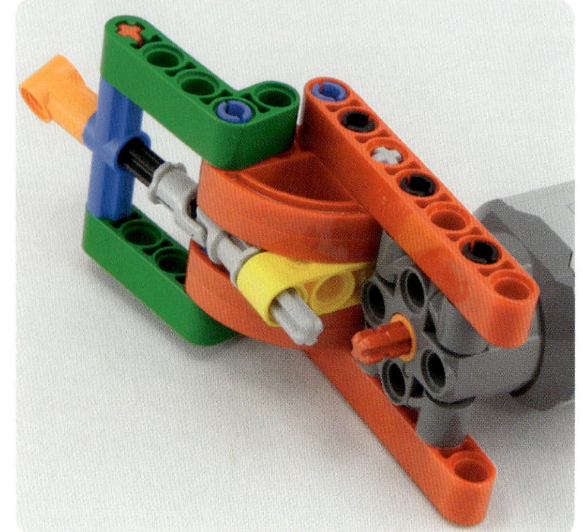

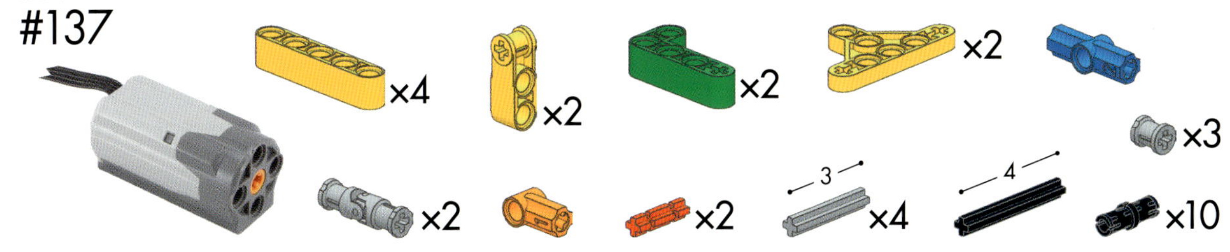

#137
×4
×2
×2
×2
×3
×2
×2
3
×4
4
×10

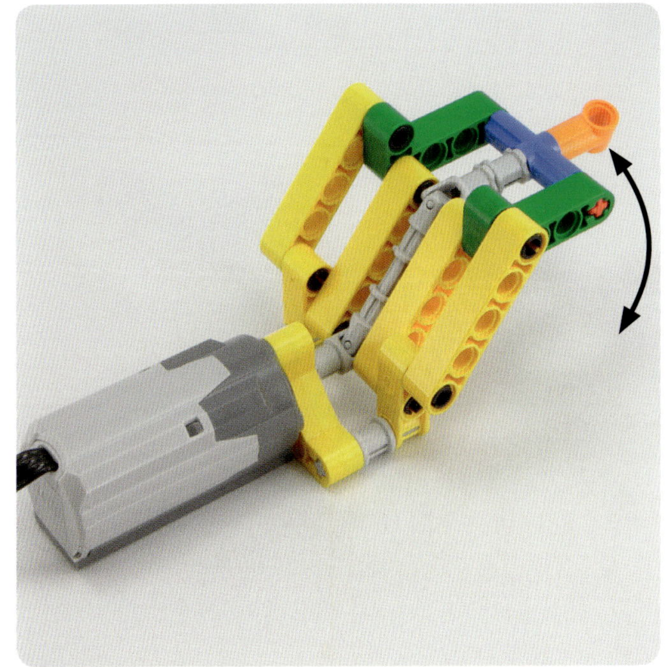

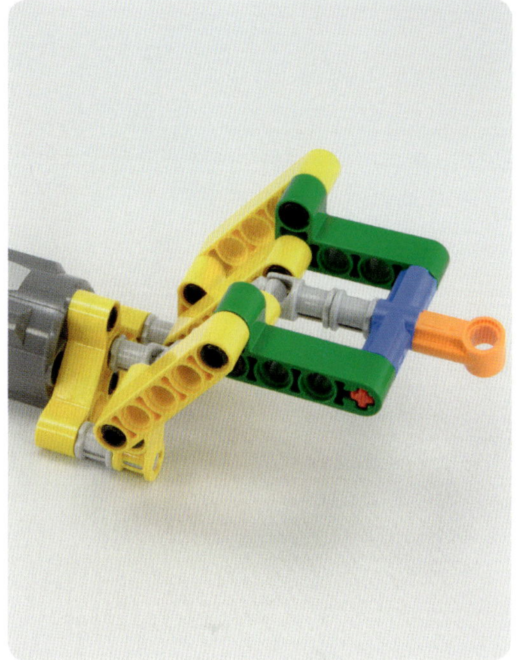

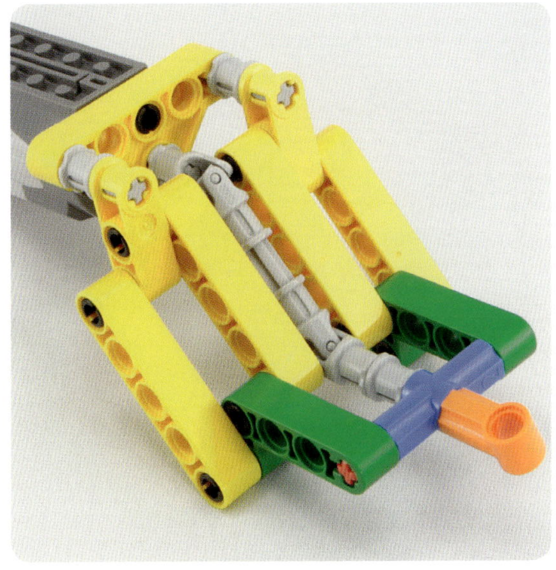

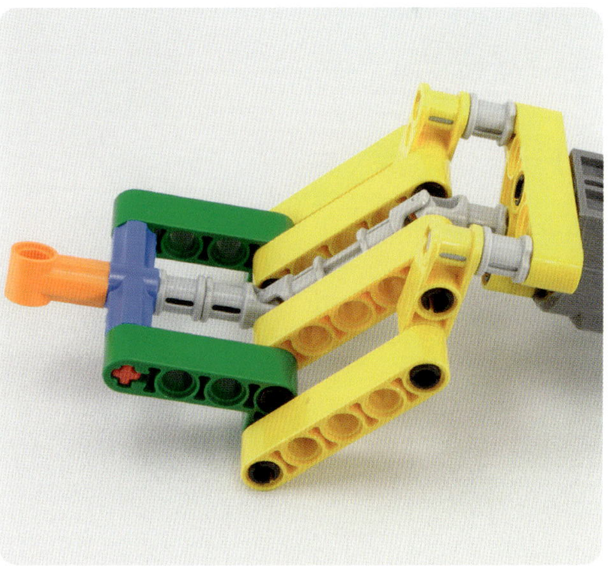

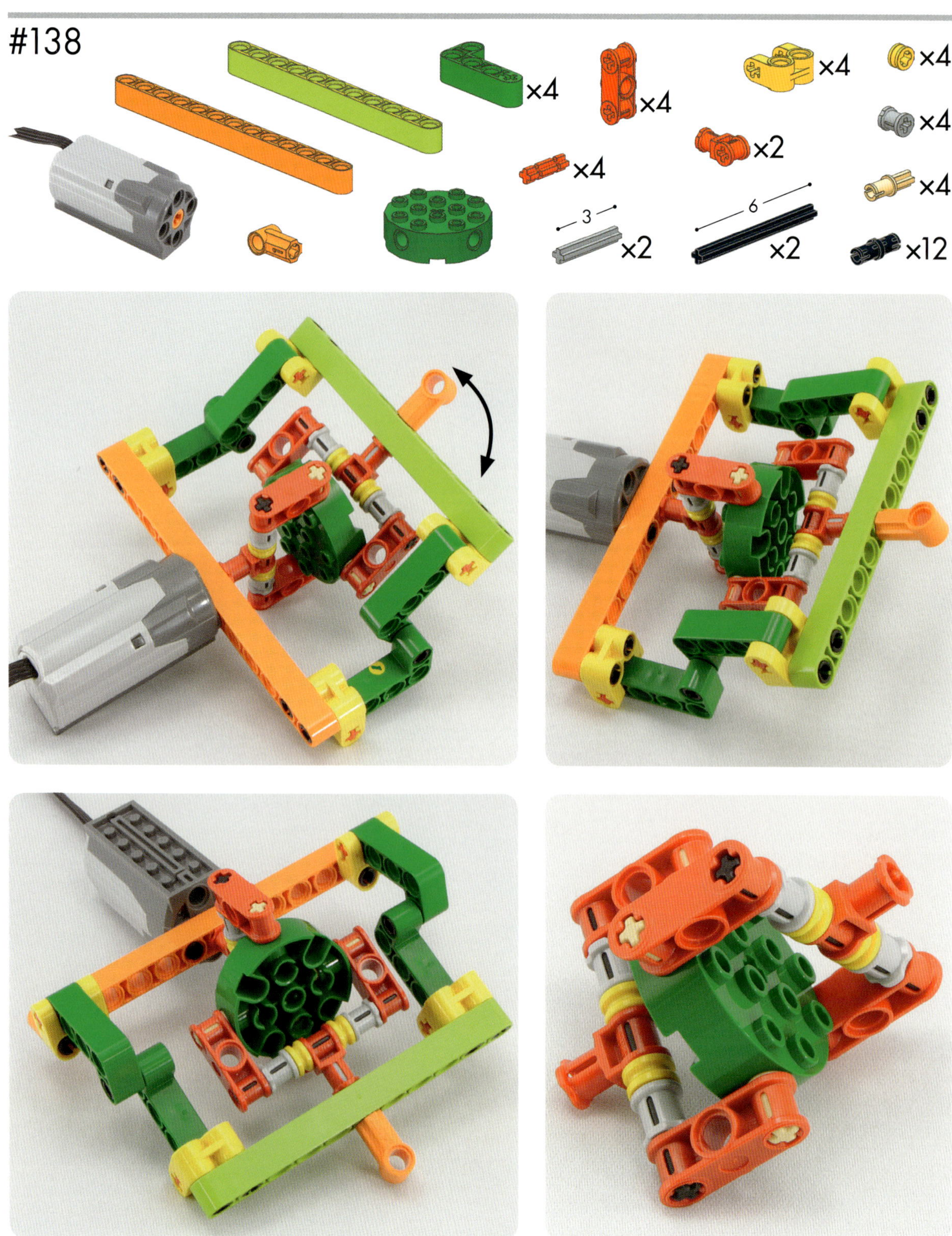
#138
×4
×4
×4
×4
×2
×4
×4
×4
3
6
×2
×2
×12

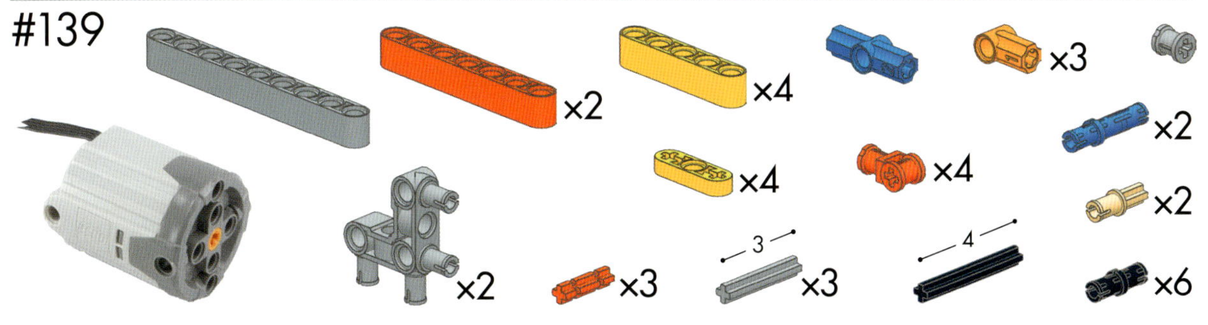

#139

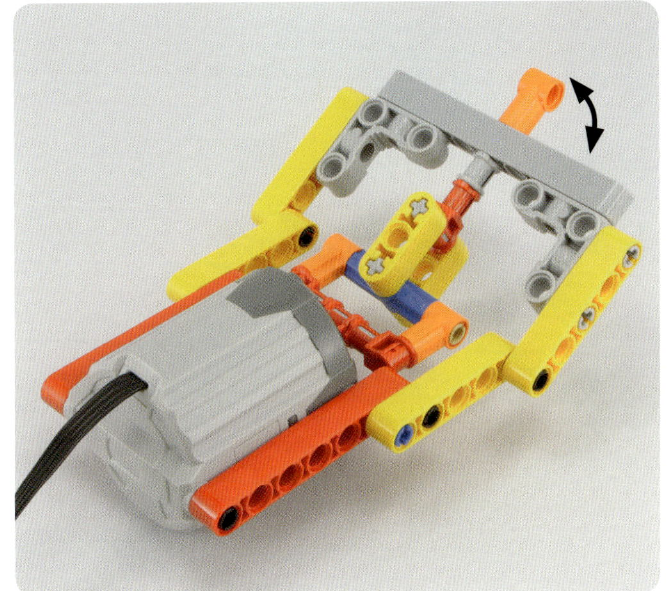

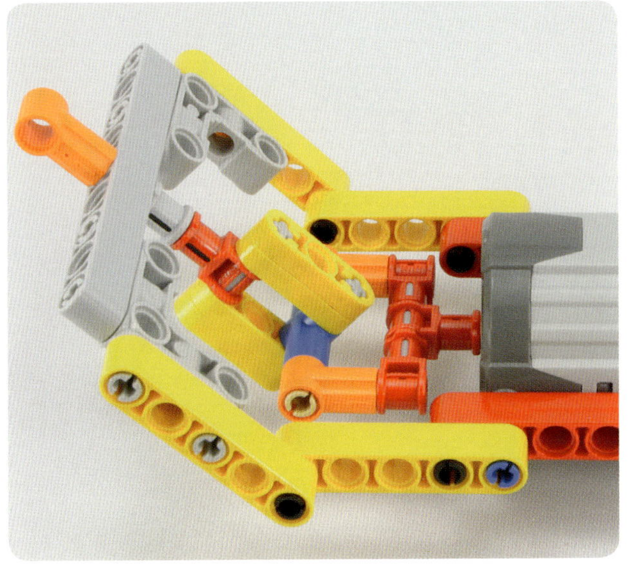

#140

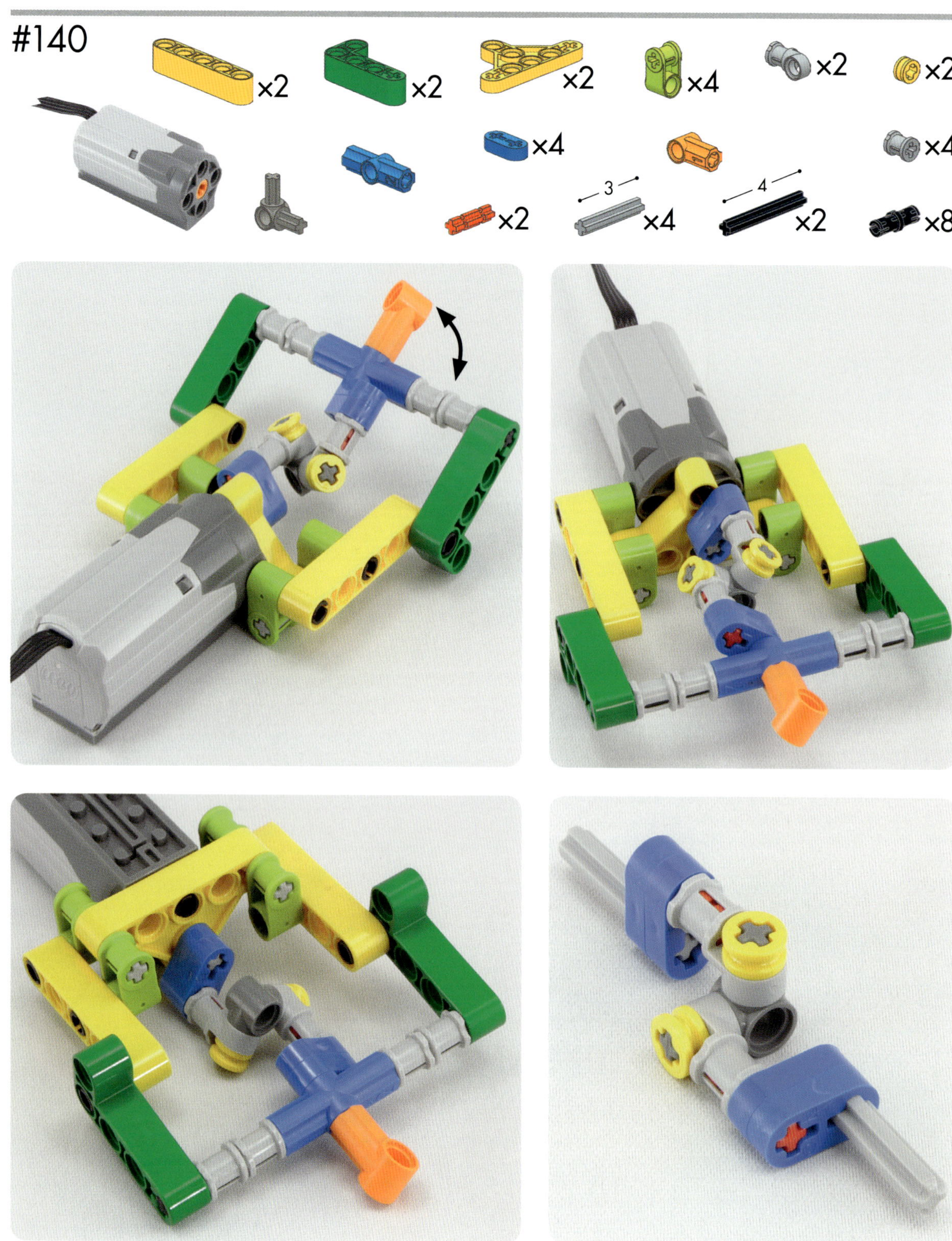

#141

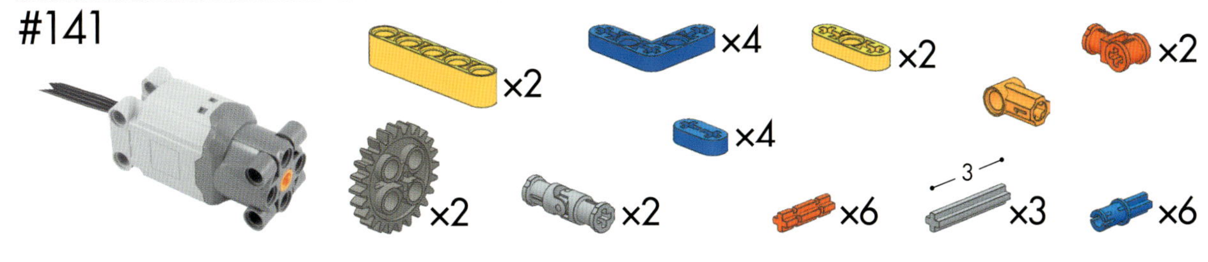

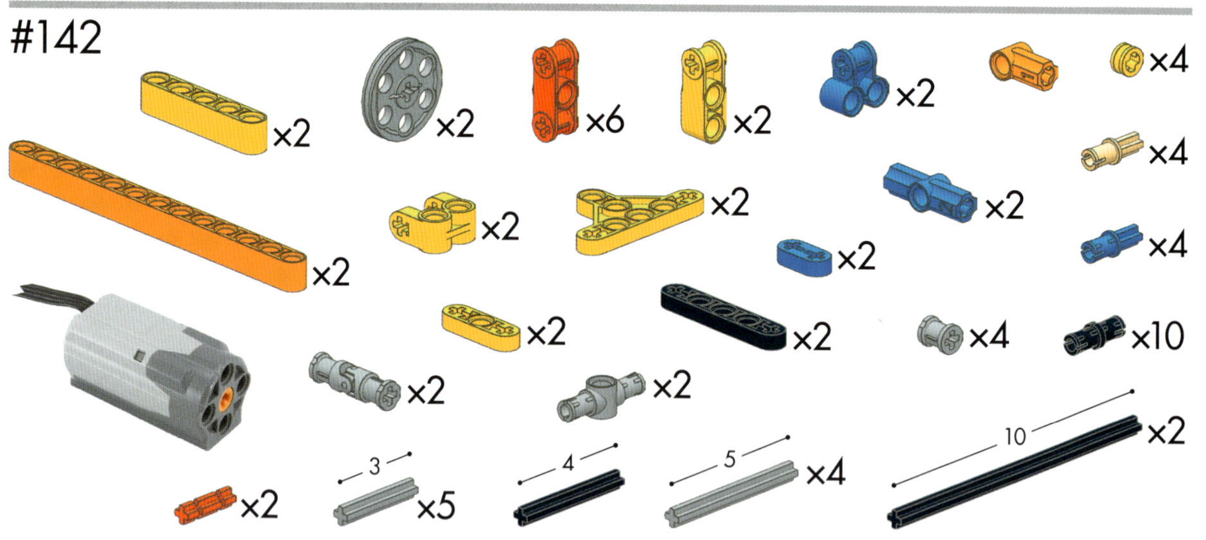

#142
10

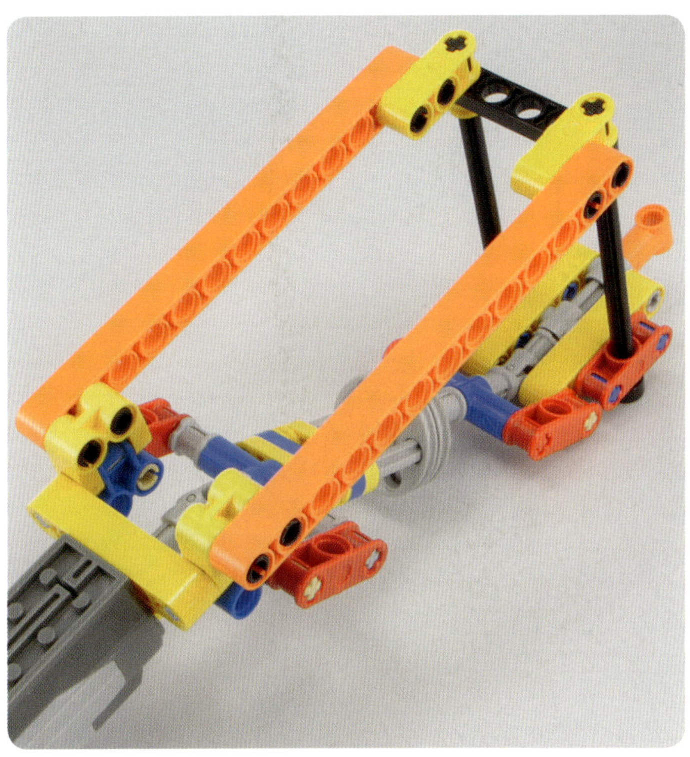

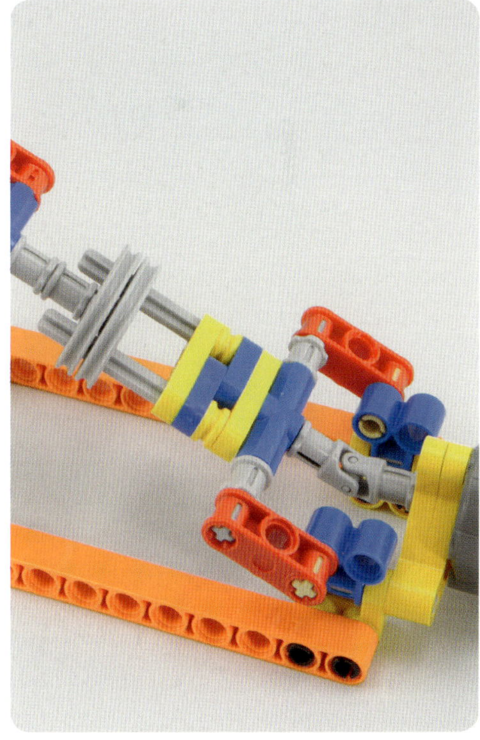

체인, 무한궤도를 이용한 동력의 전달

#143

24:24 = 1:1

#144

24:16 = 3:2

#145

6:10 = 3:5

#146

16:24 = 4:6
16:24   6:9

#147

16:16 = 1:1

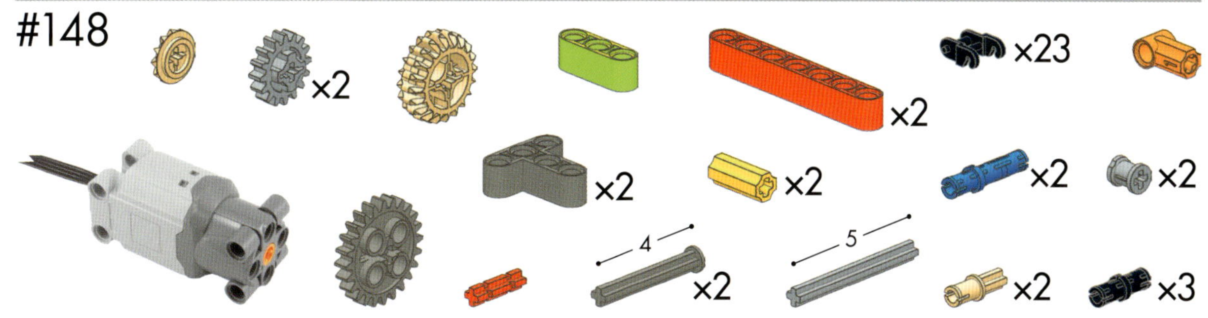

#148

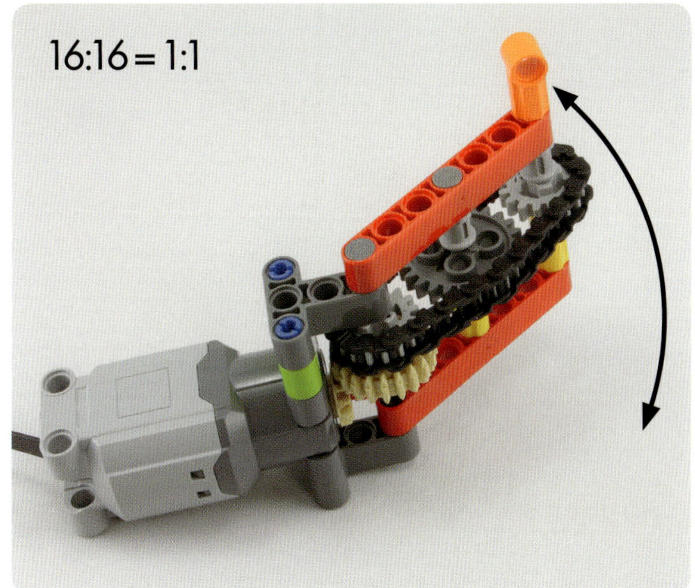

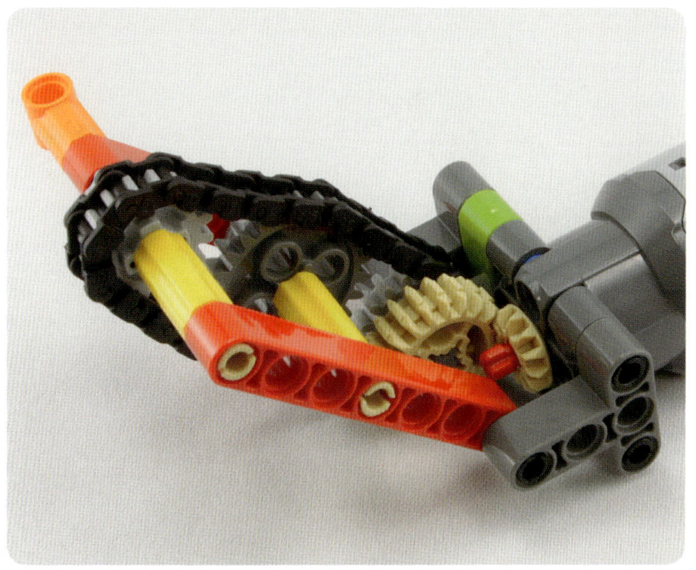

고무 벨트를 이용한 동력의 전달

#149

1:3.6

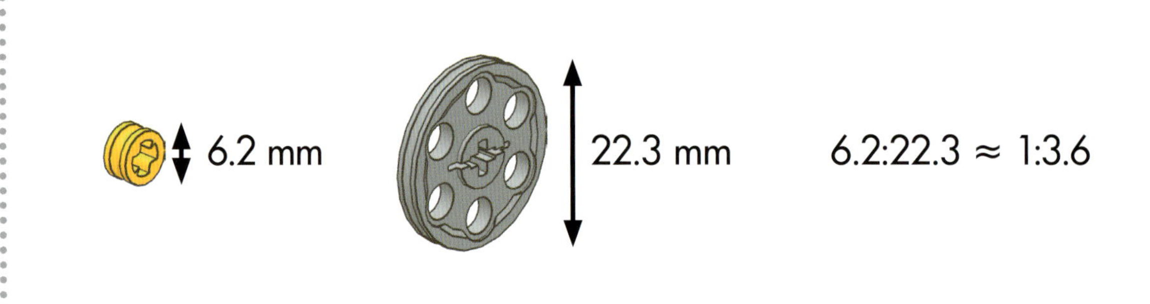

#150

#151

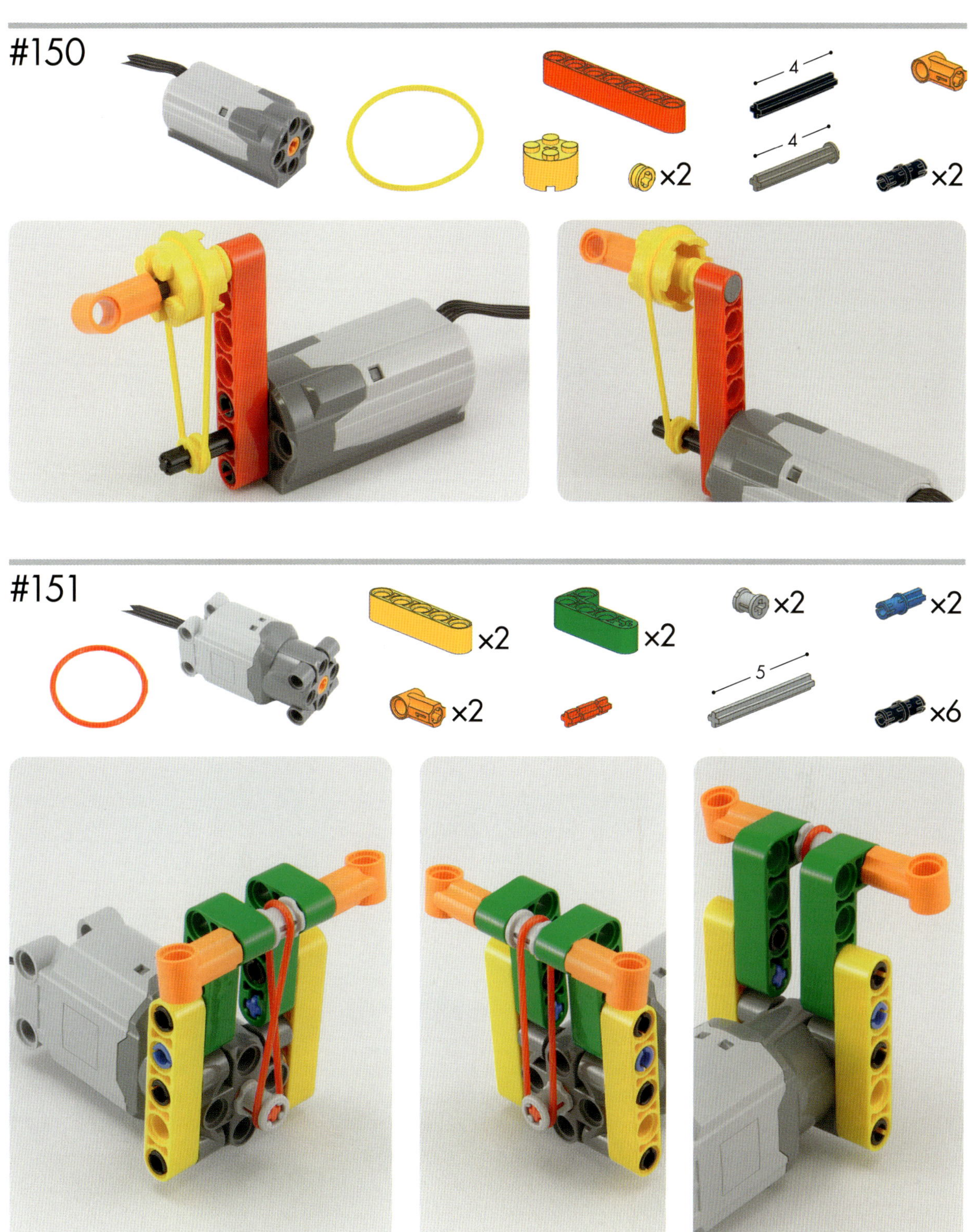

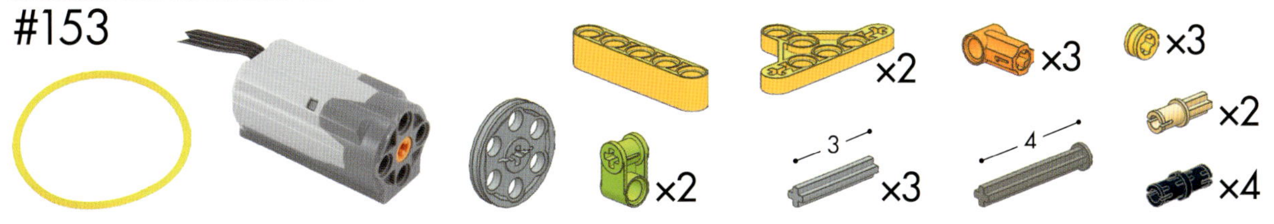

#153

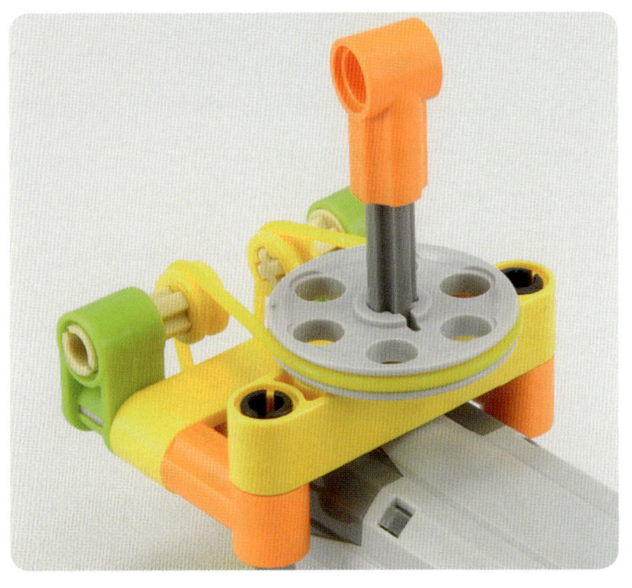

랙(평판 기어)과 피니언 기어

#154

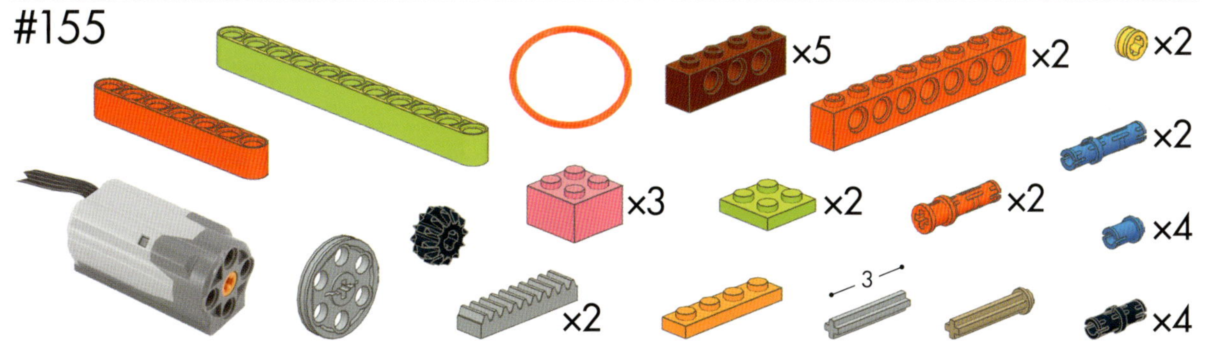

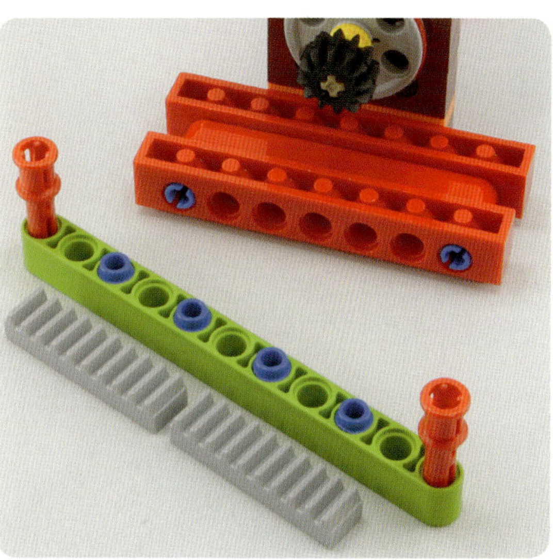

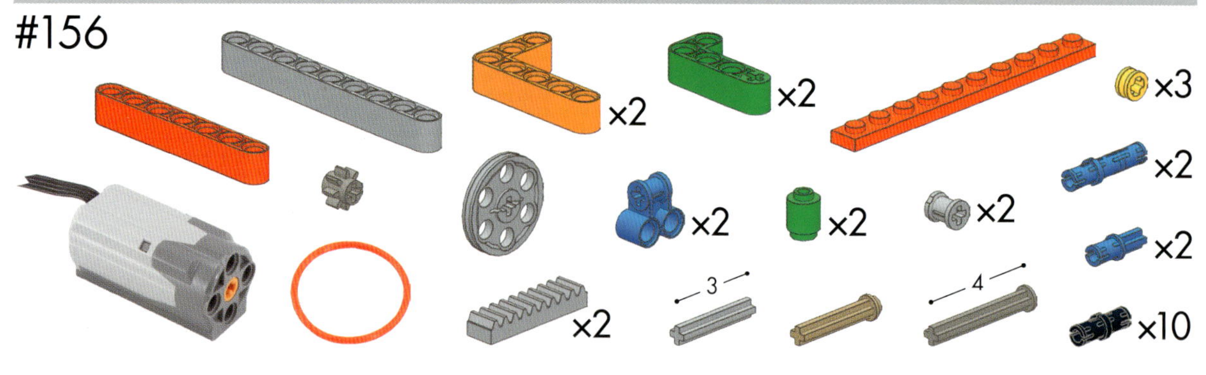

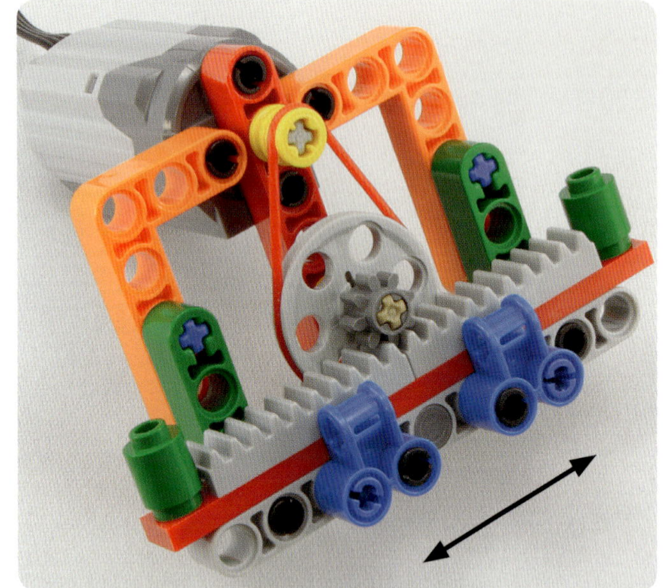

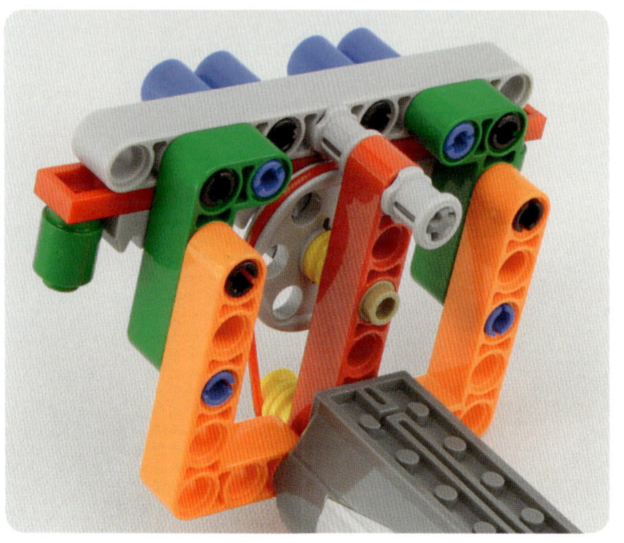

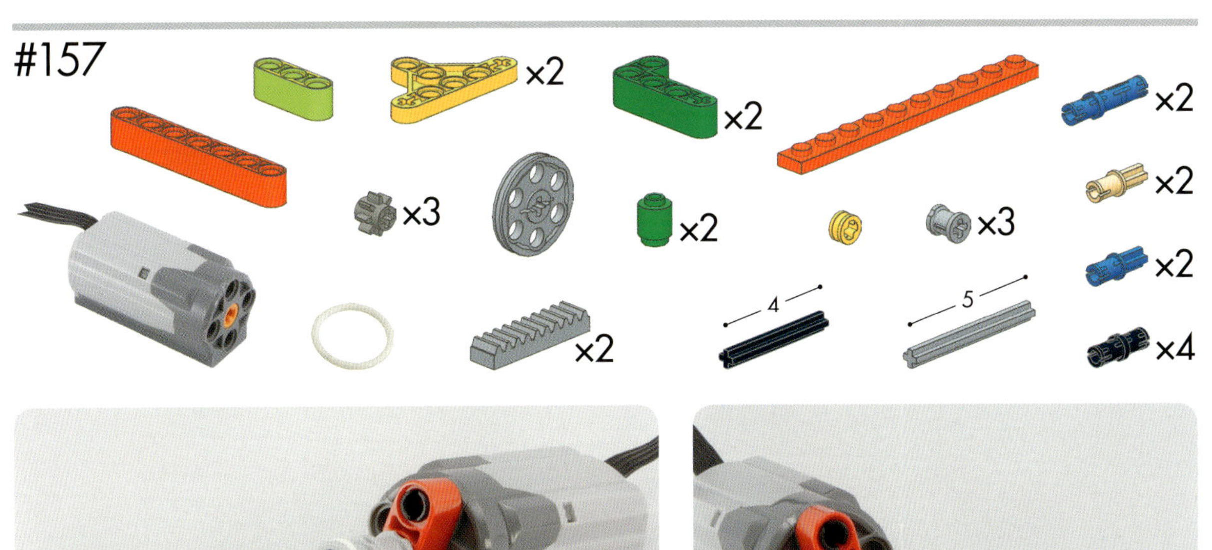

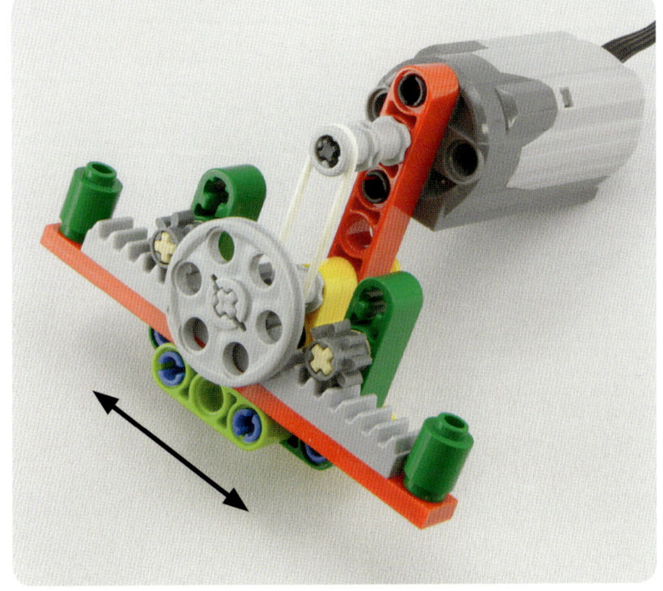

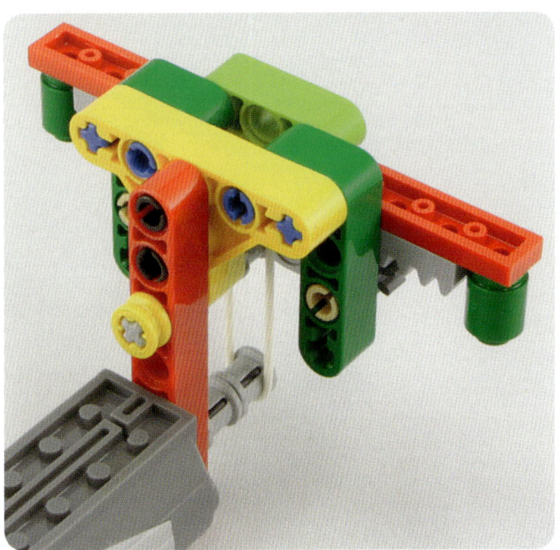

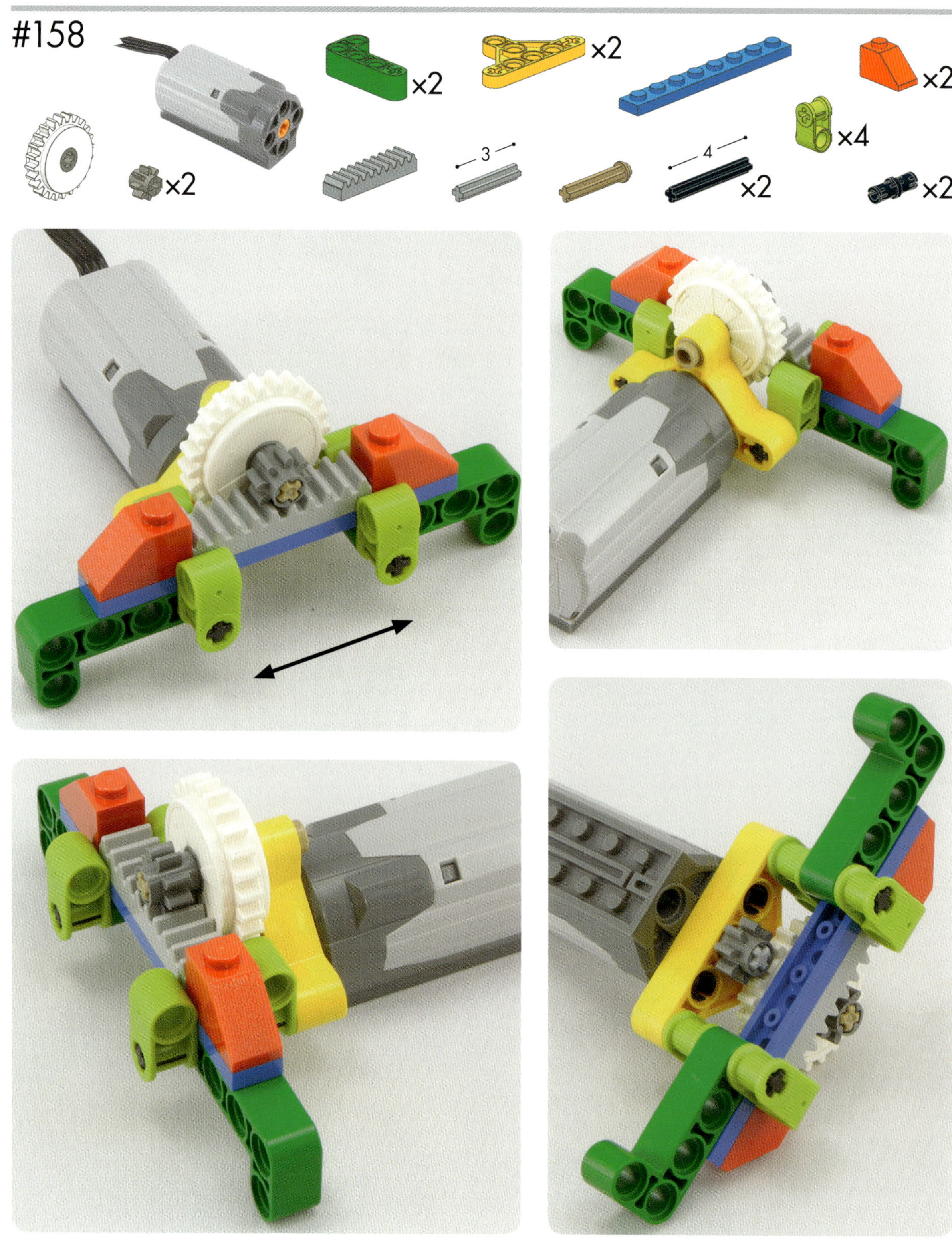

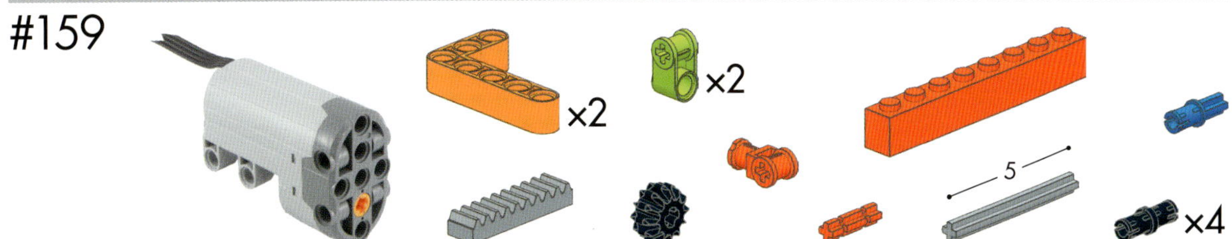

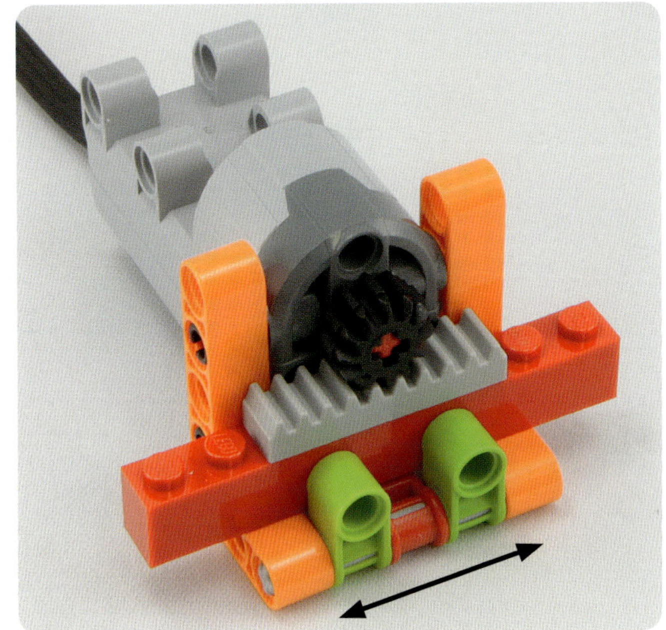

#160

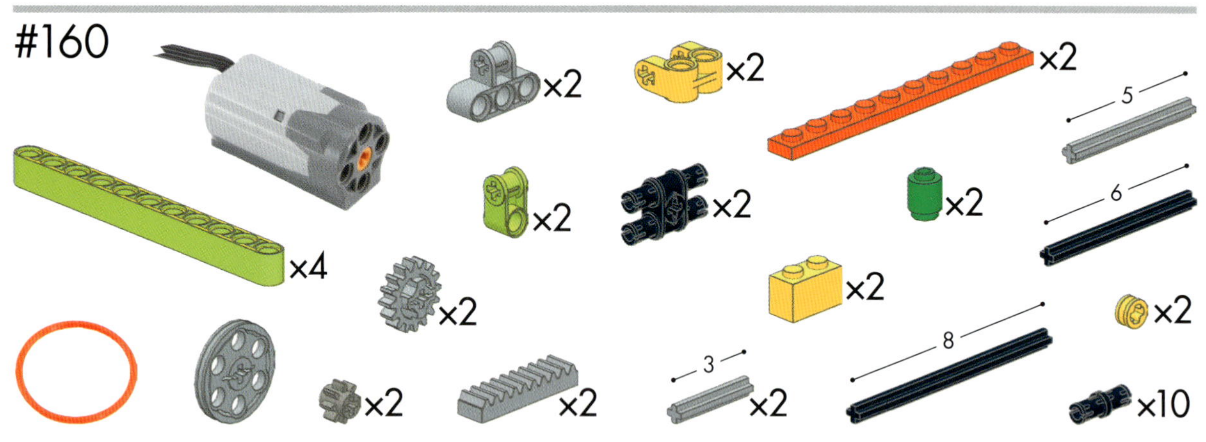

#161

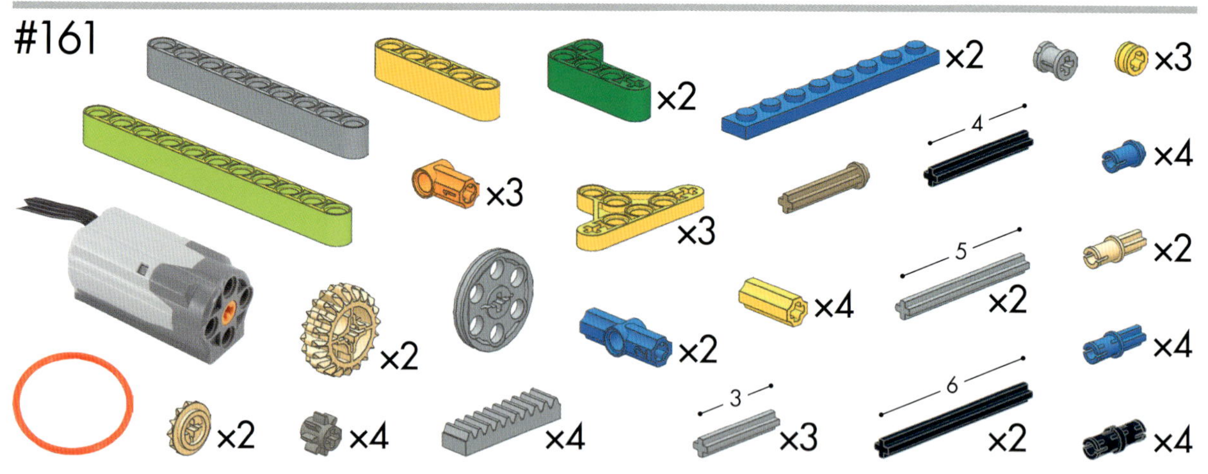

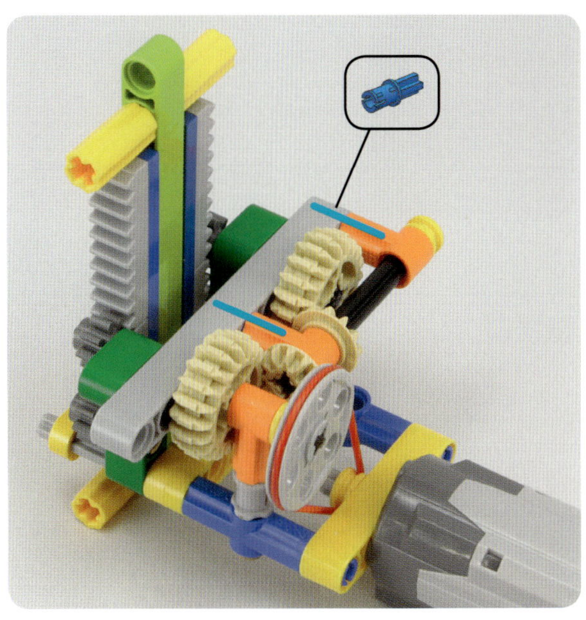

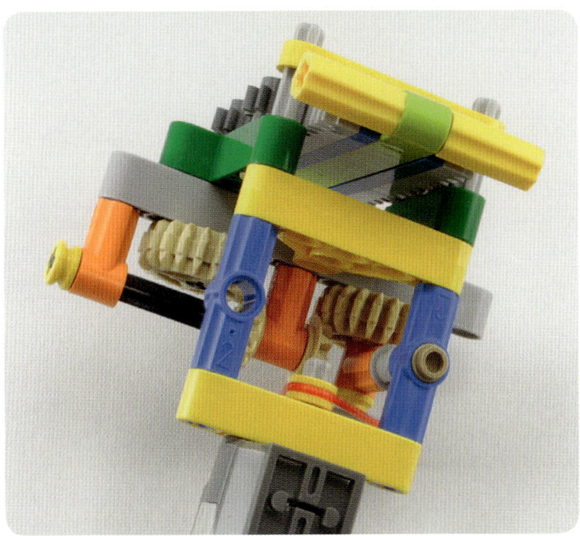

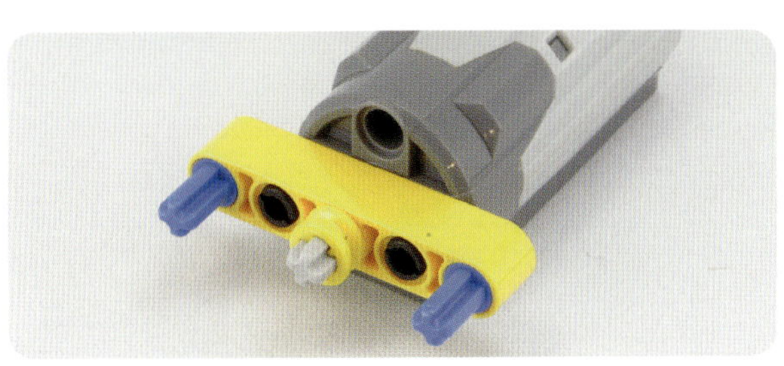

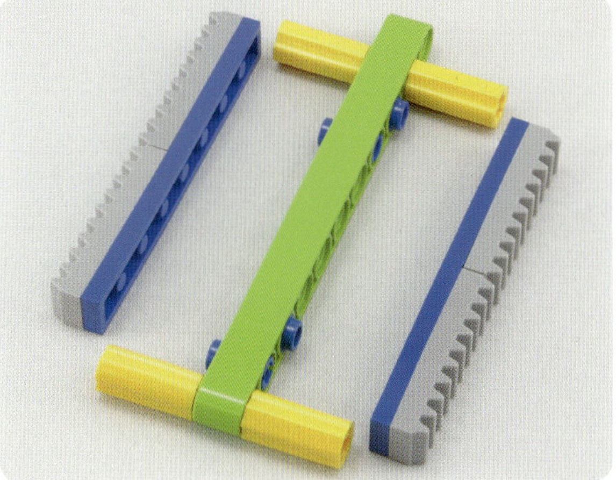

포물선 왕복 운동 장치

#164

#165

#166

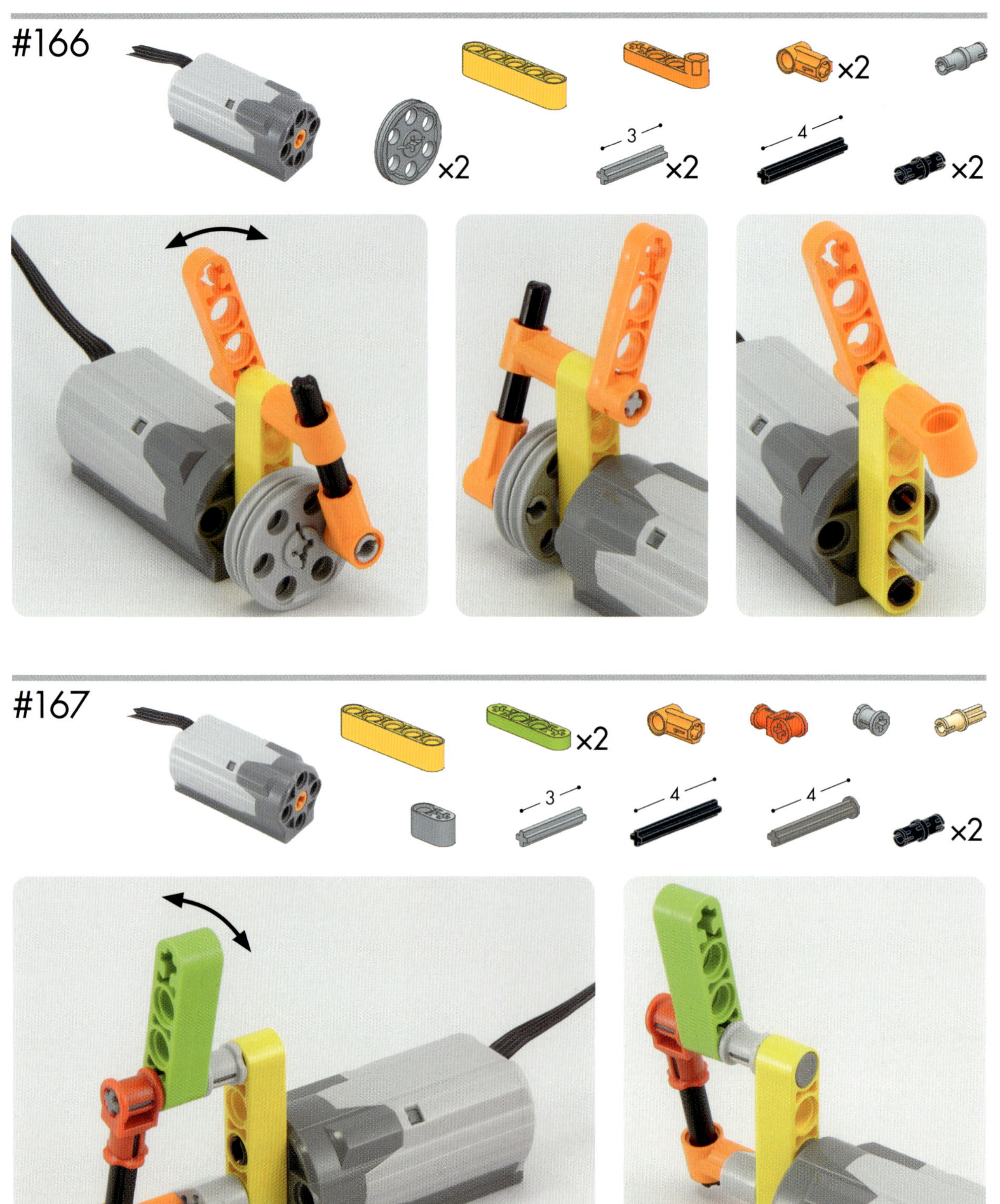

#167

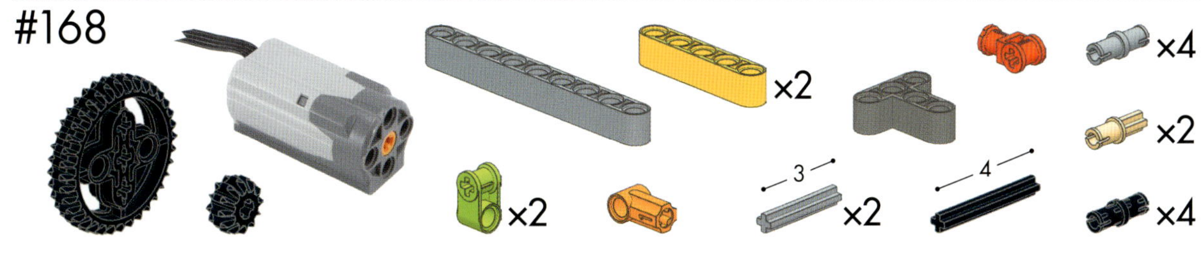

#168

#169

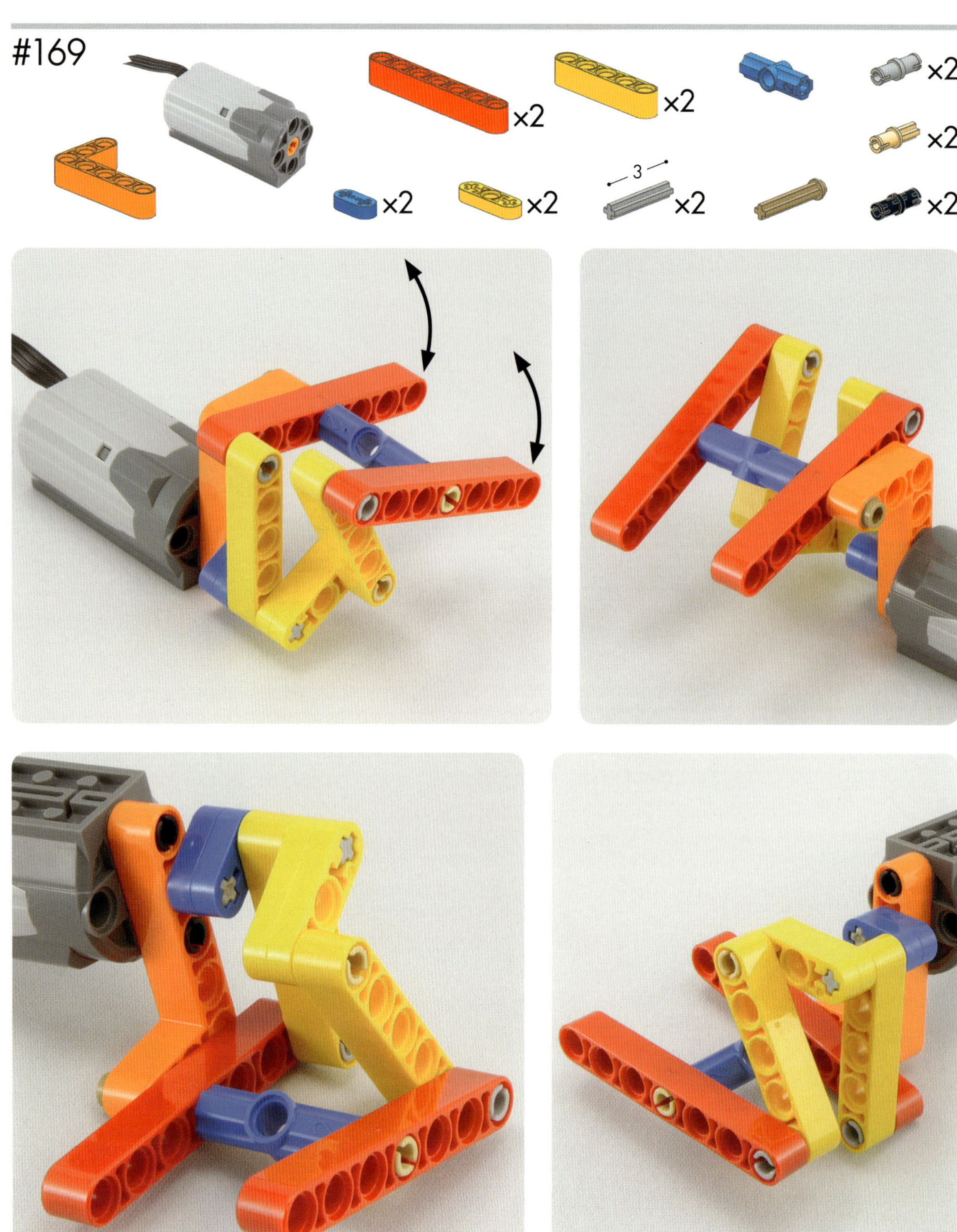

#170

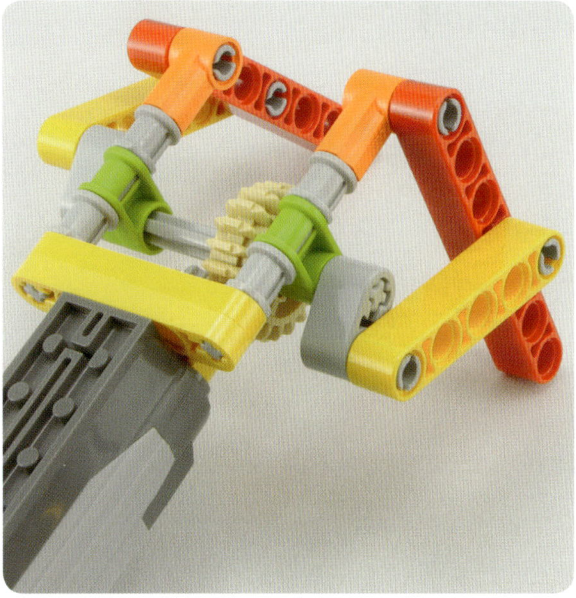

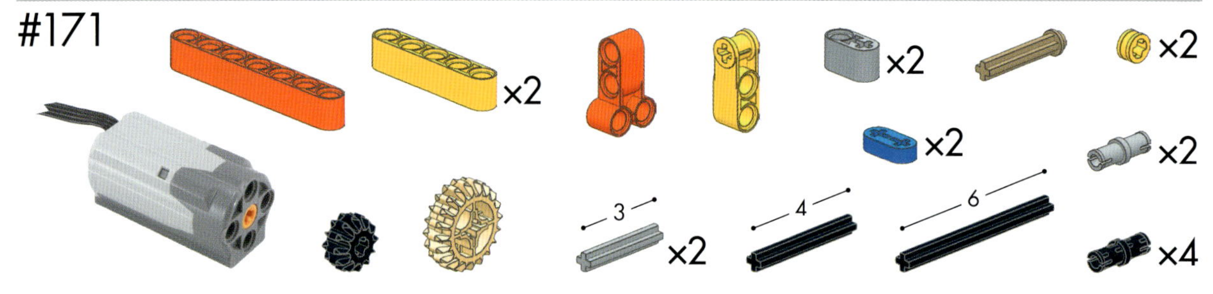

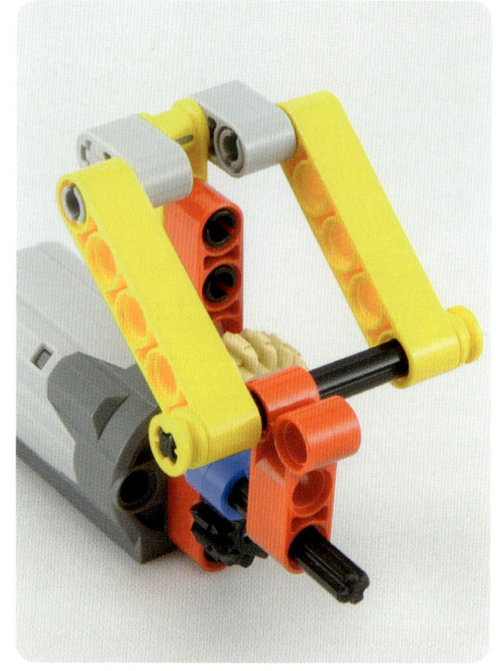

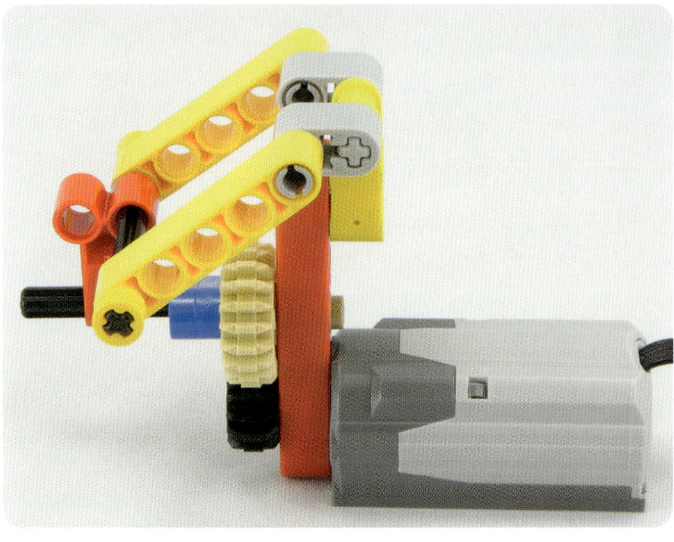

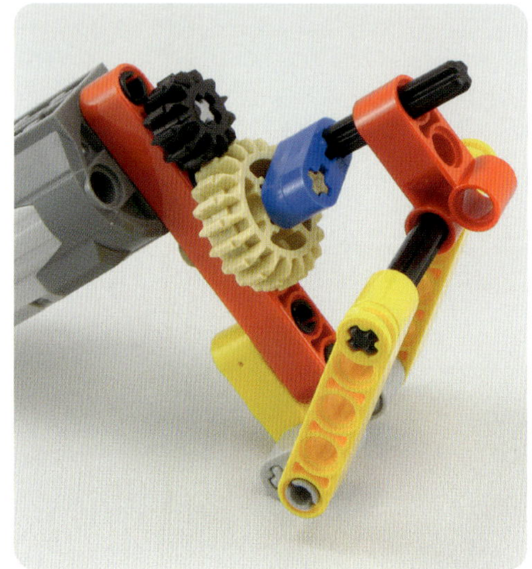

#172

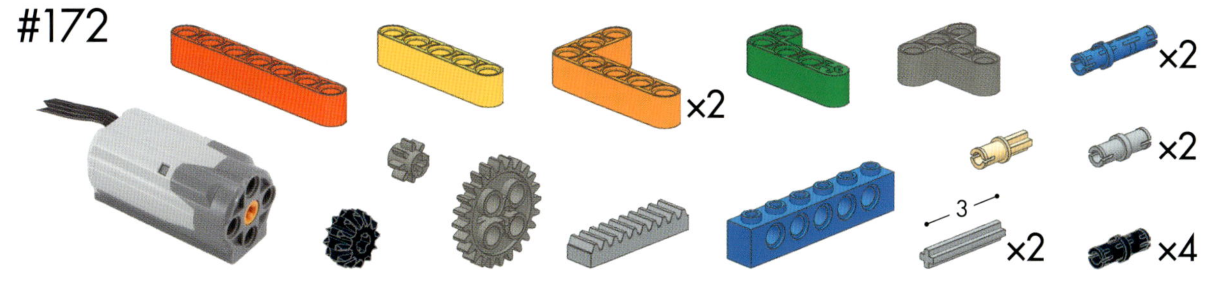

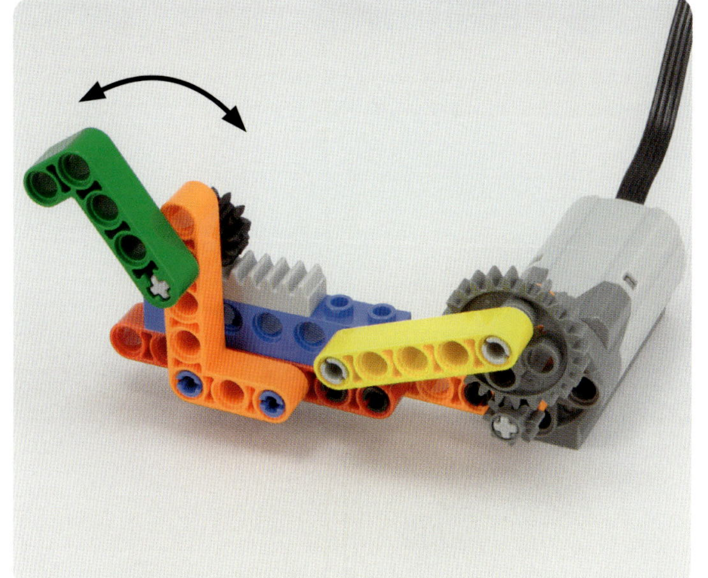

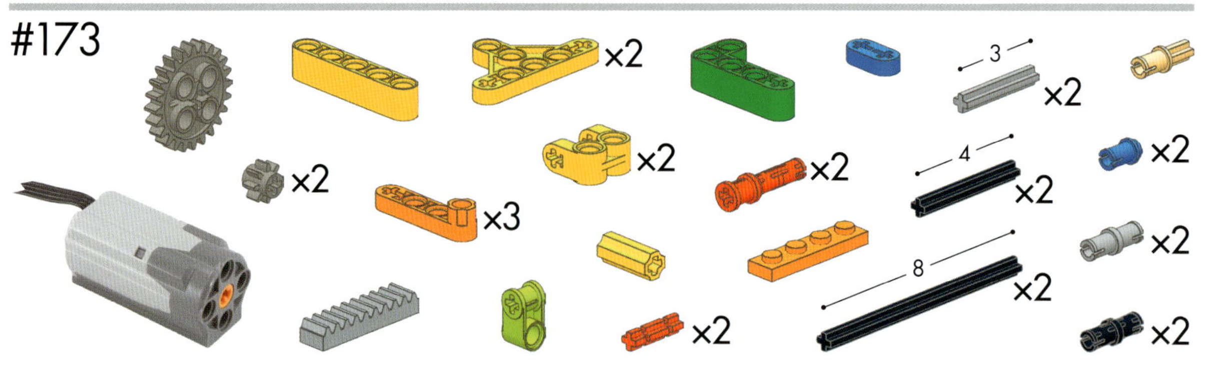

#173

직선 왕복 운동 장치

#174

#175

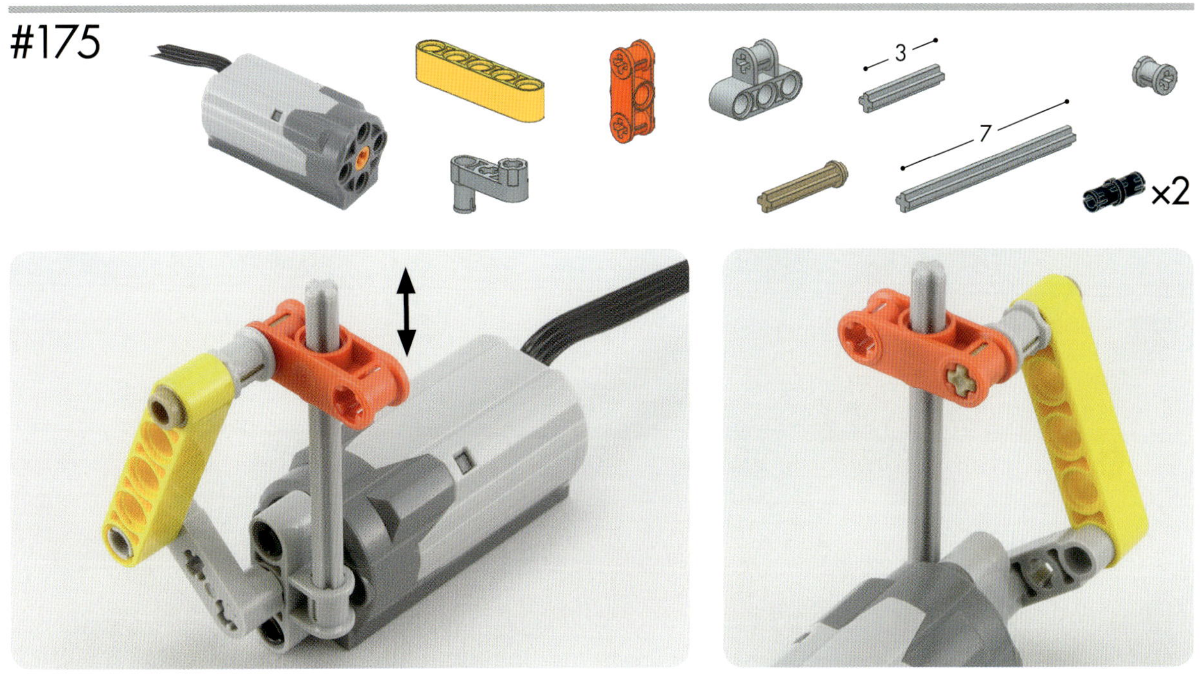

#176

#177

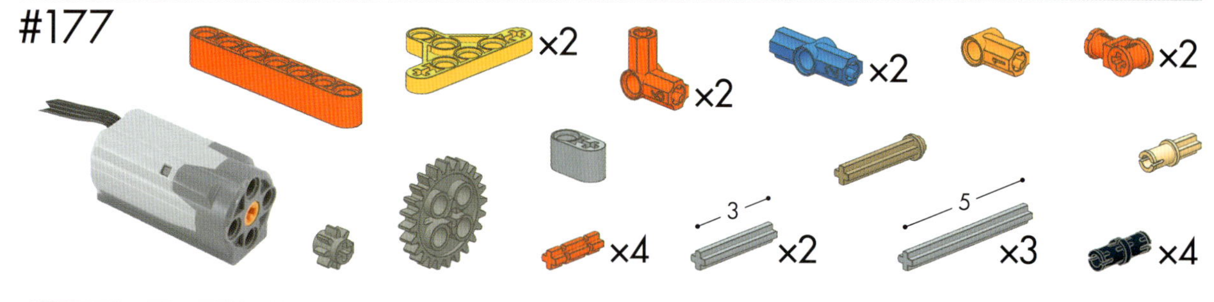

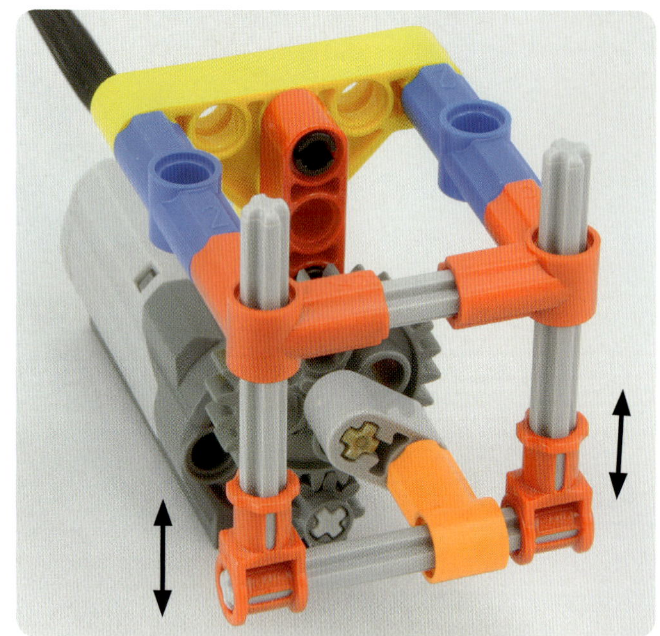

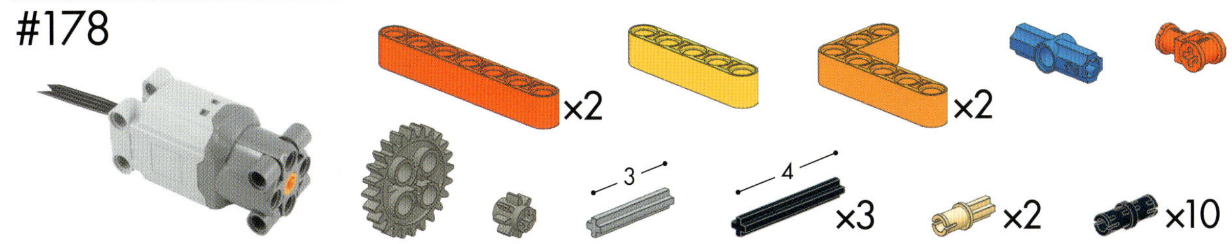

#178

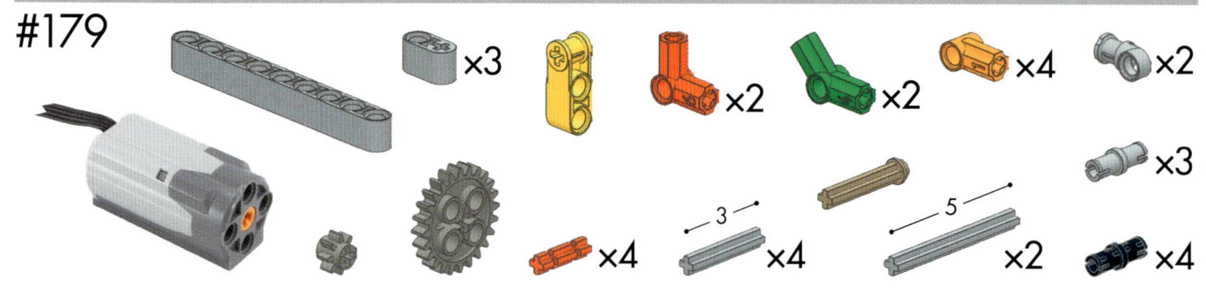

#179

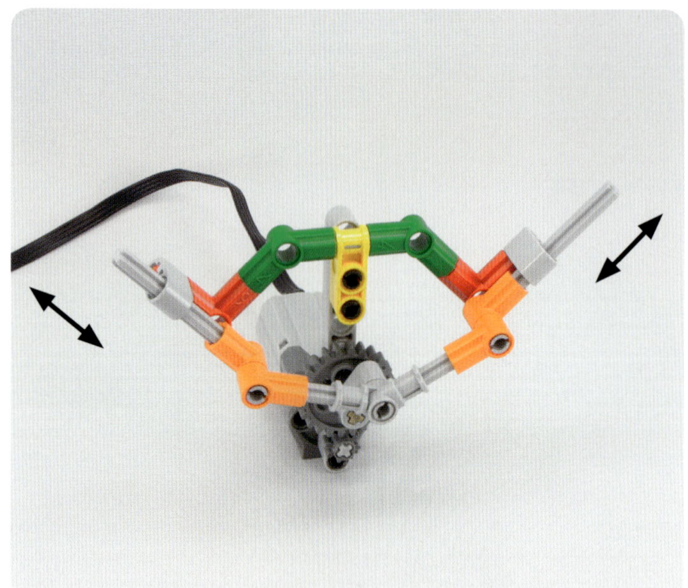

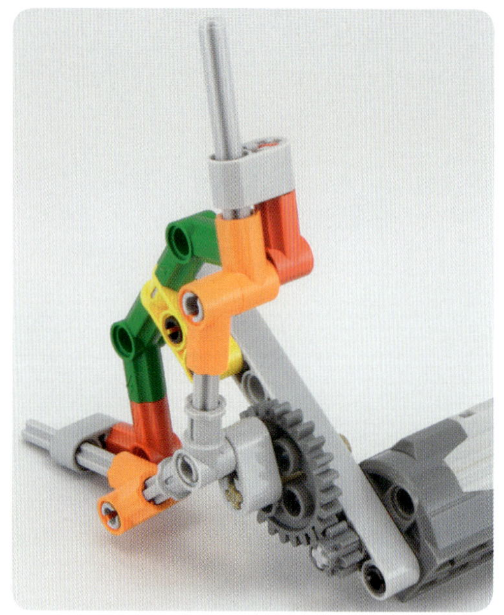

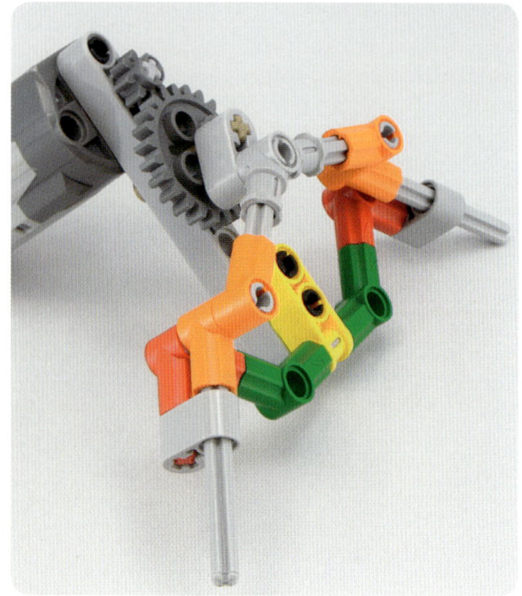

#180

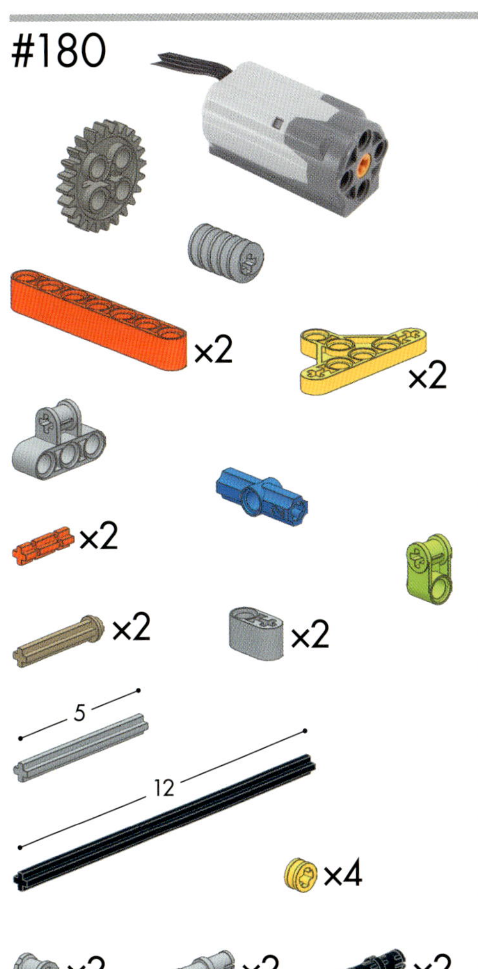

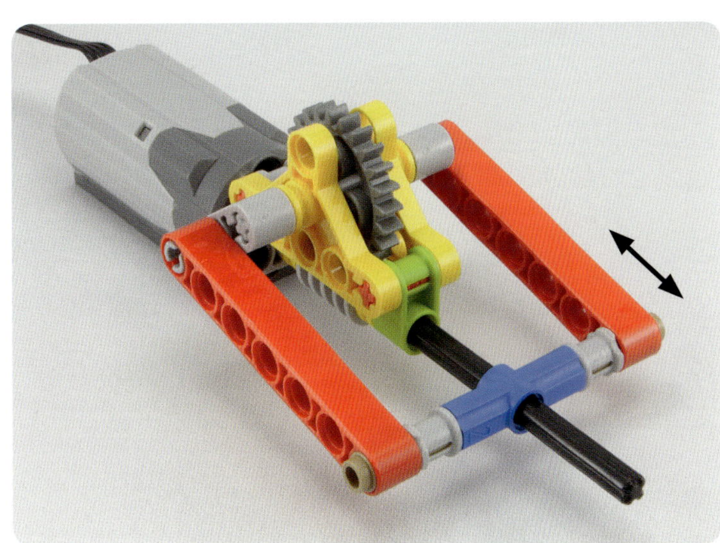

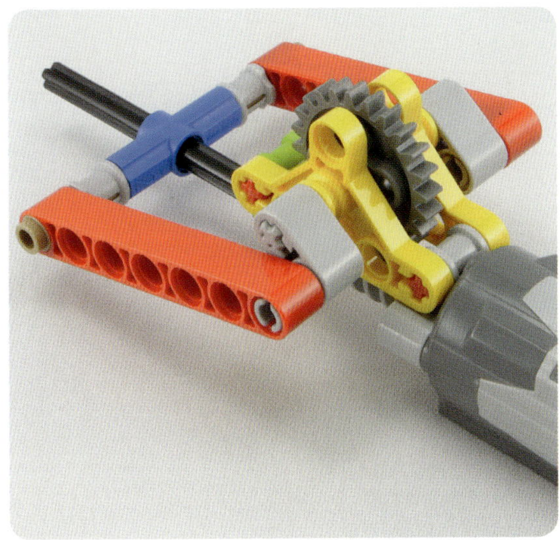

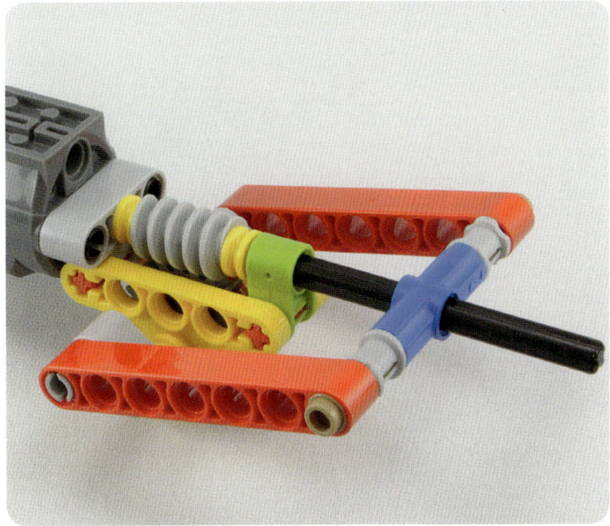

#181

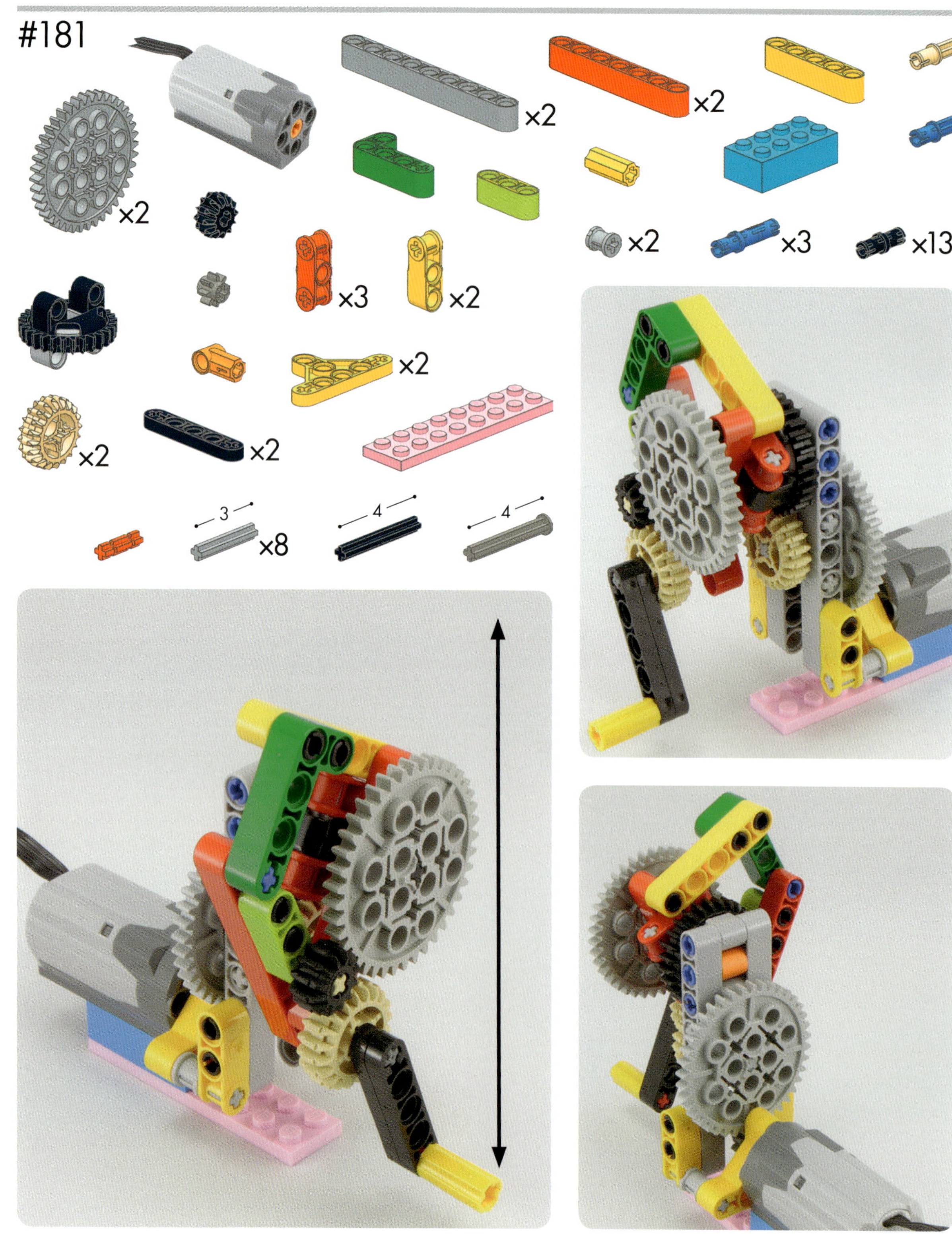

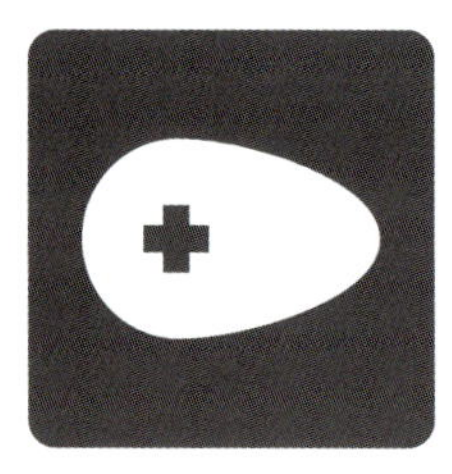

캠을 이용한 직선/포물선 왕복 운동 장치

#182

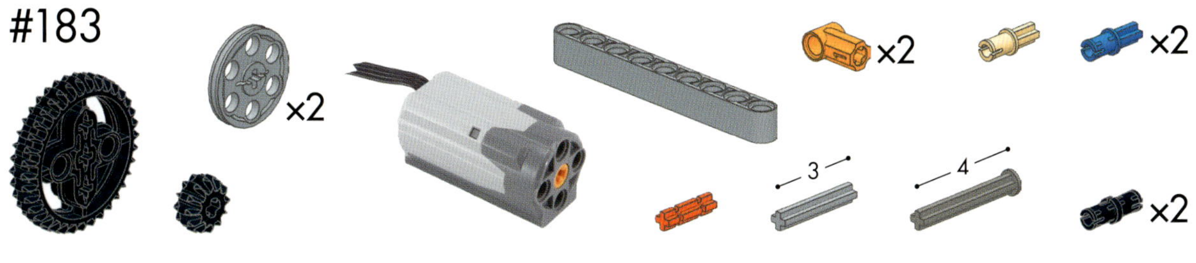

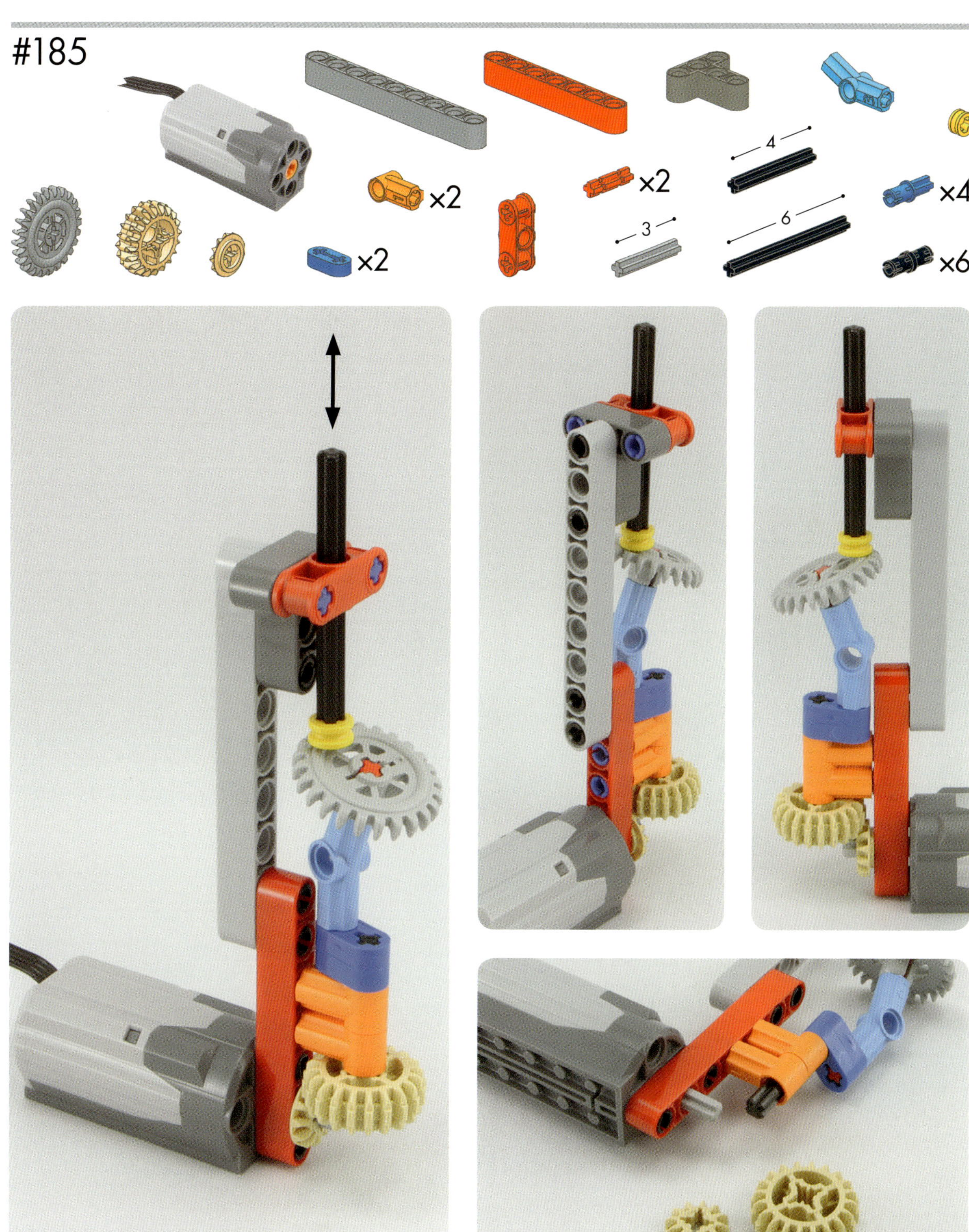

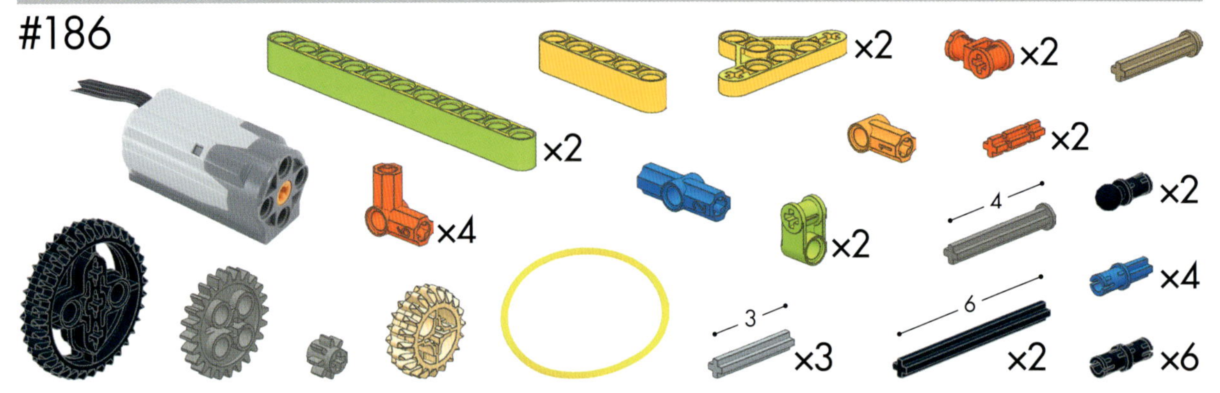

#186

#187

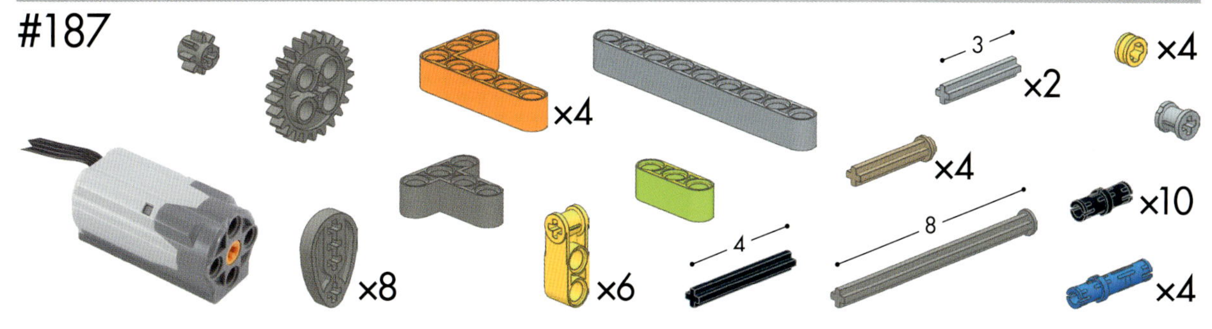

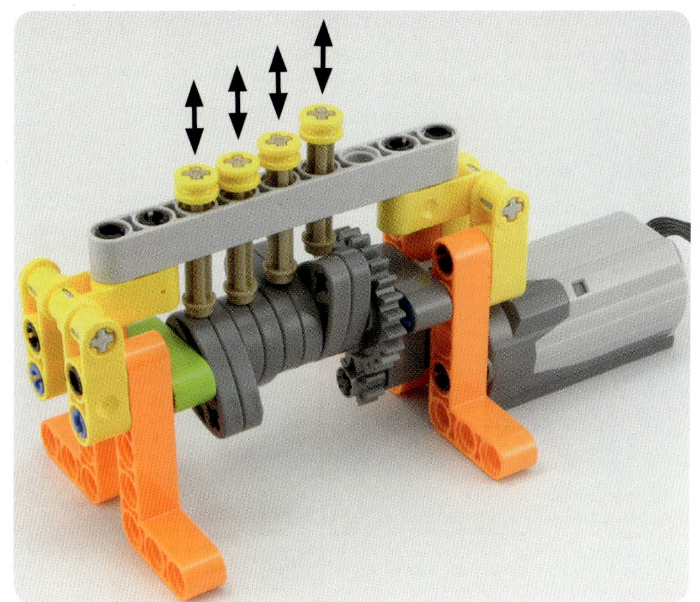

#188

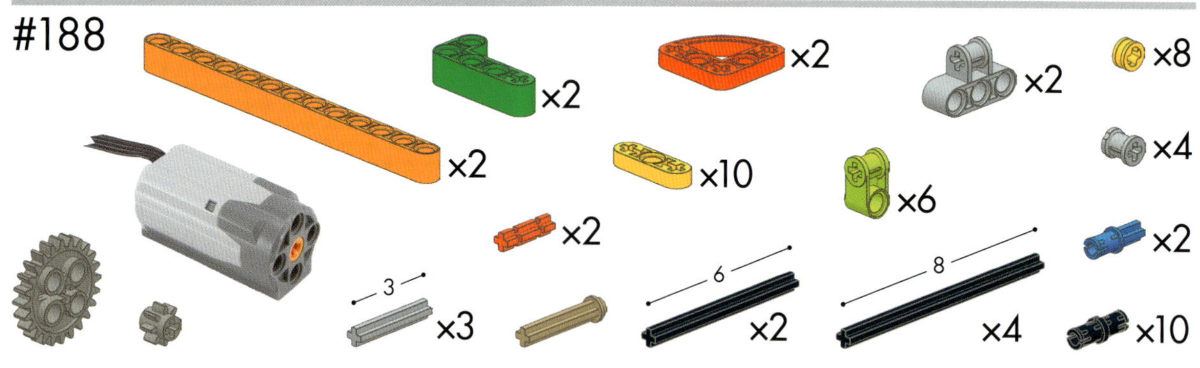

#189

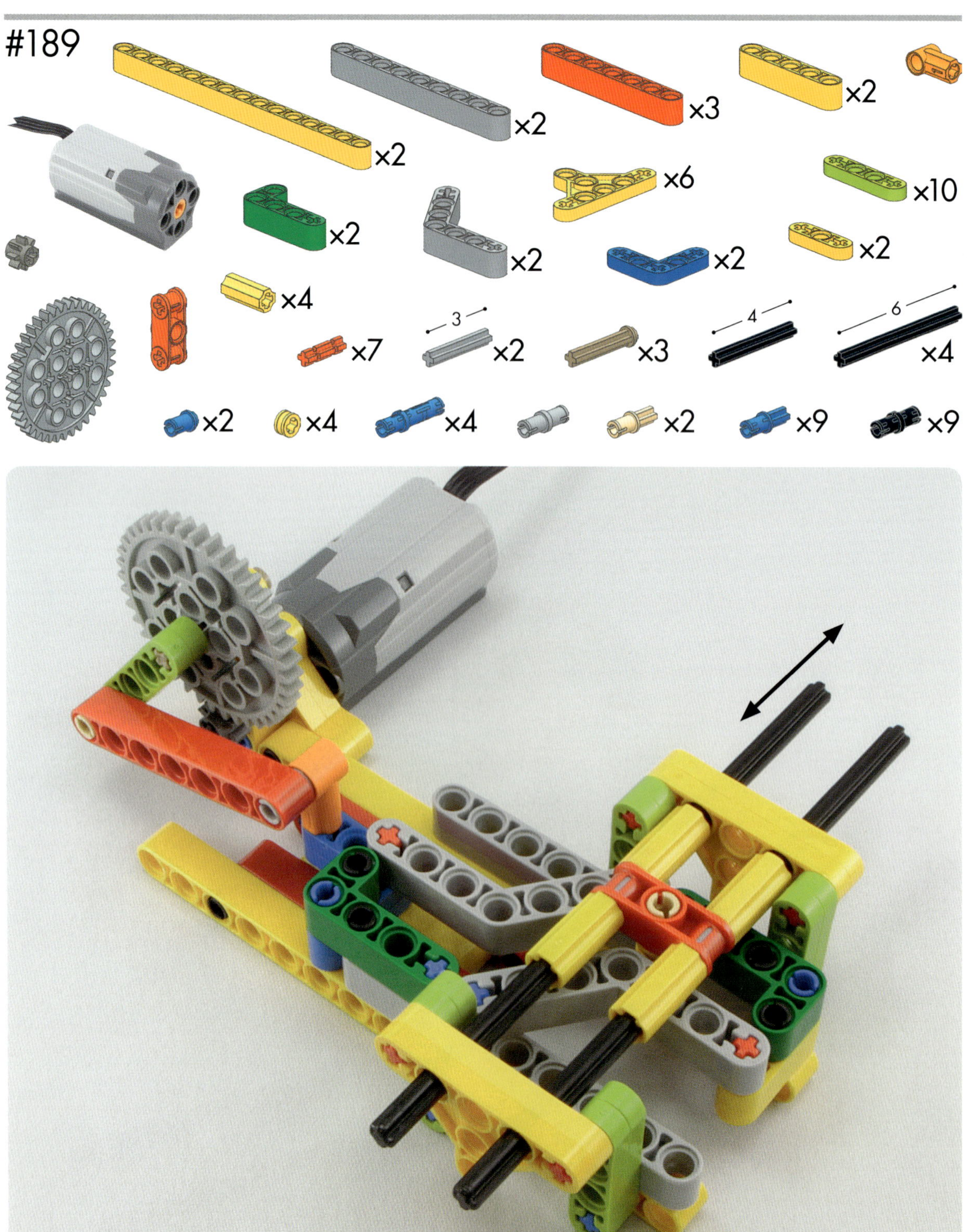

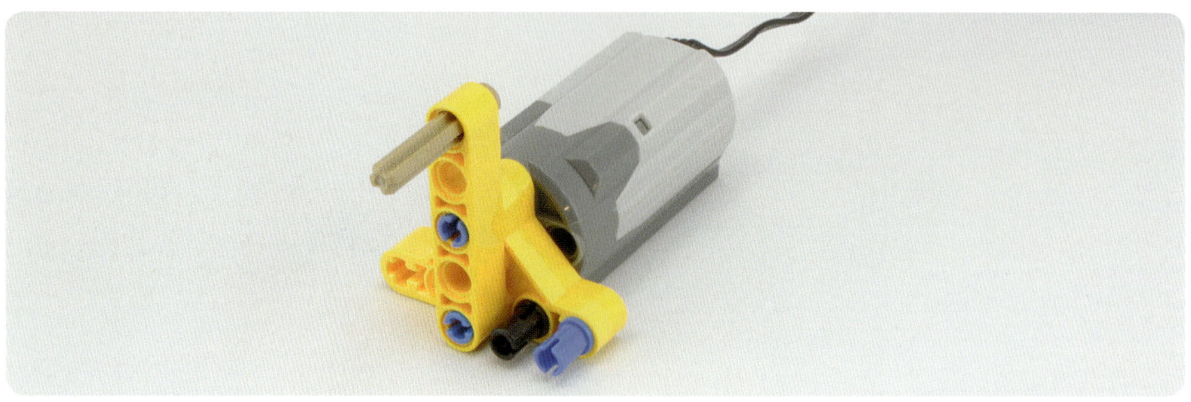

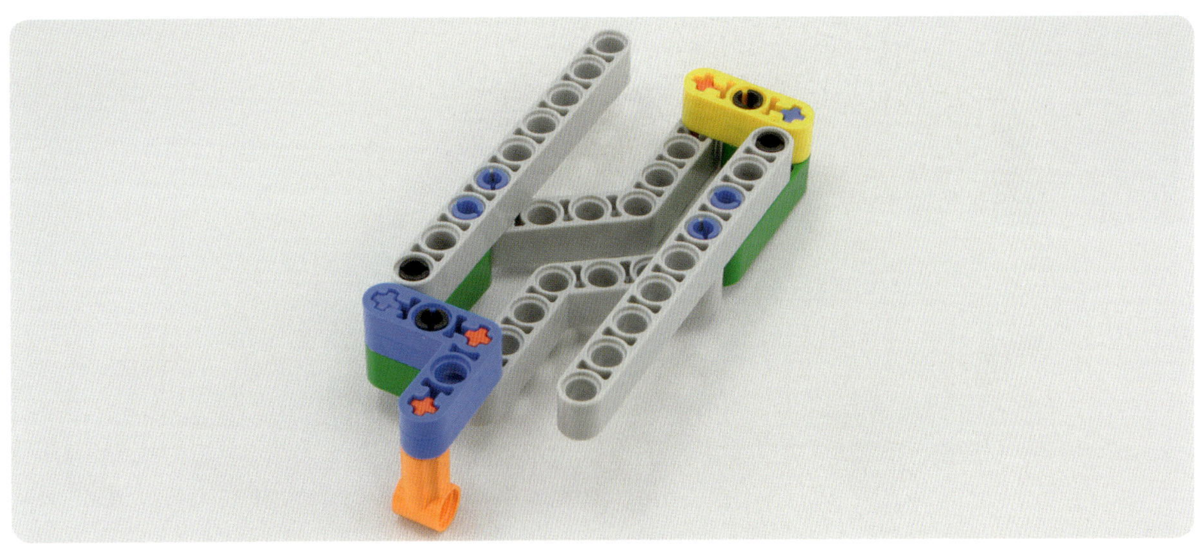

1:?

정수 기어비 작례

×2   ·3·   ×2

1:1

#191

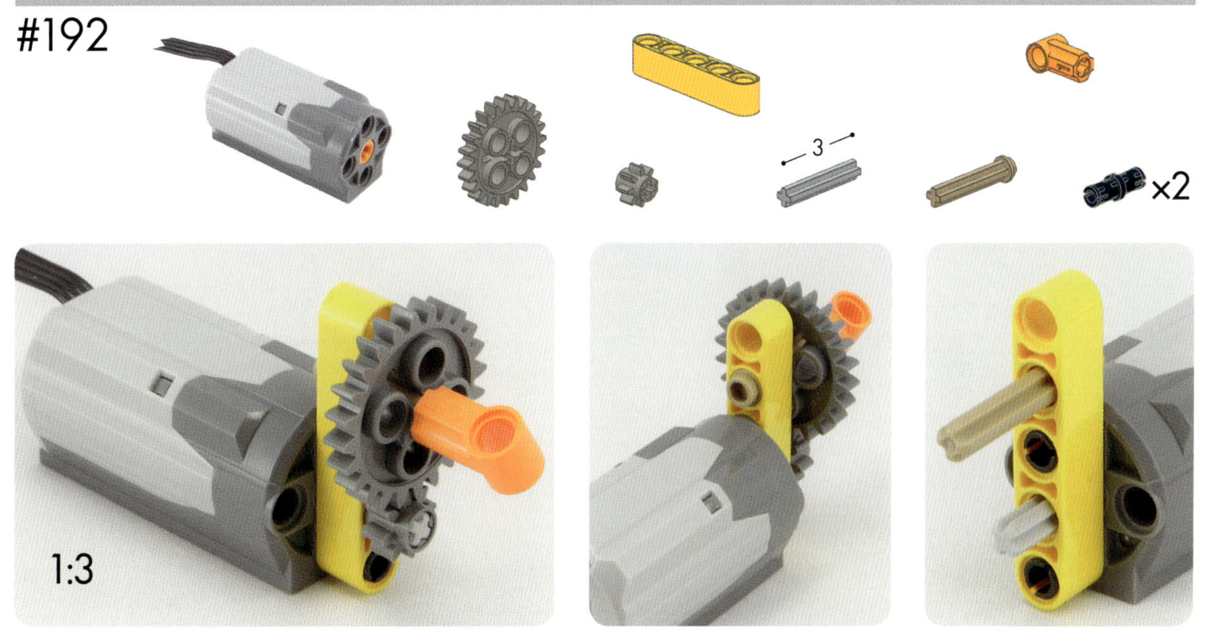

#192

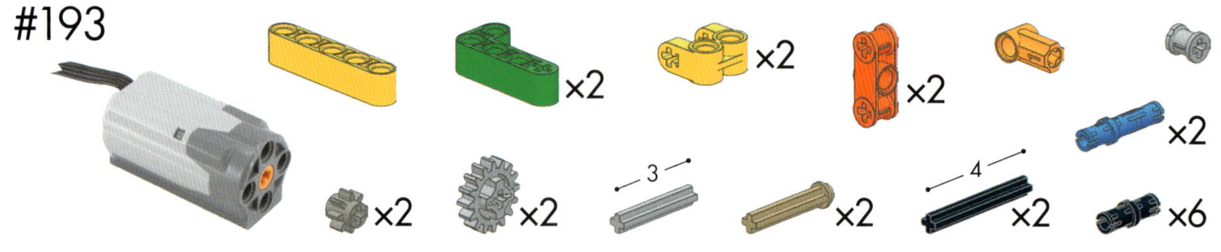

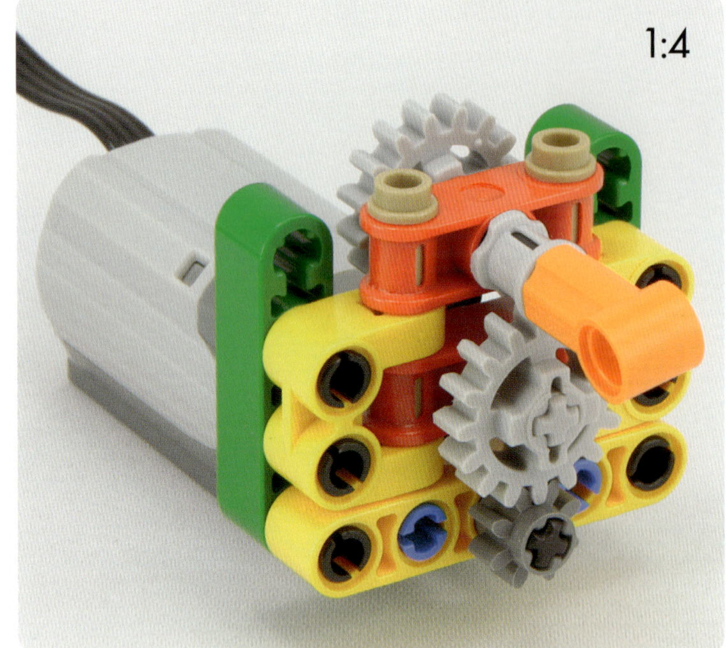

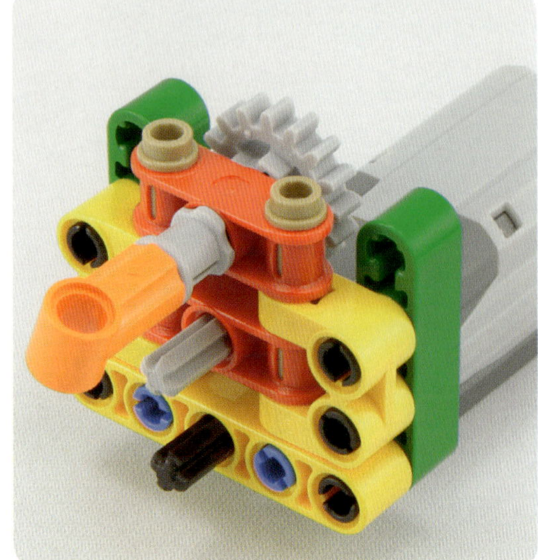

#194

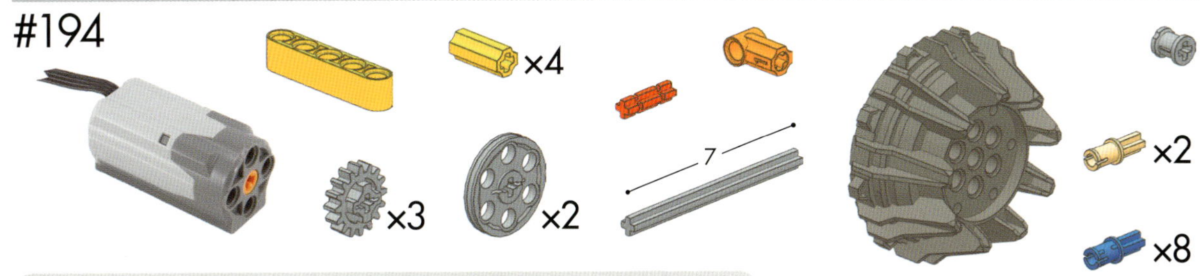

×4 ×3 ×2 7 ×2 ×8

1:4

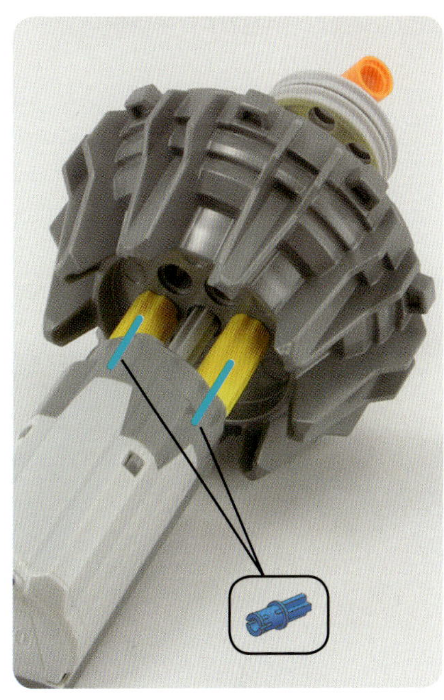

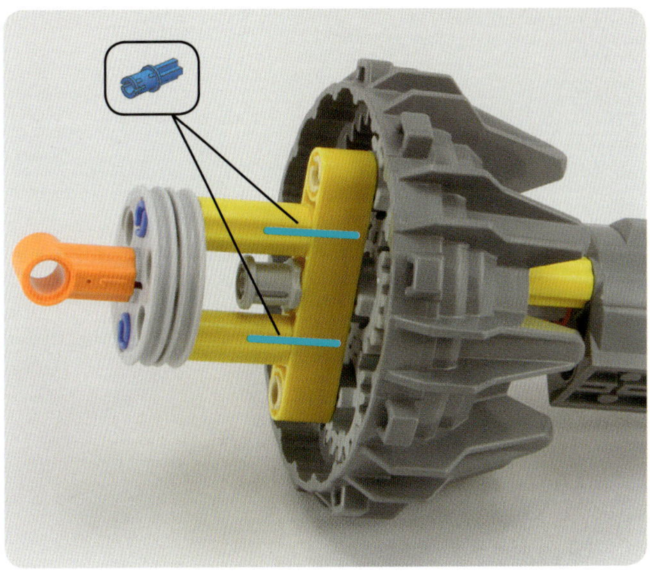

#195

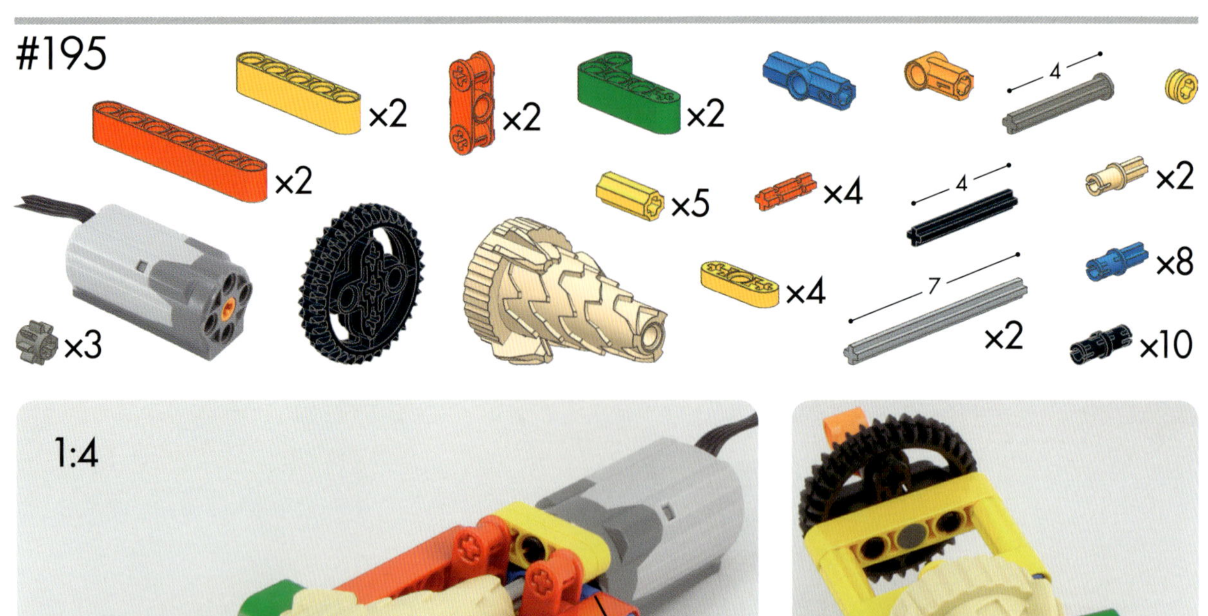

1:5

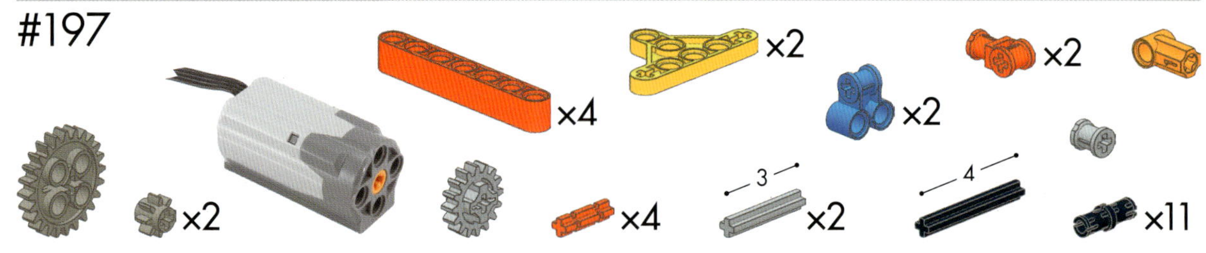

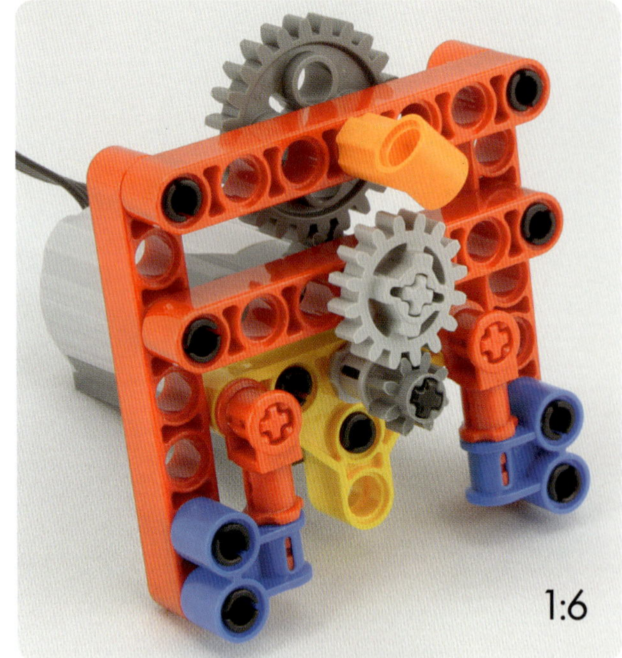

1:6

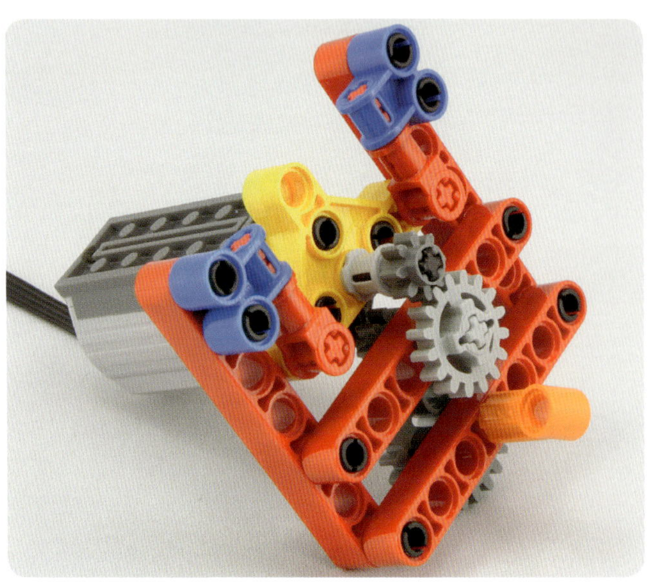

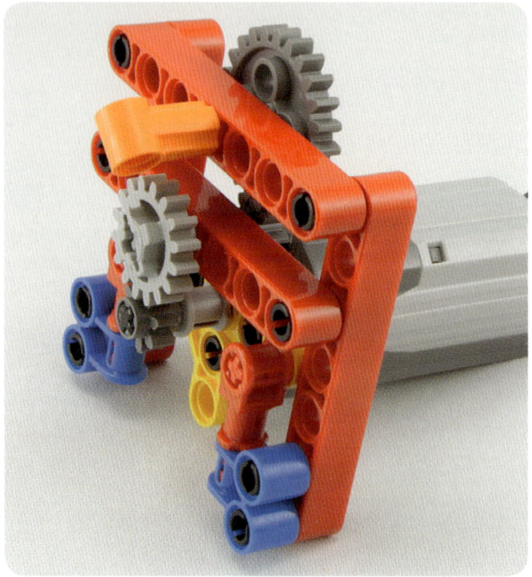

#198

1:7

#199

1:8

#200

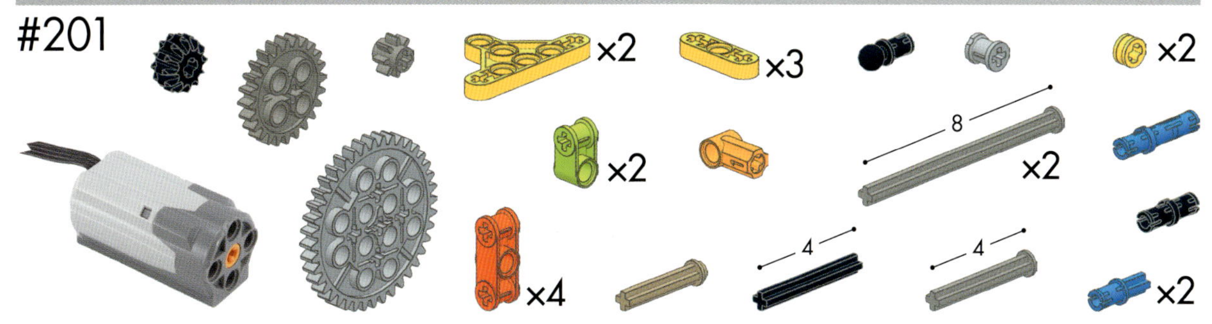

1:10

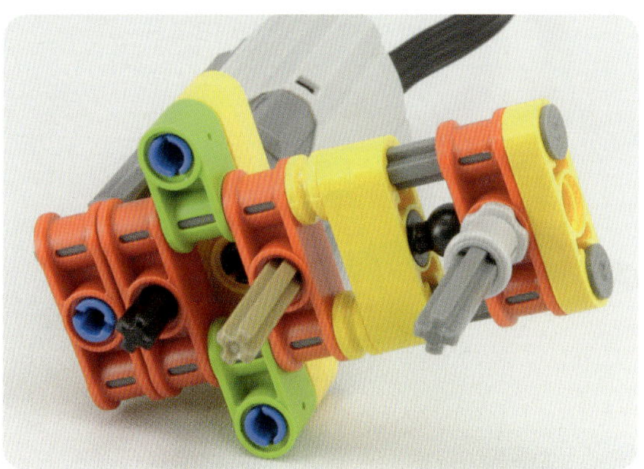

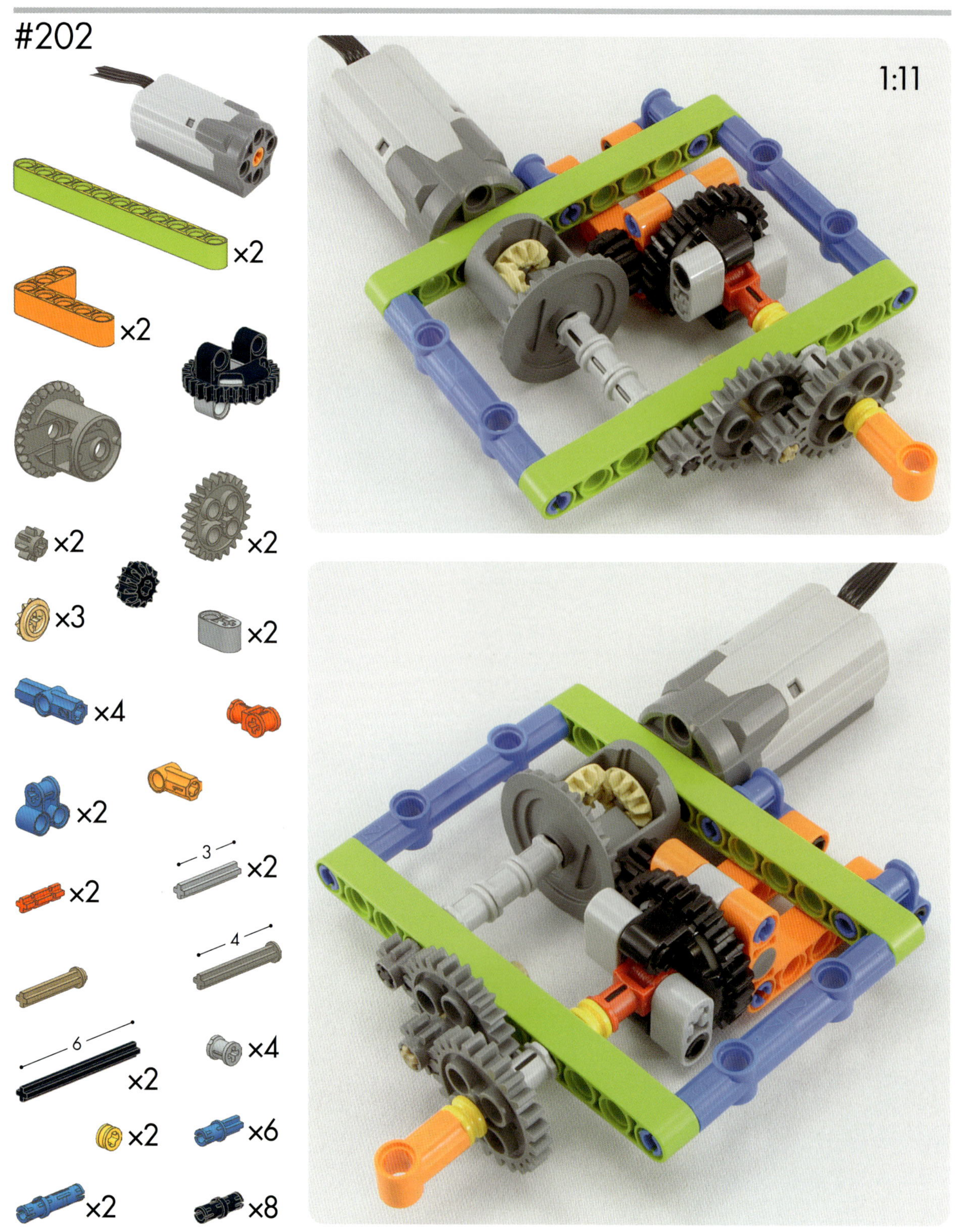

1:11

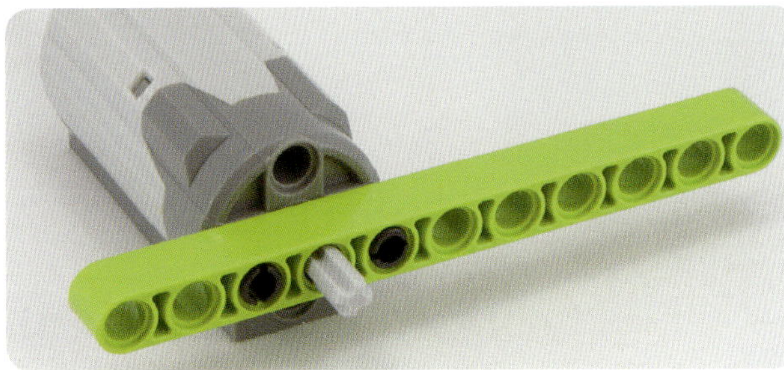

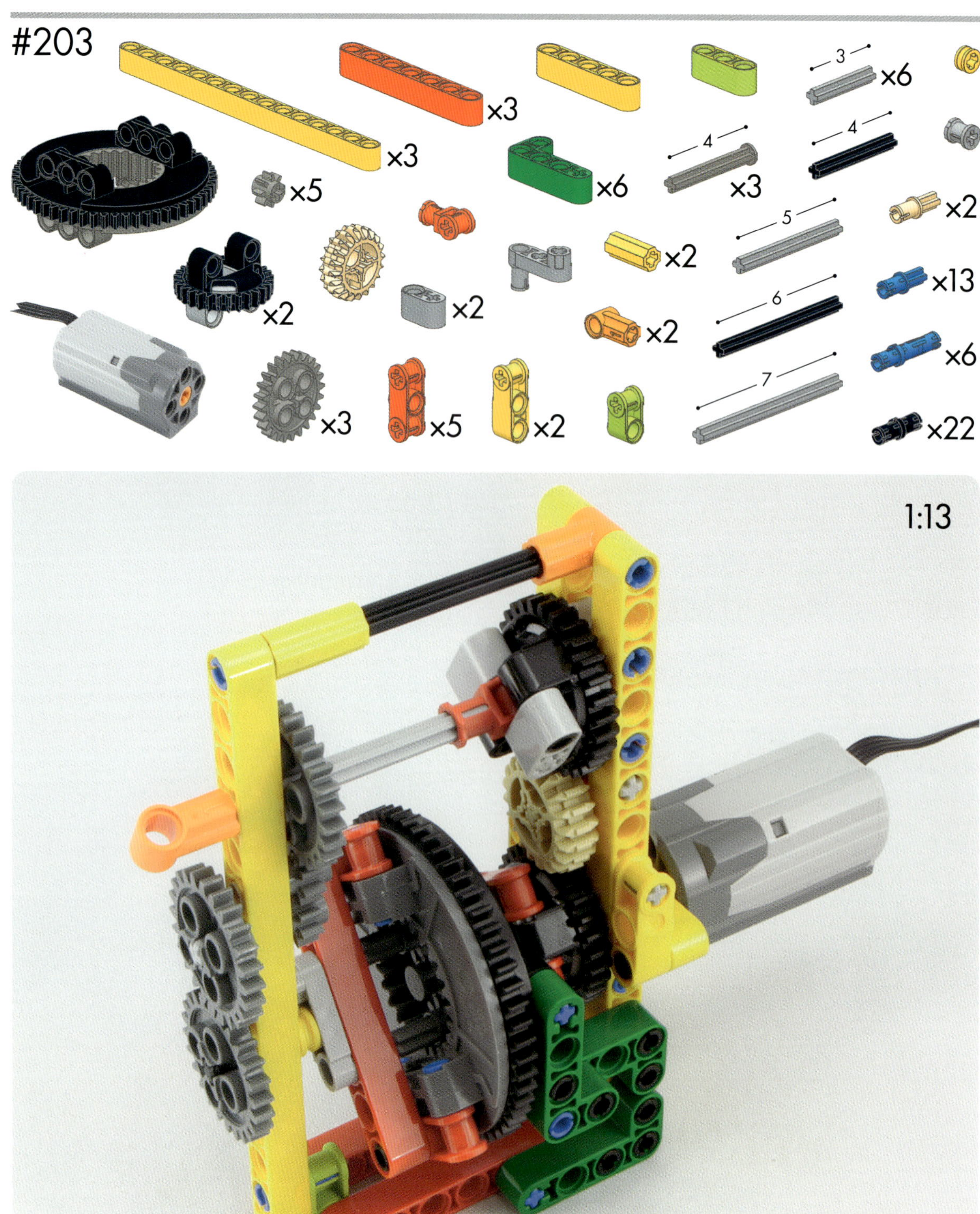

1:13

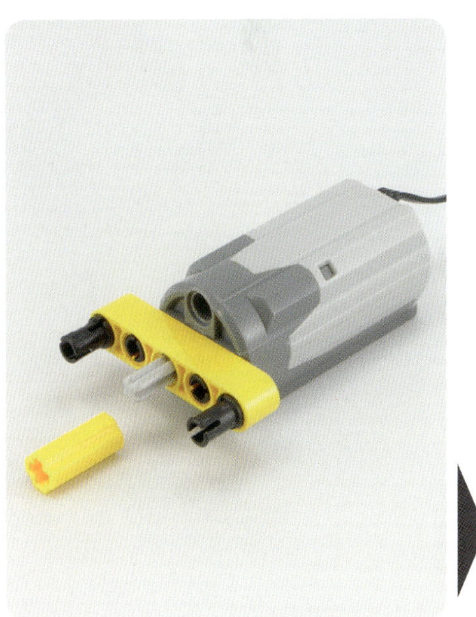

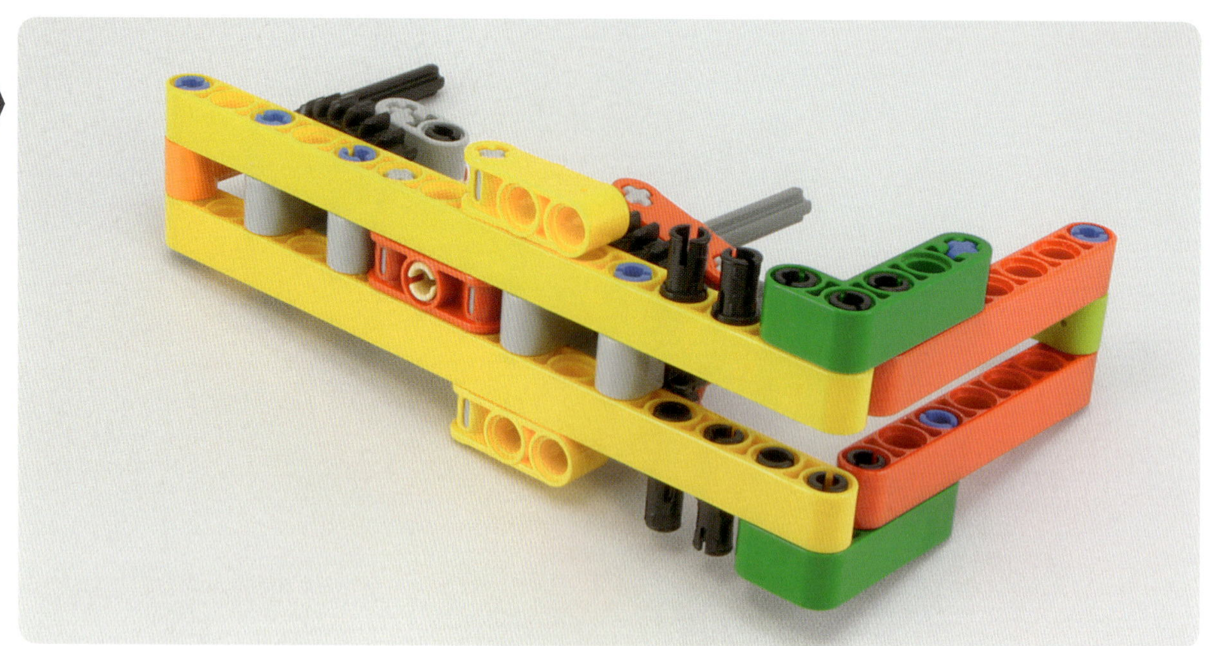

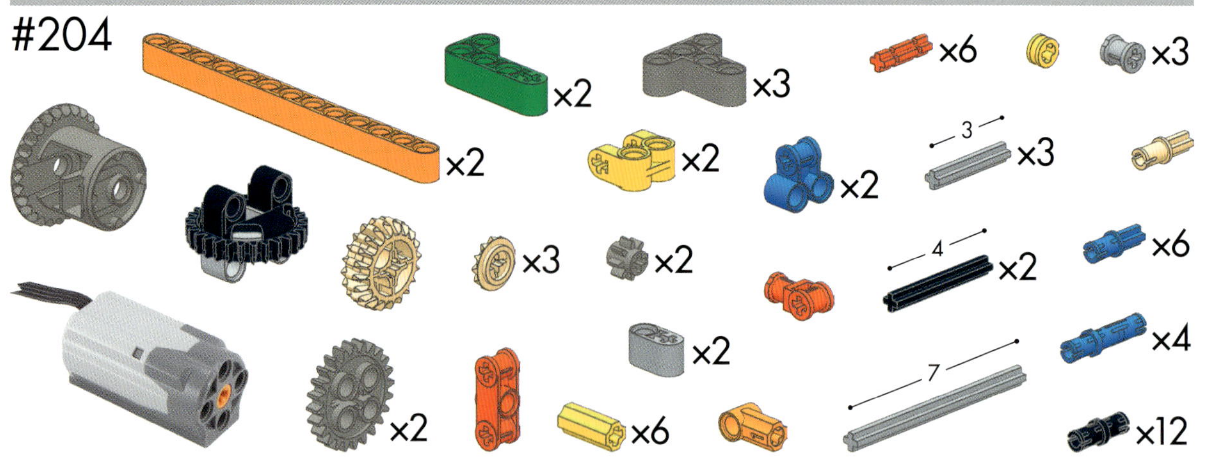

1:17

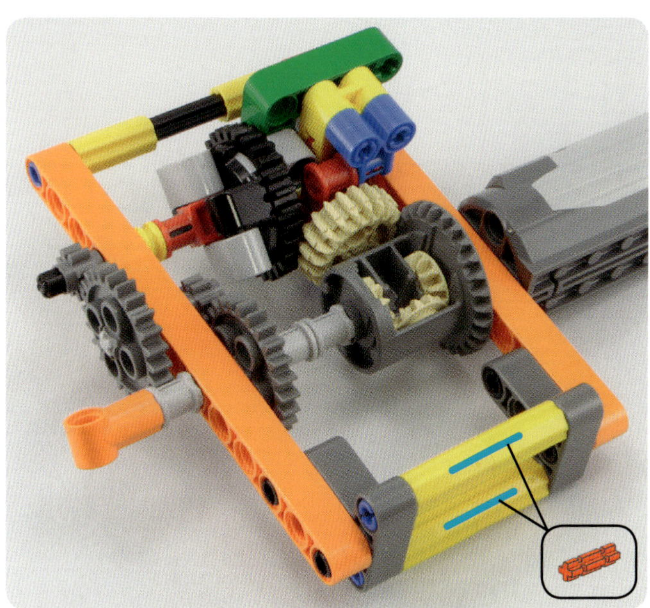

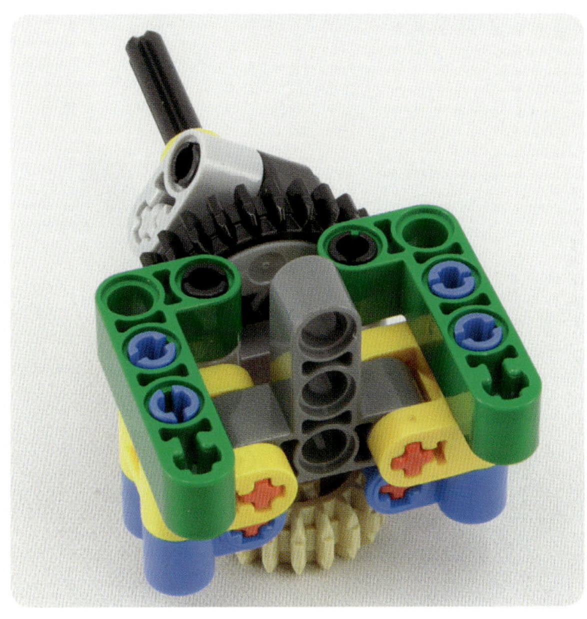

배터리 박스 장착 기법

#207

#208

#209

×2

×2

×4

×4

×4

×4

#210

×2

×4

×12

#211

#212

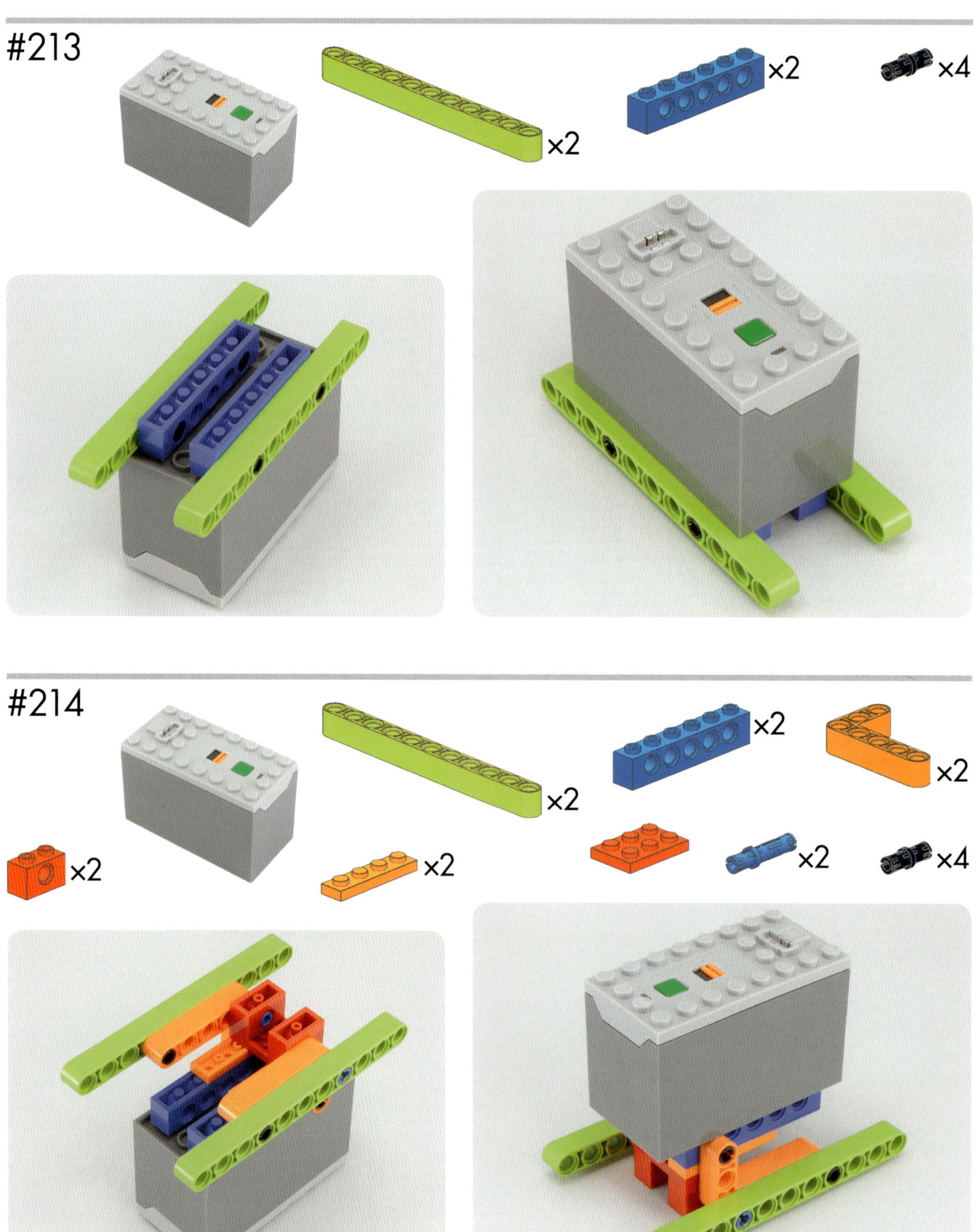

#213
×2
×2
×4
#214
×2
×2
×2
×2
×2
×2
×4

#215

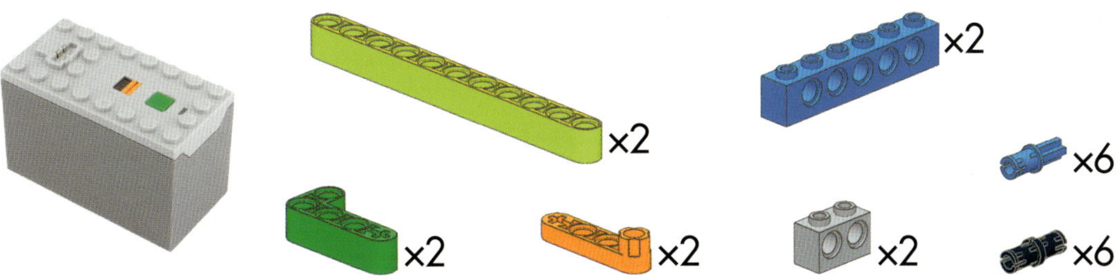

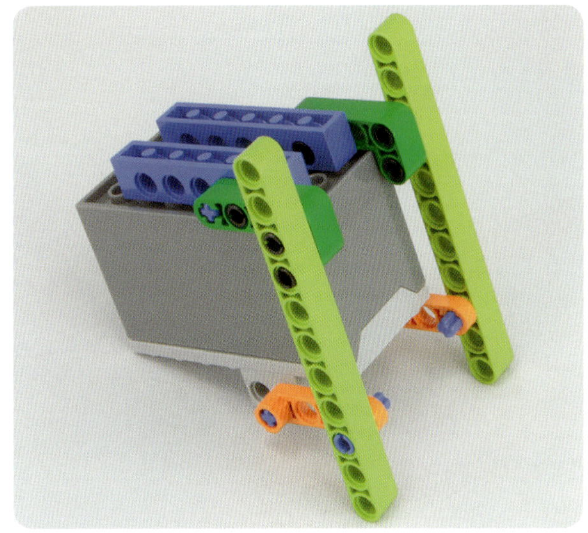

파워 펑션 적외선 수신기 장착 기법

#216

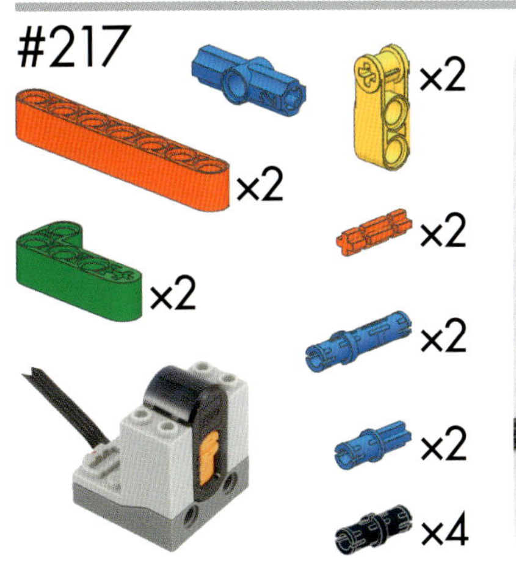

#217

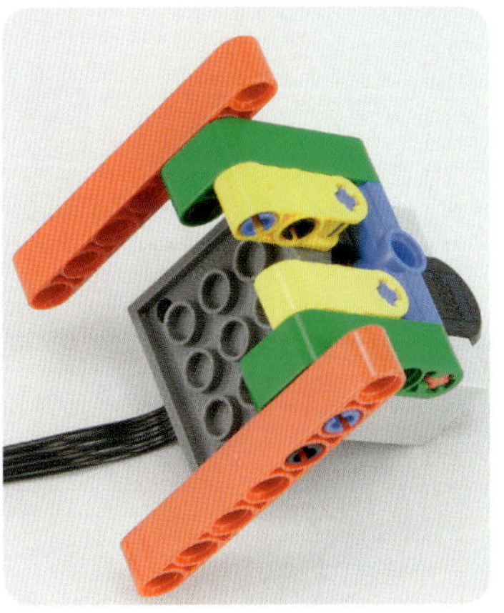

#218

#219

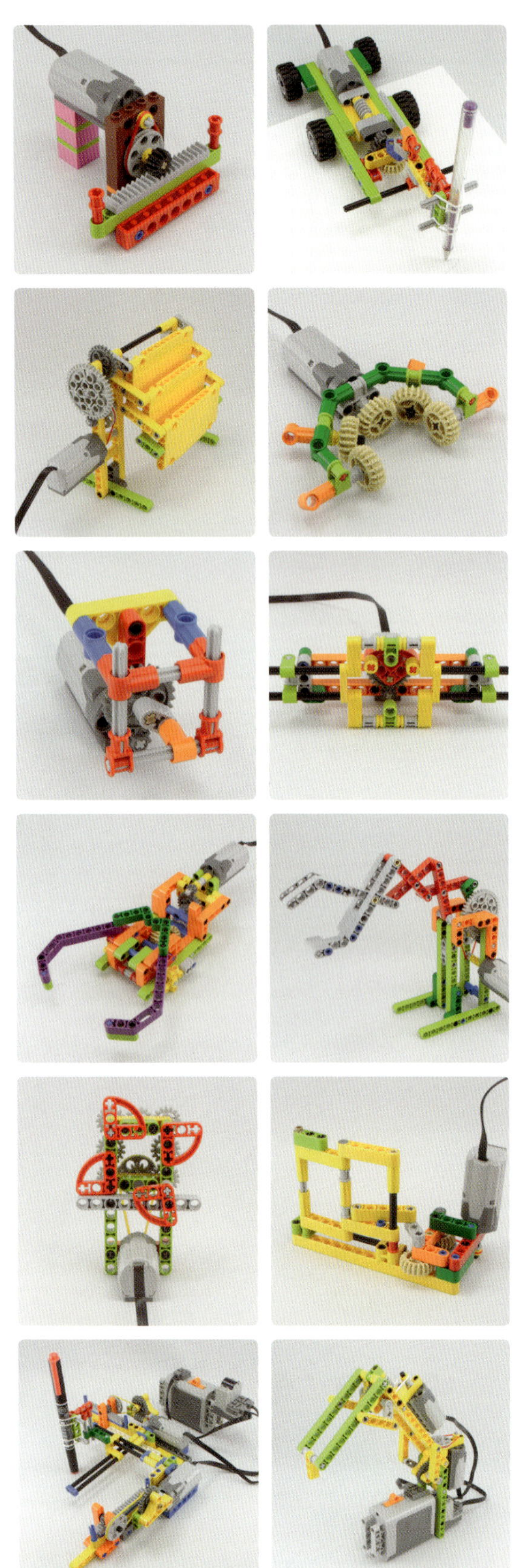

2부

팔, 날개, 그리고 다른 구동부

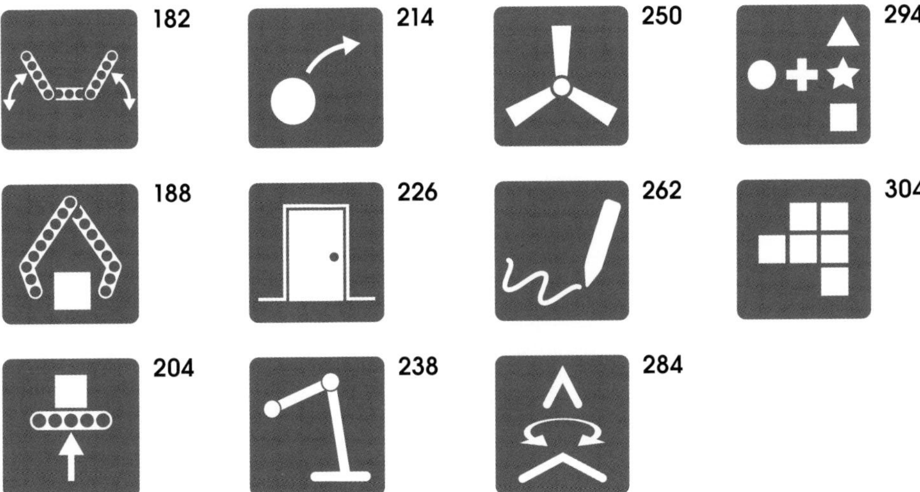

퍼덕이는 날개

#220

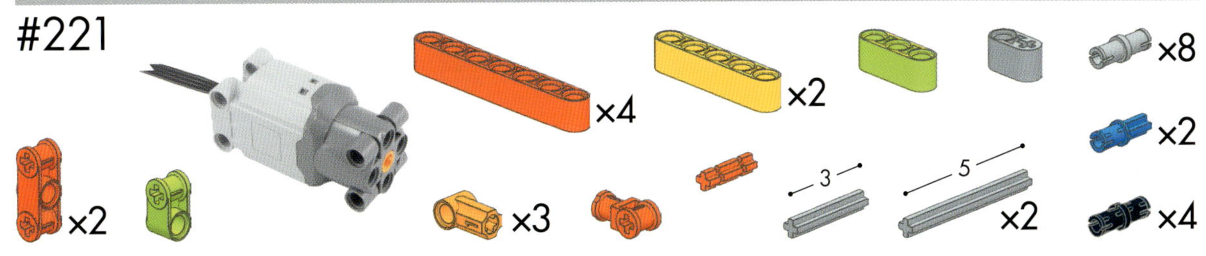

#221

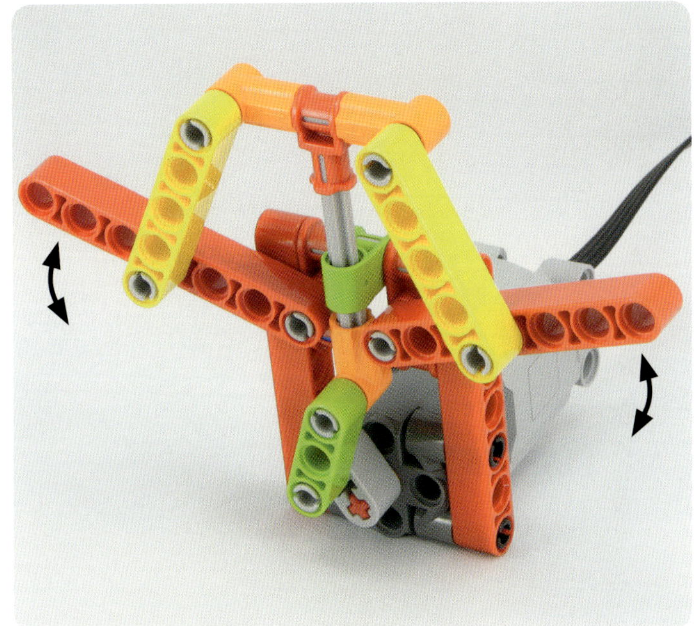

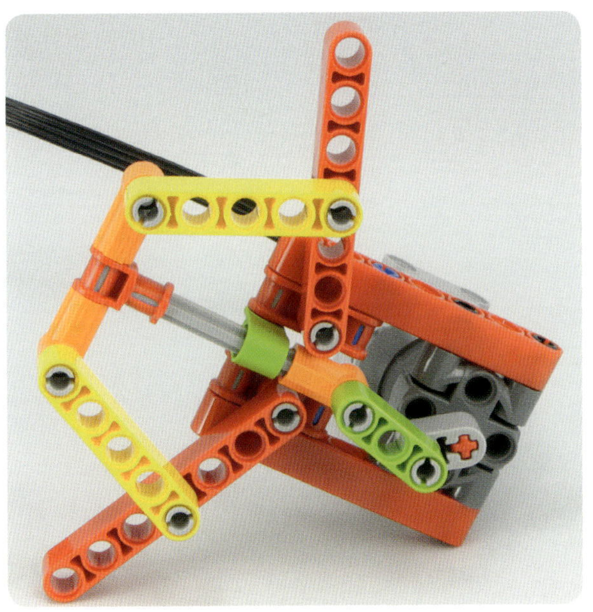

#222

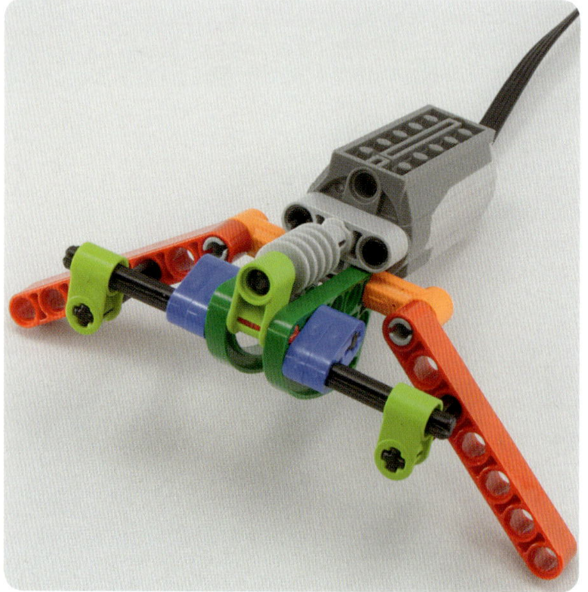

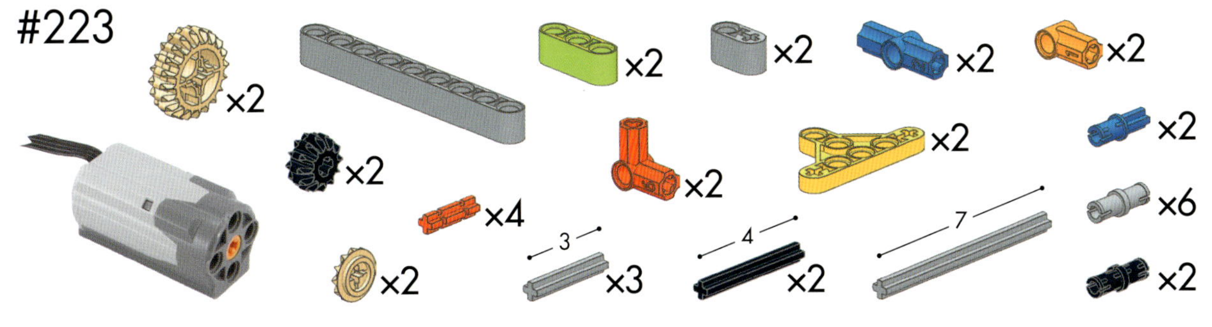

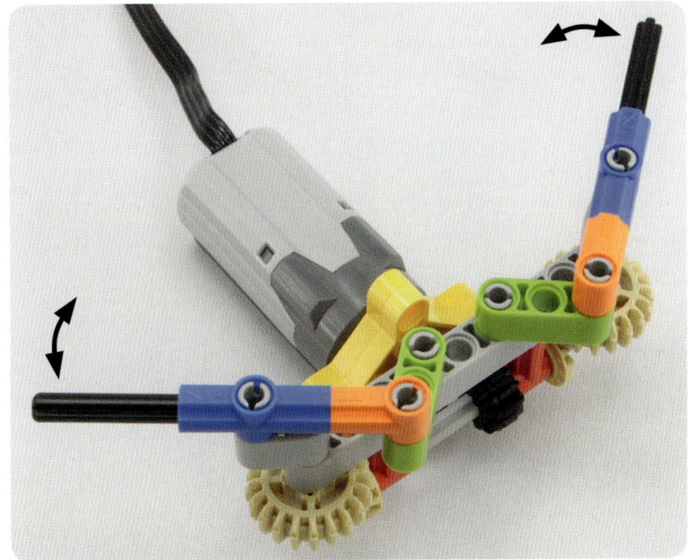

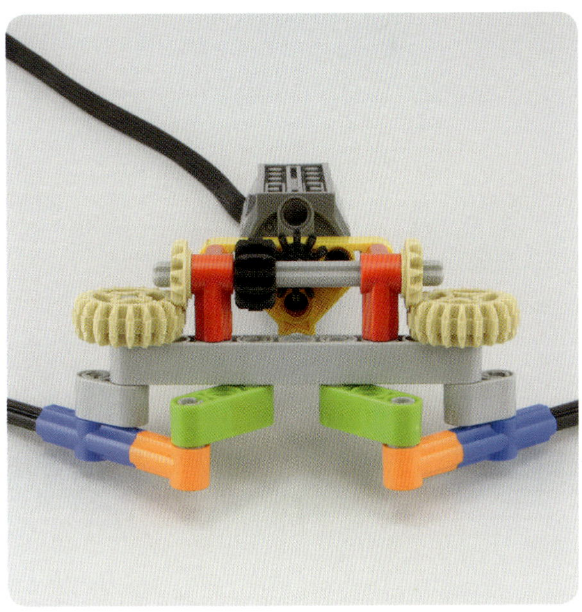

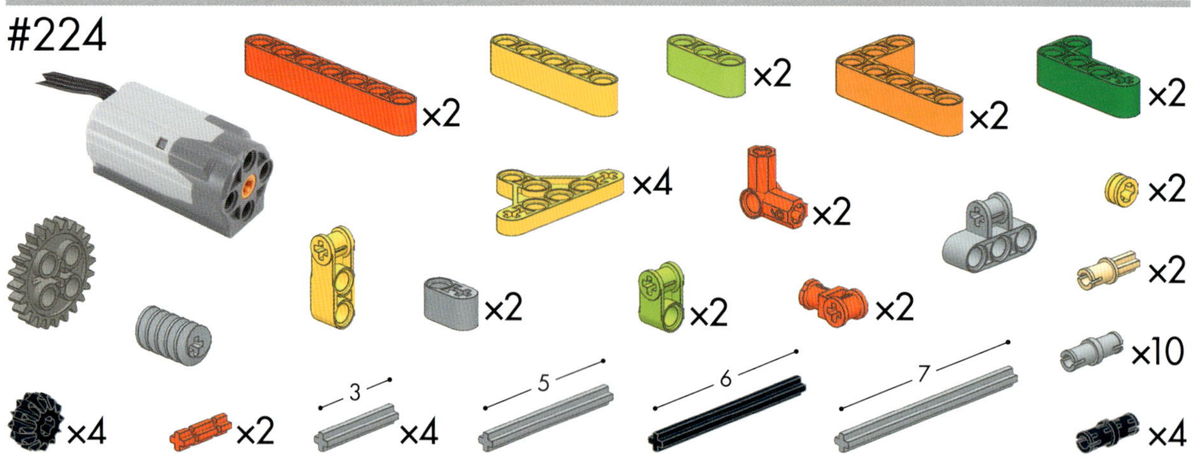

#224

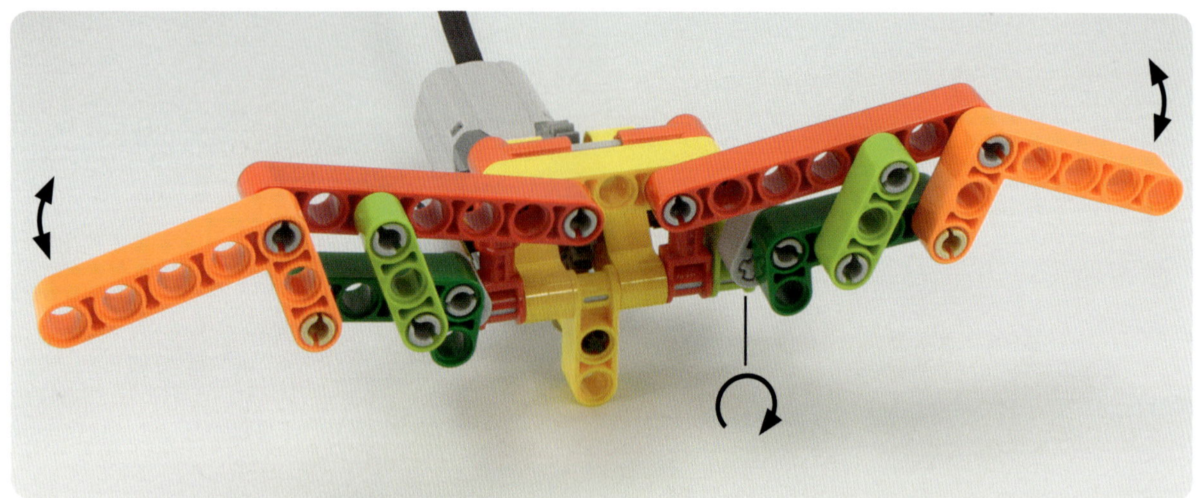

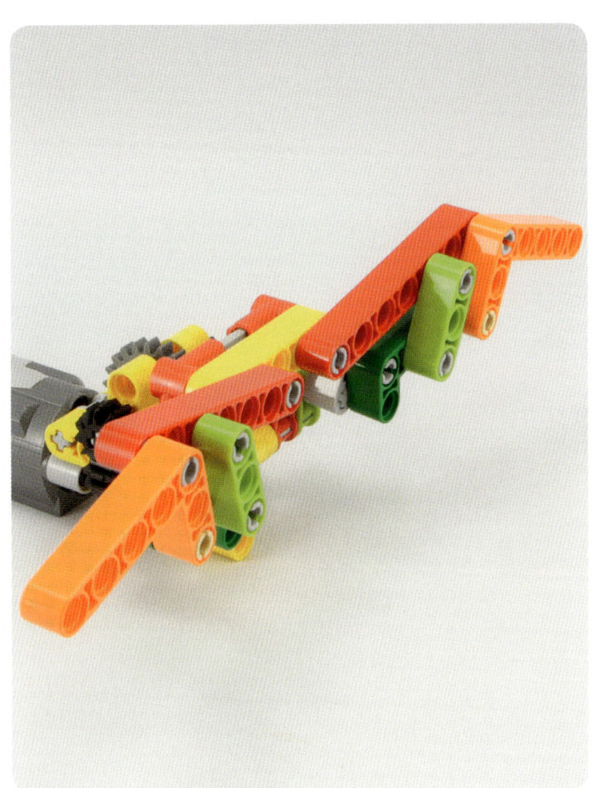

움켜쥐는 손

#225

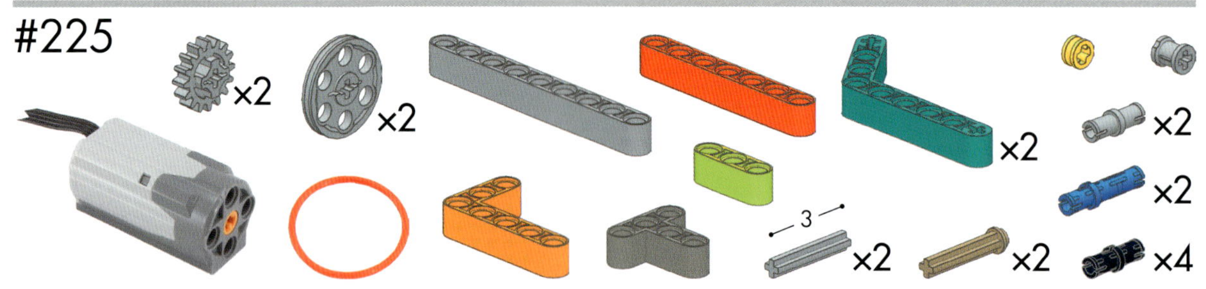

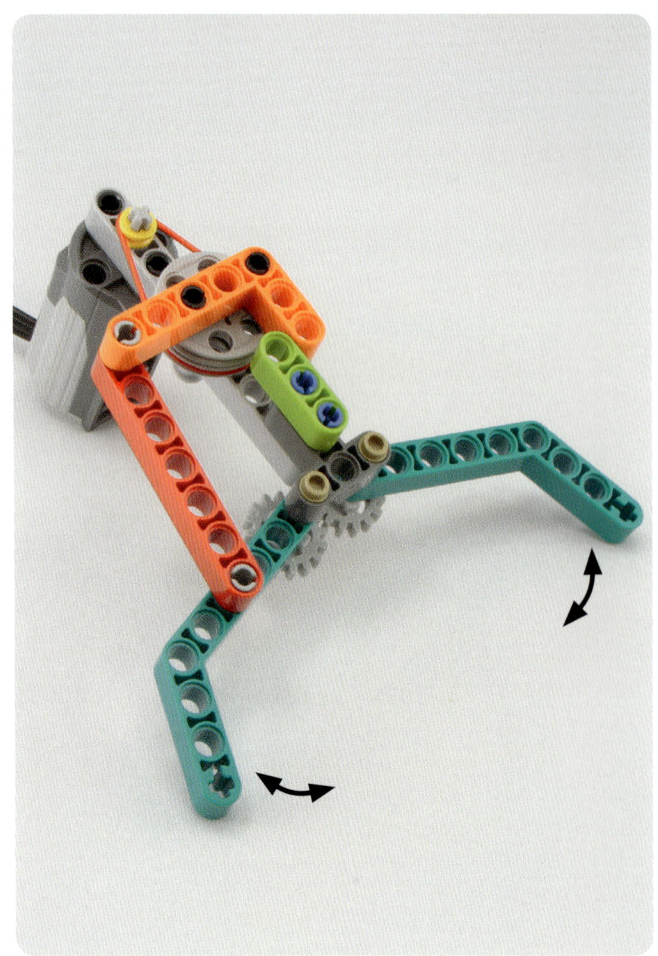

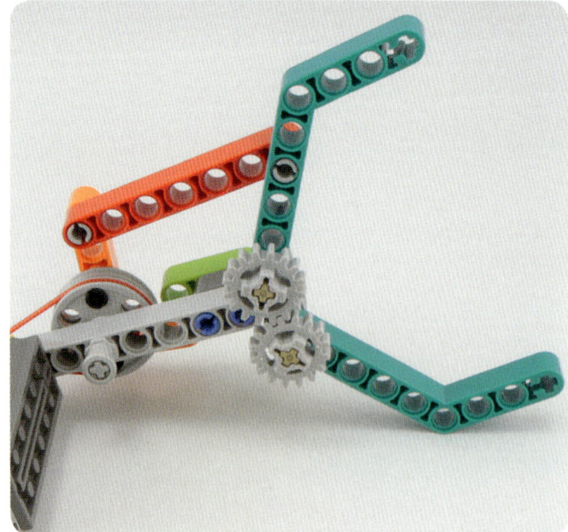

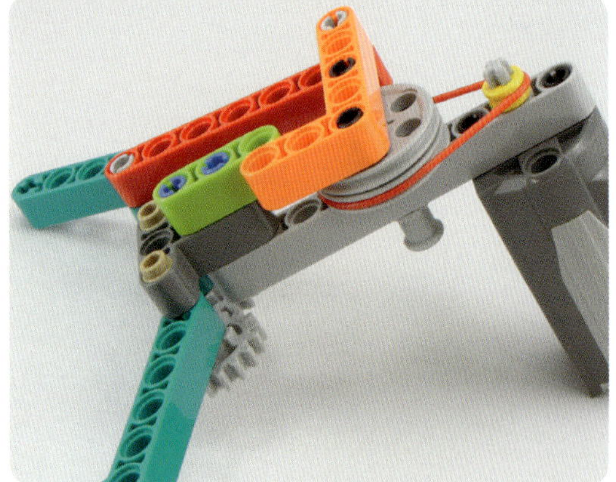

#226

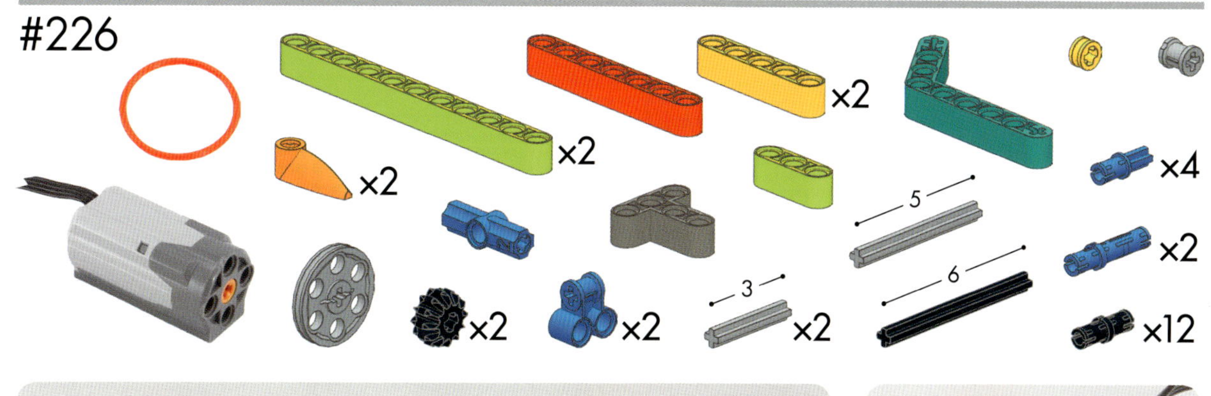

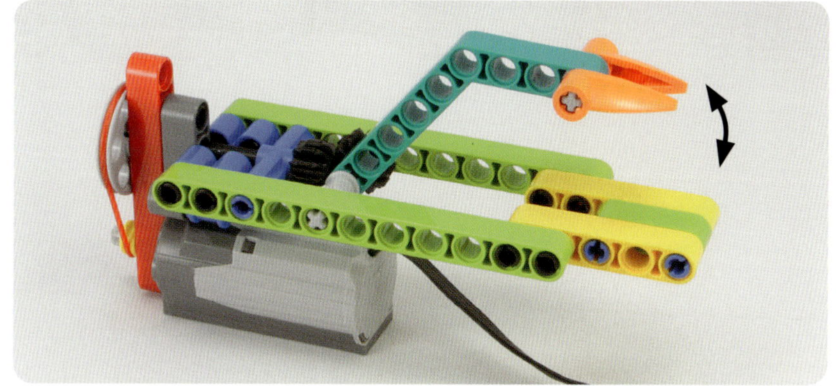

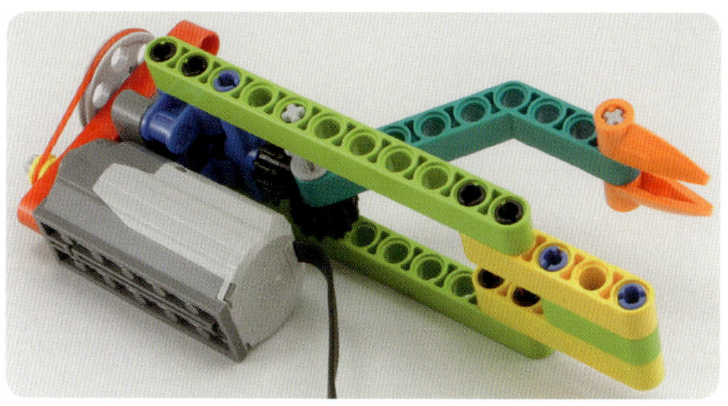

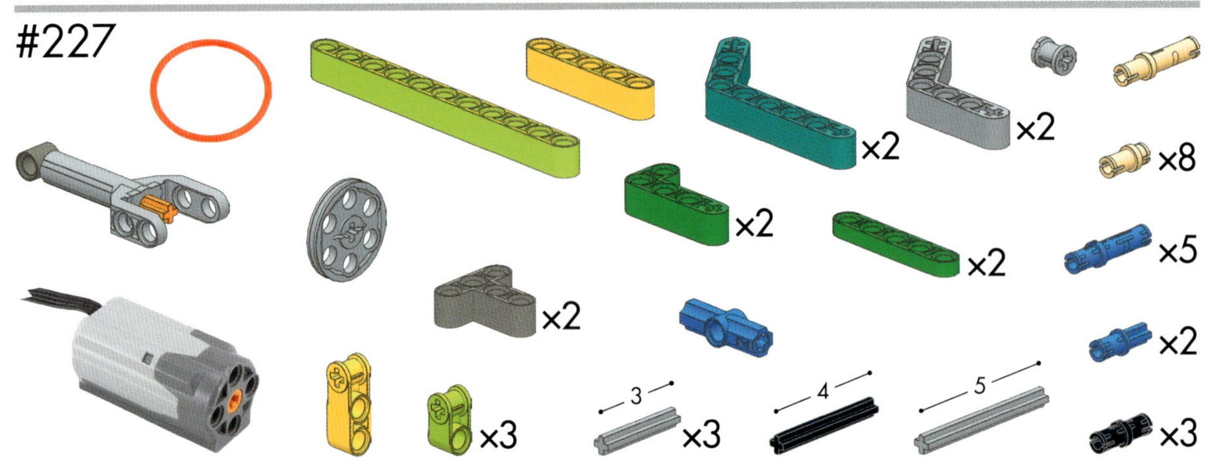

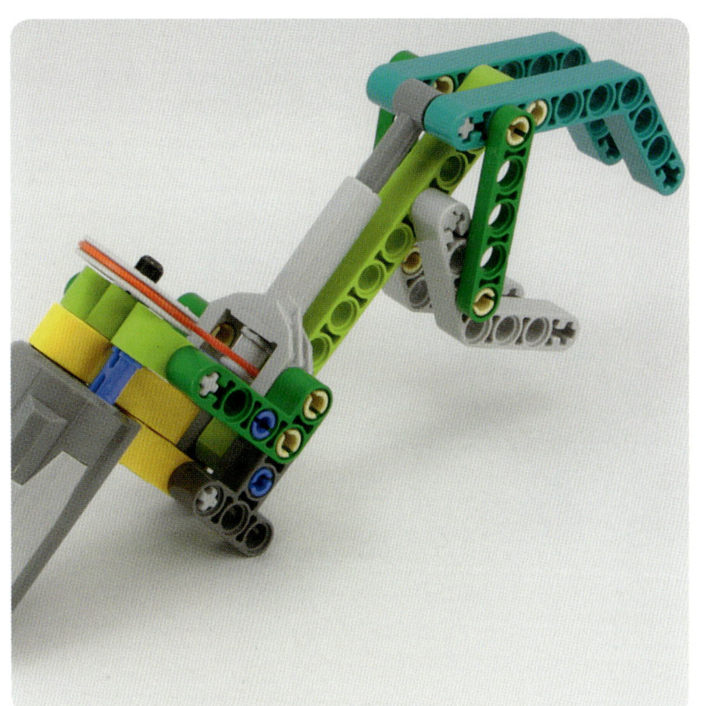

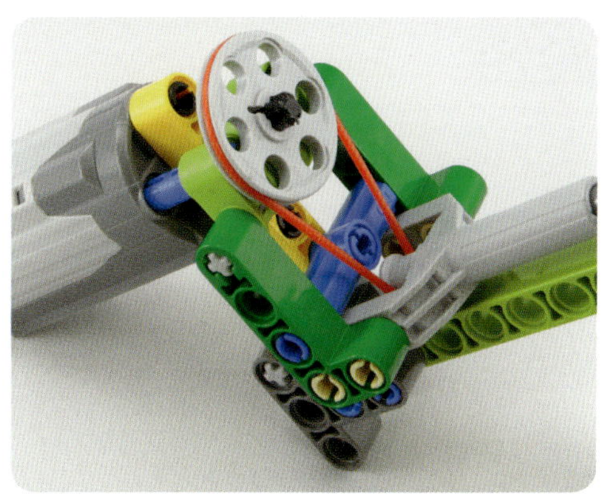

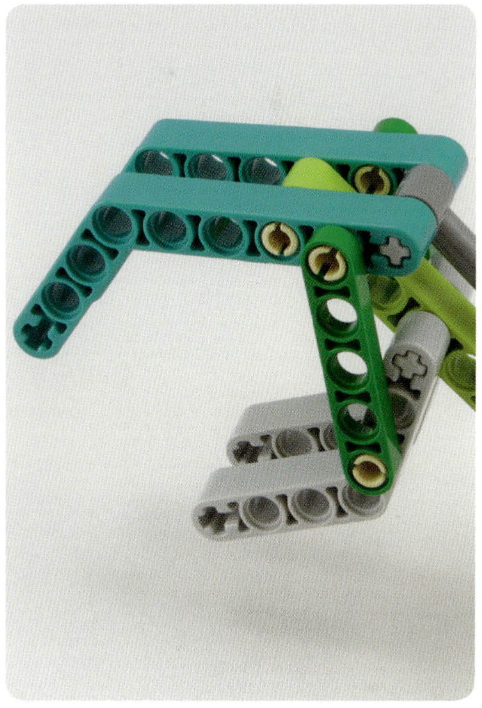

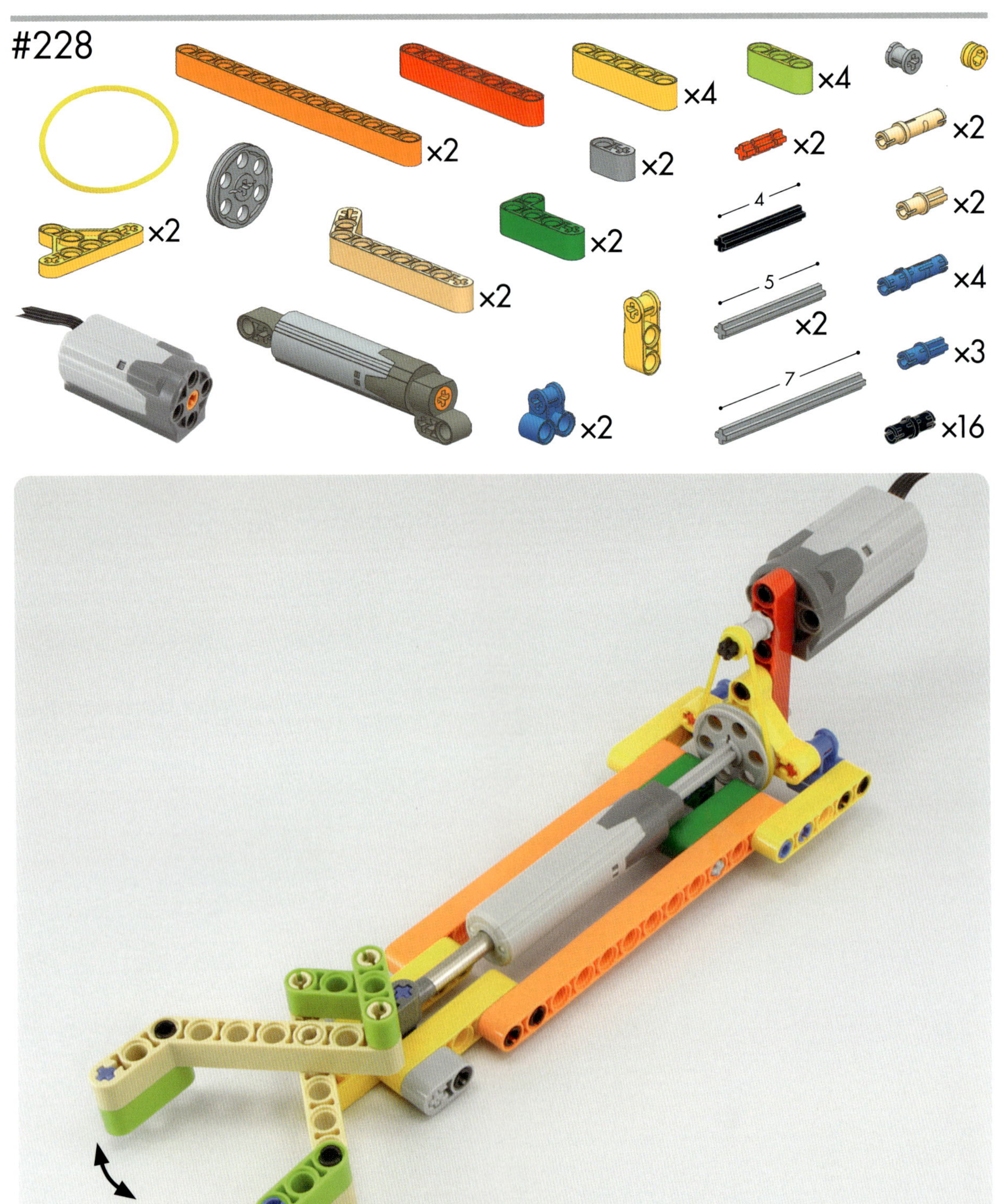

#228
×2
×4
×4
×2
×2
×2
×2
×2
×2
×2
4
×2
5
×2
7
×2
×4
×3
×16

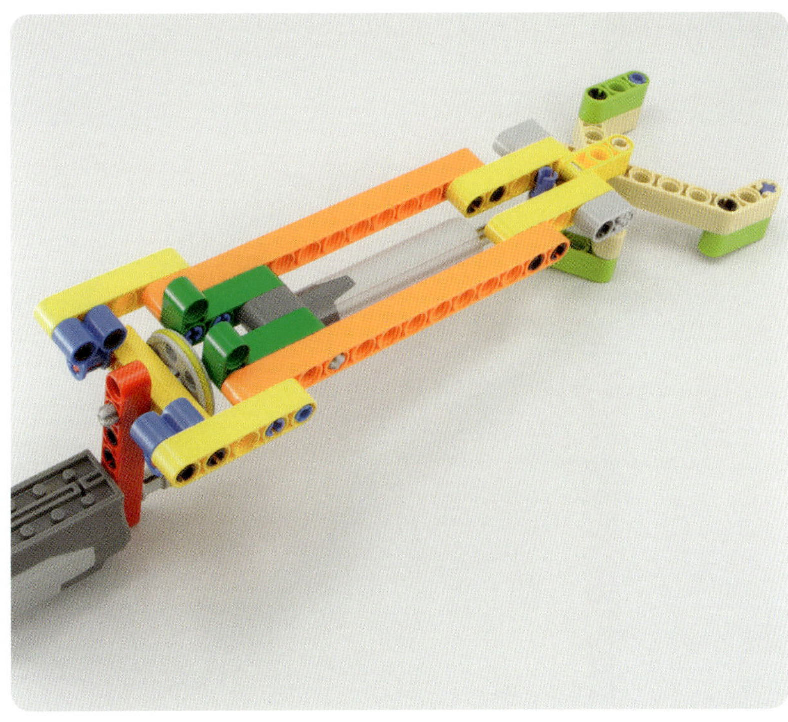

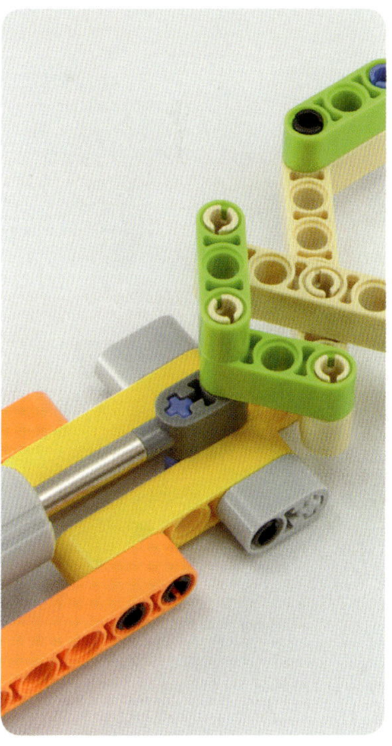

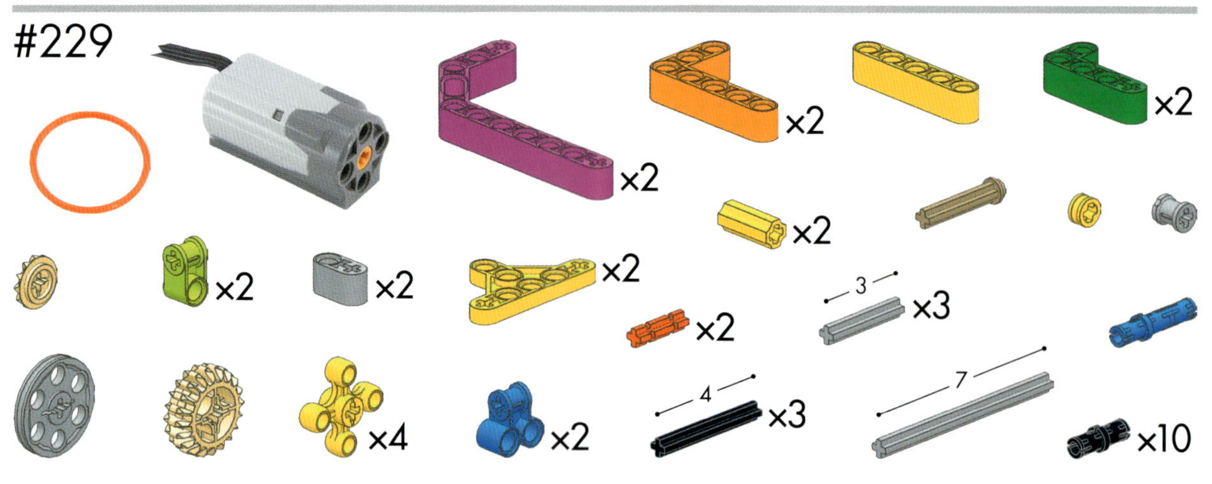

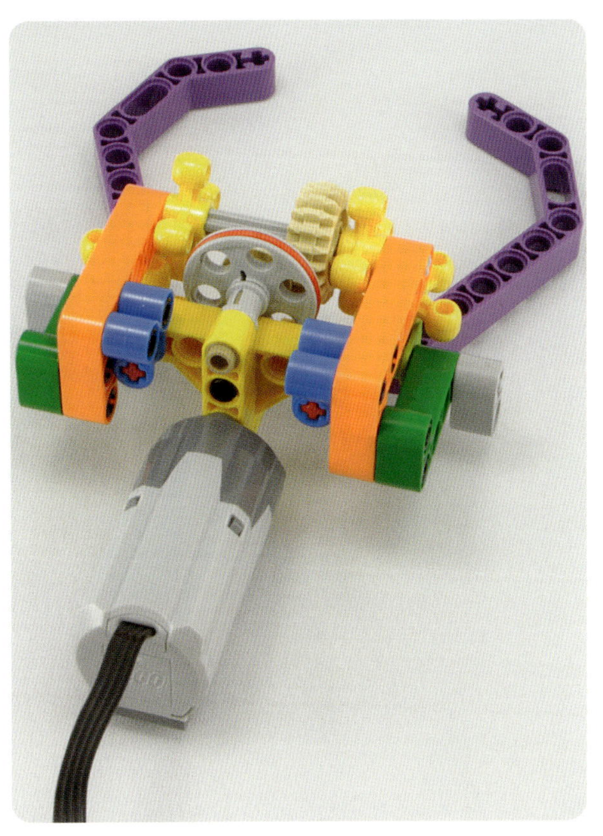

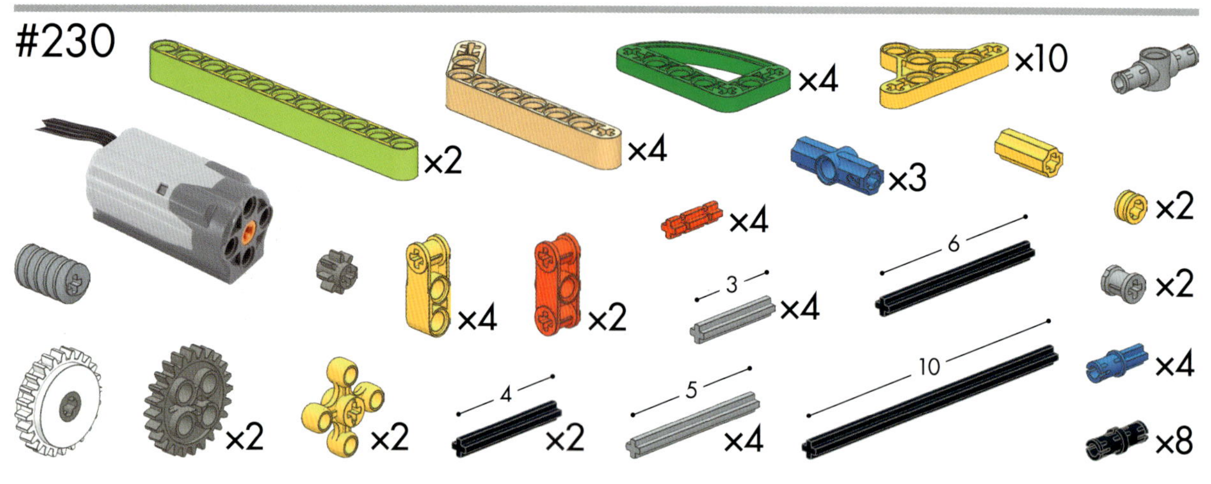

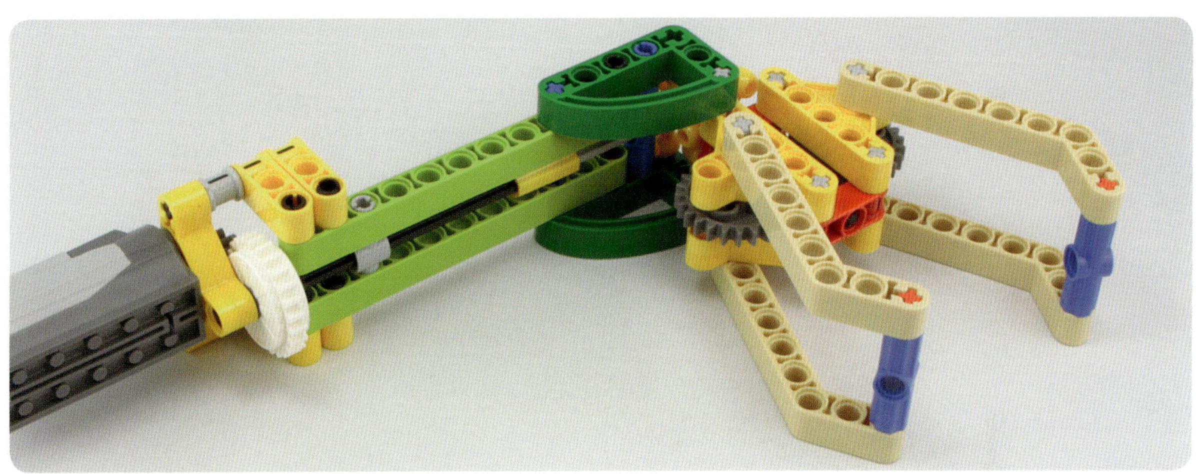

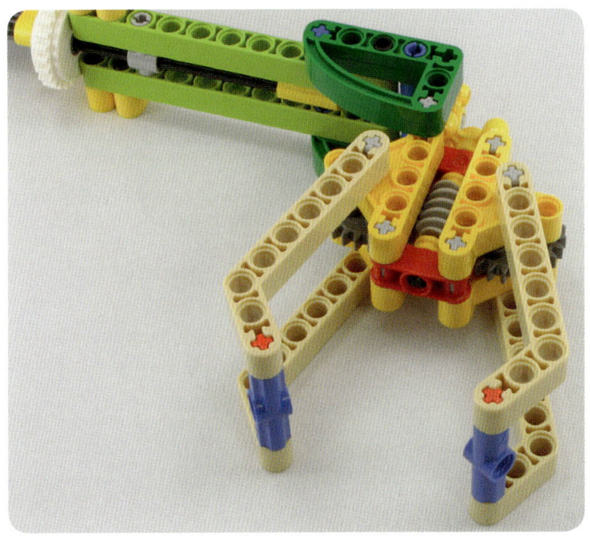

#231

×6

×3

×4

×2

×2

×4

×3

×3

×5

×6

×2

×4

×7

×18

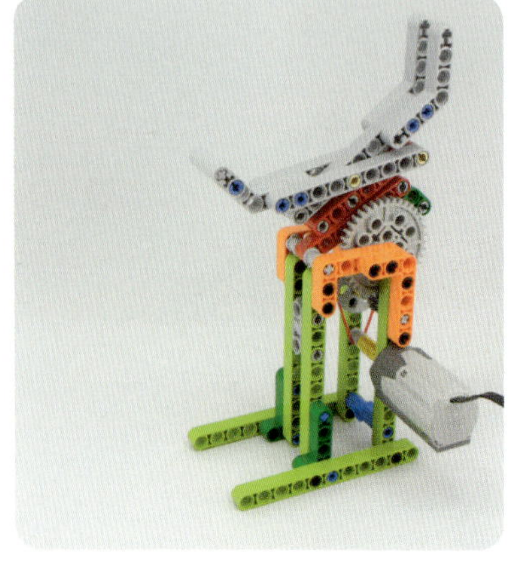

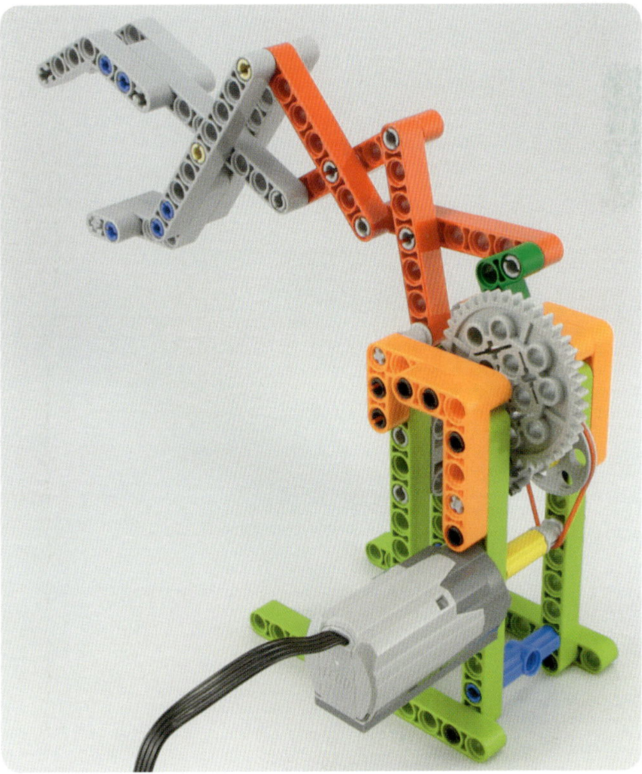

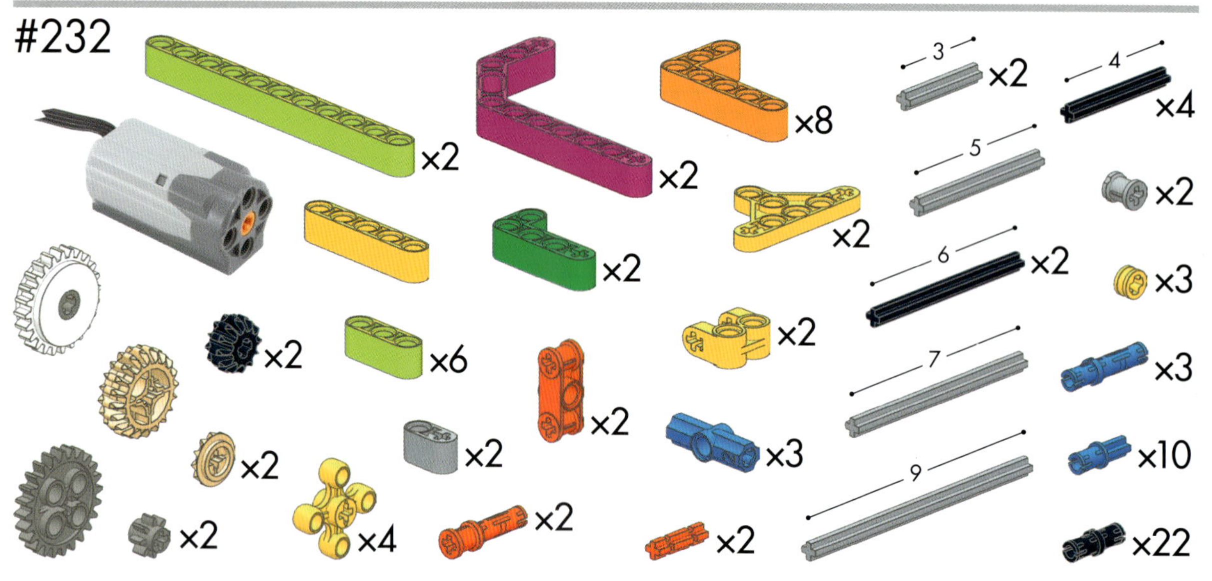

#232

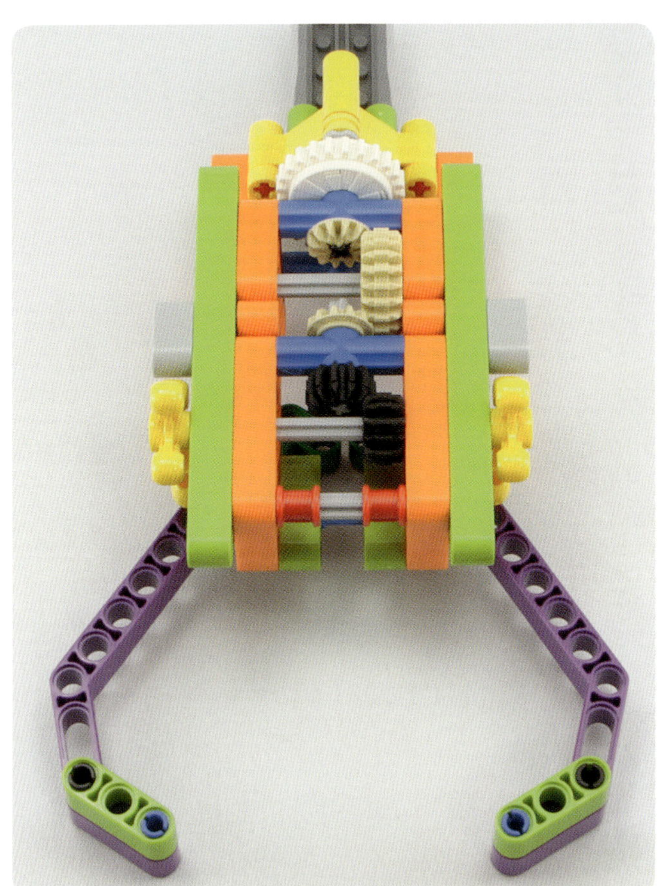

들어올리는 리프트 장치

#233

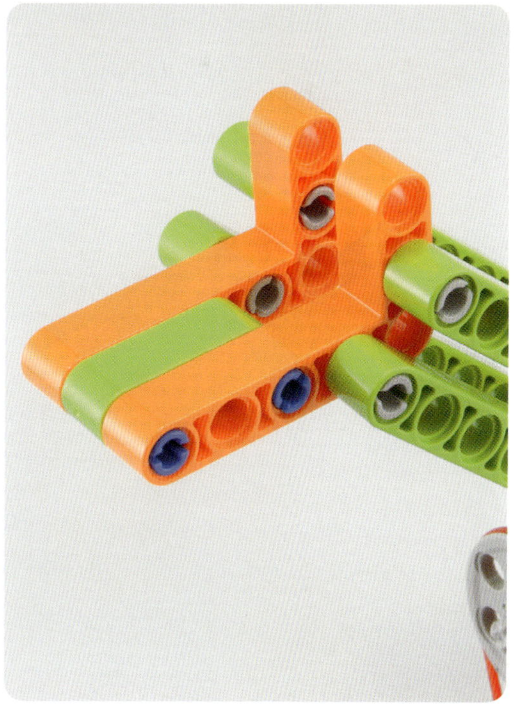

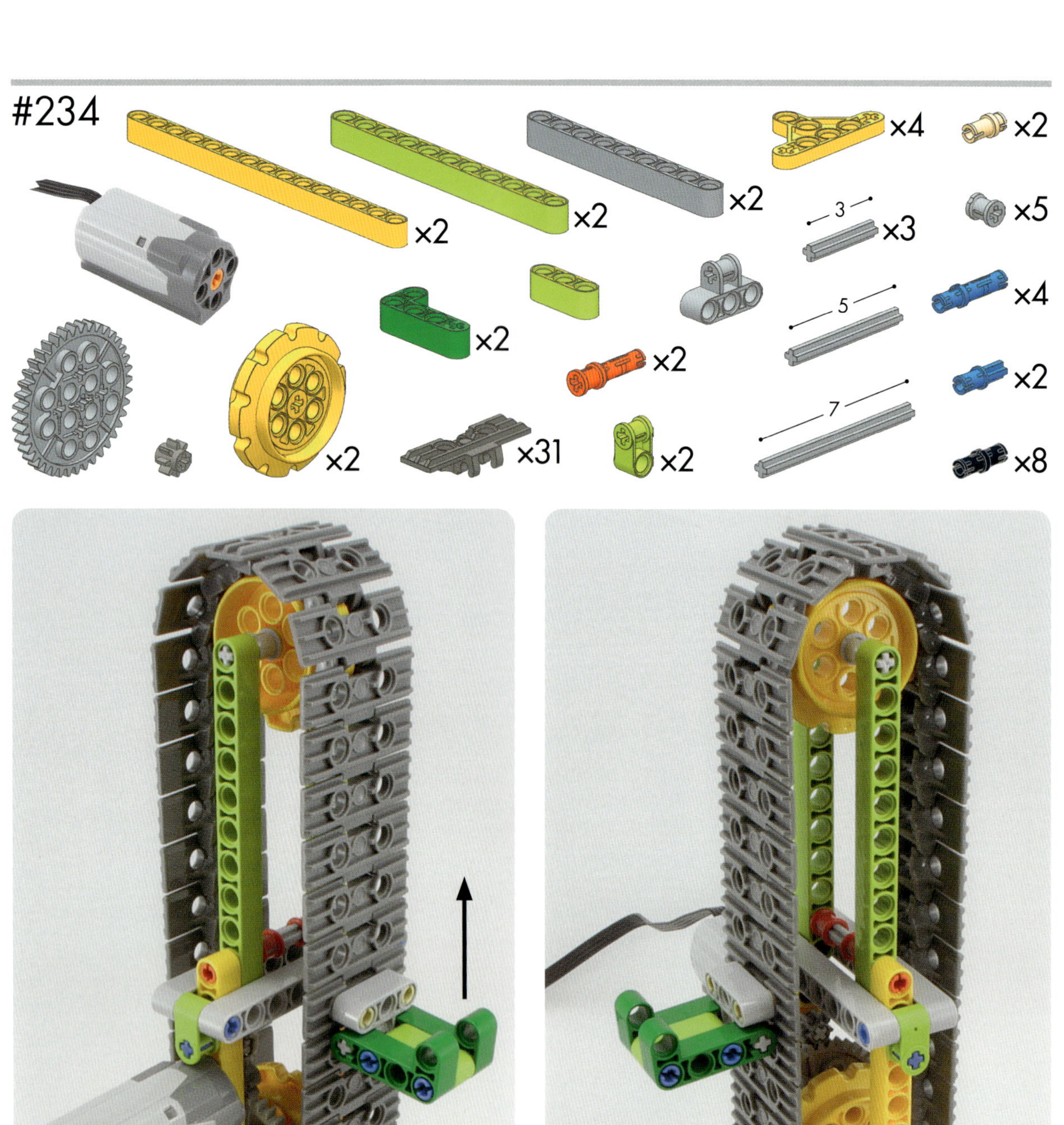

#234
×2
×2
×2
×4
×2
×2
×2
3
×3
×5
5
×4
×2
×2
7
×2
×31
×2
×8

#235

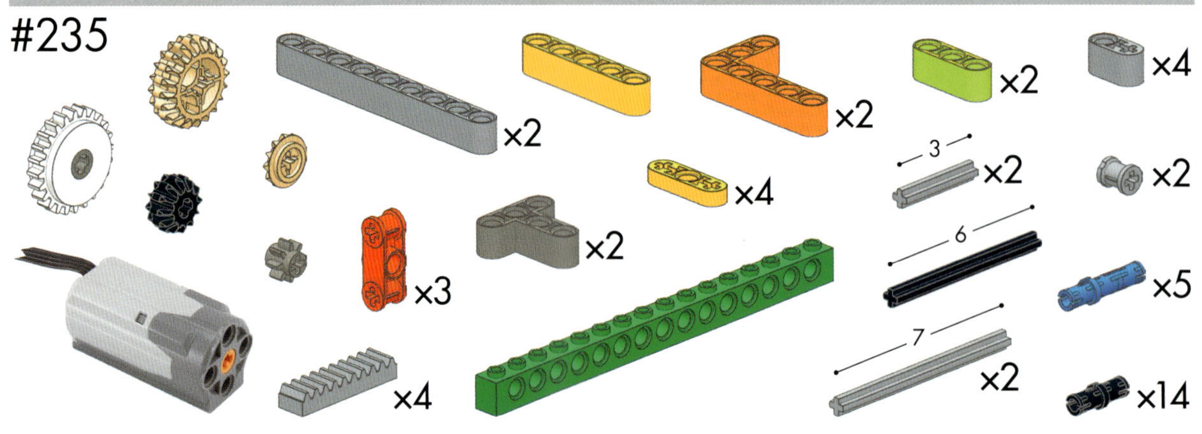

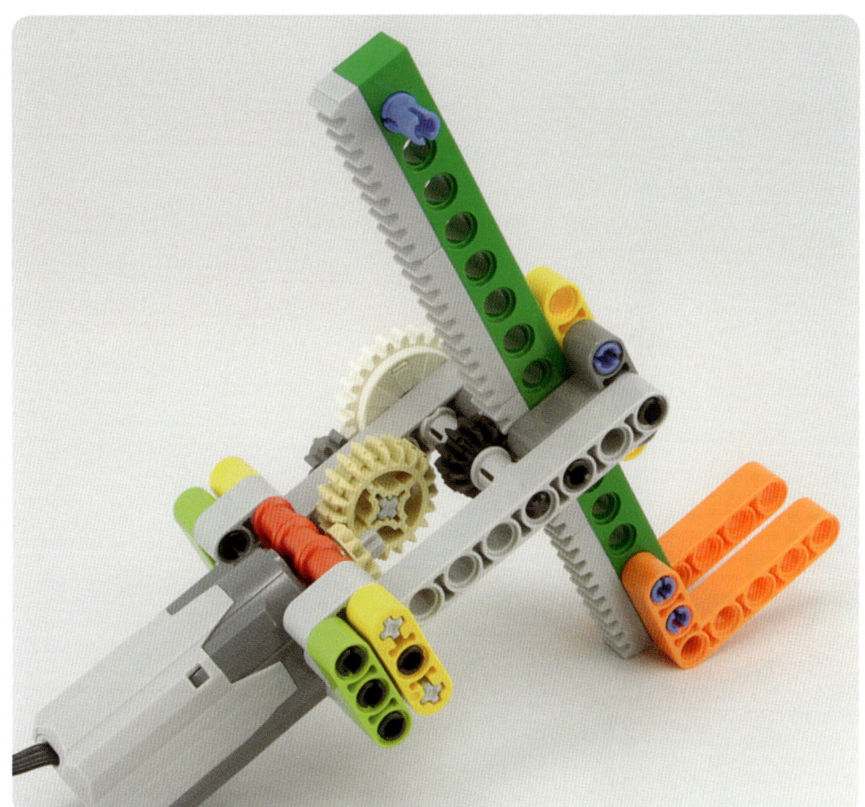

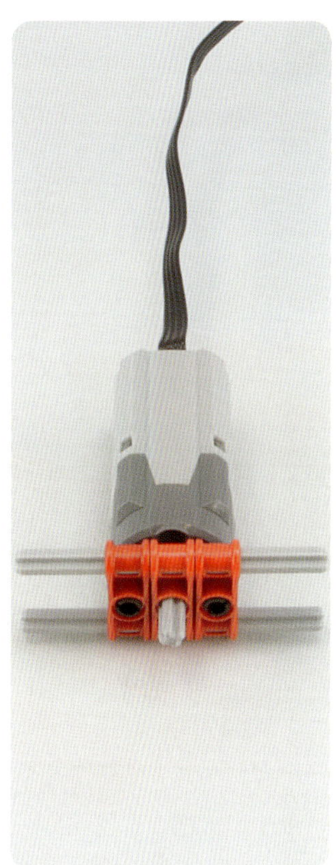

#236

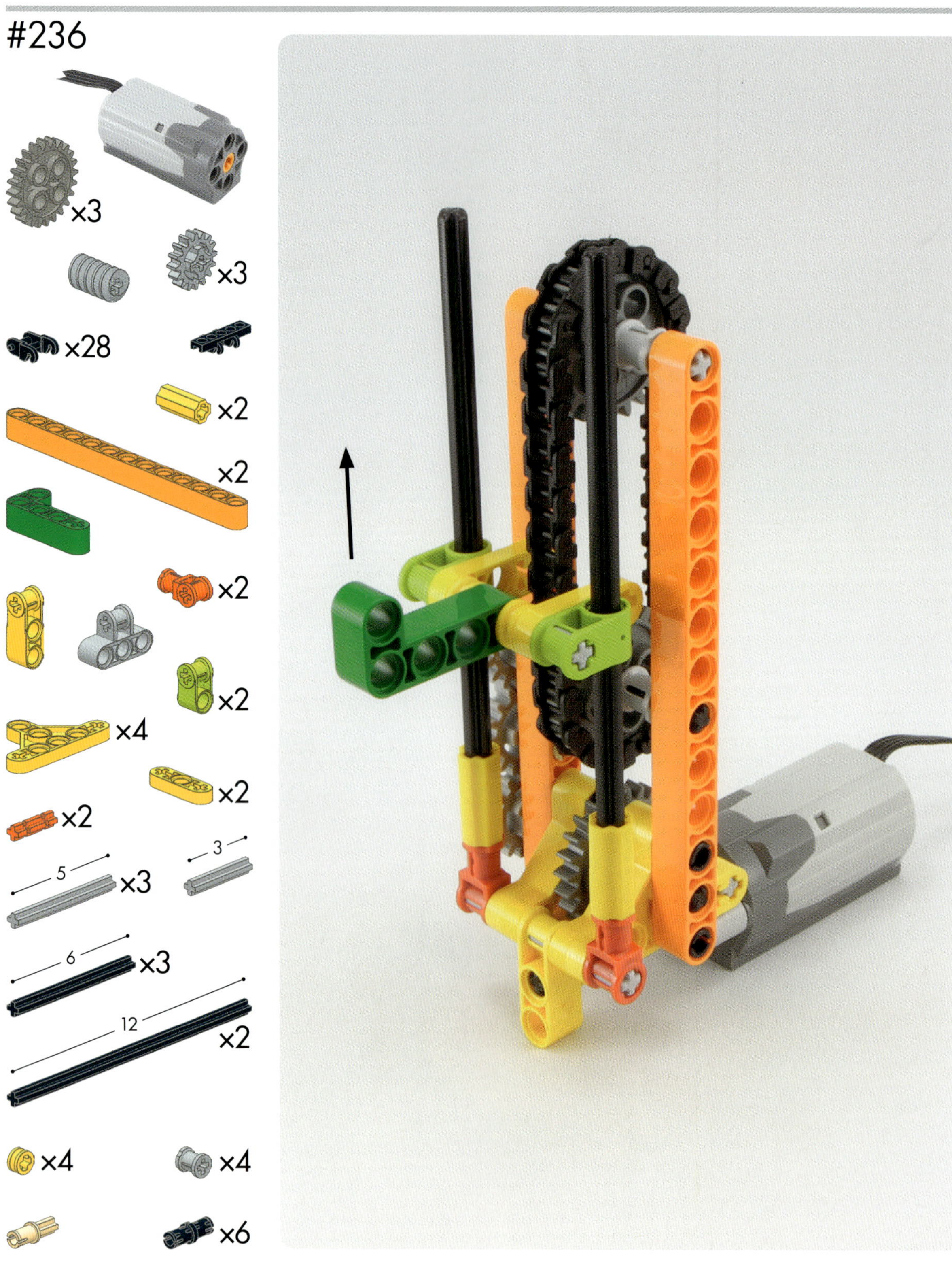

#237

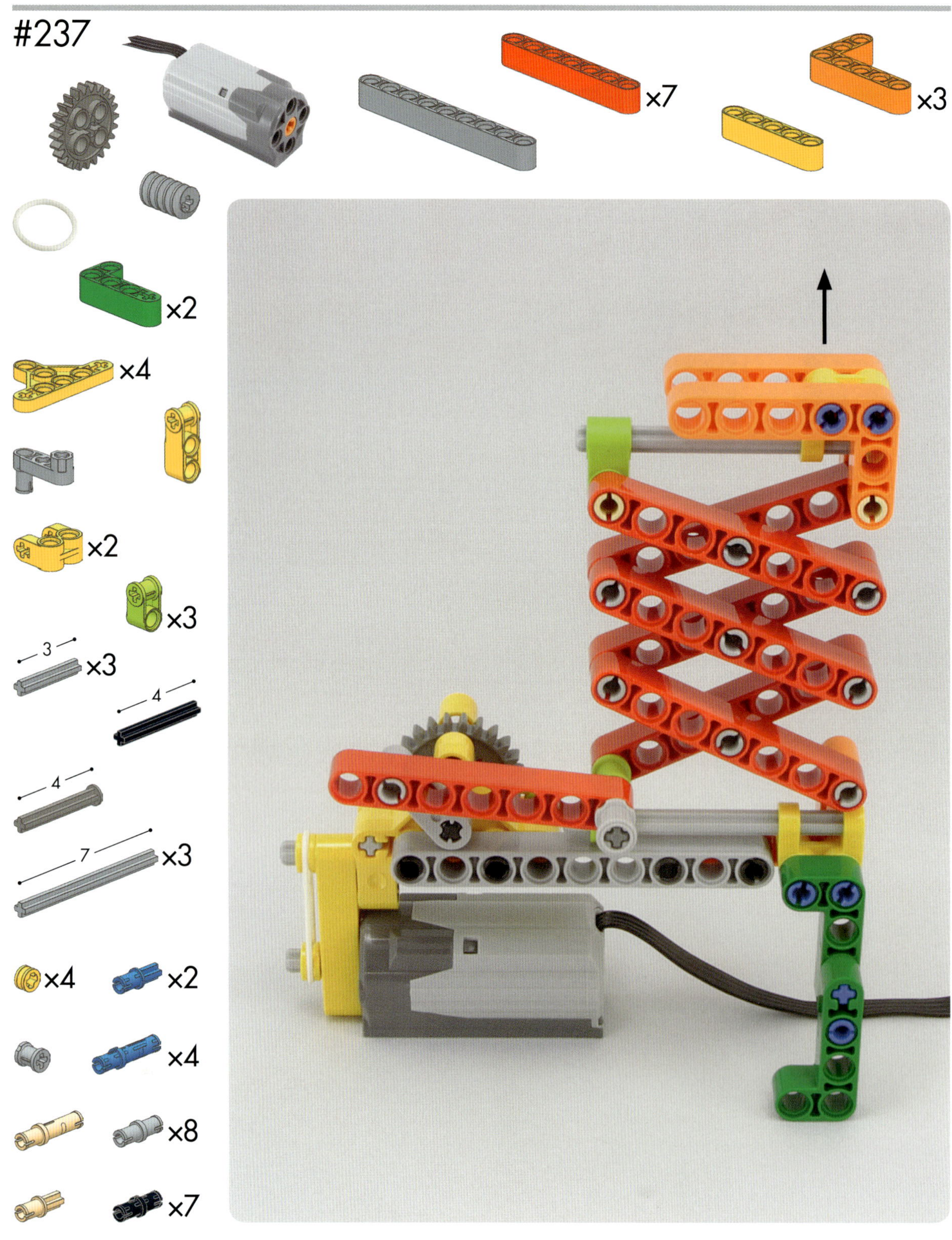

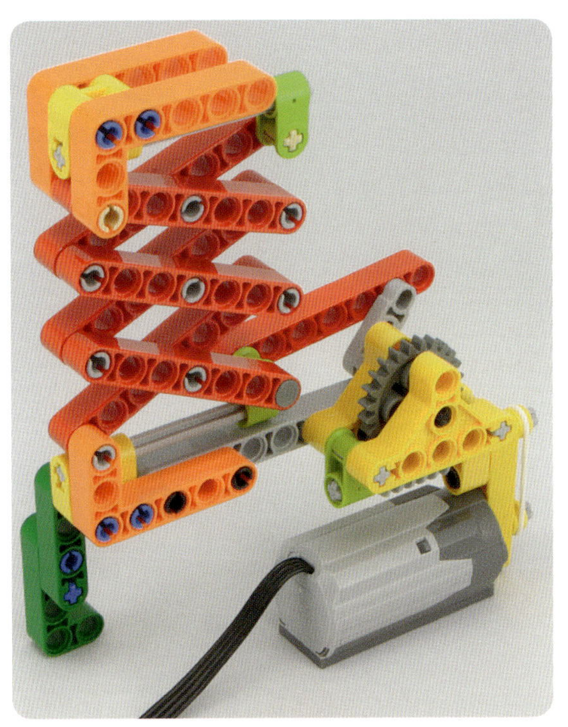

무언가를 발사하는 장치

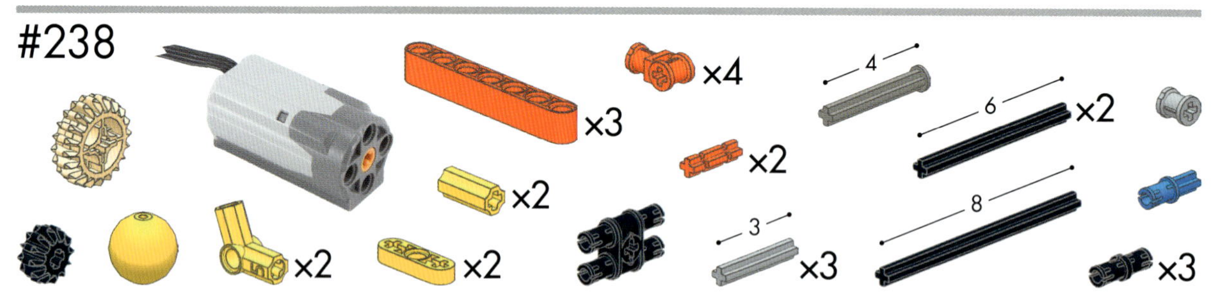

#238

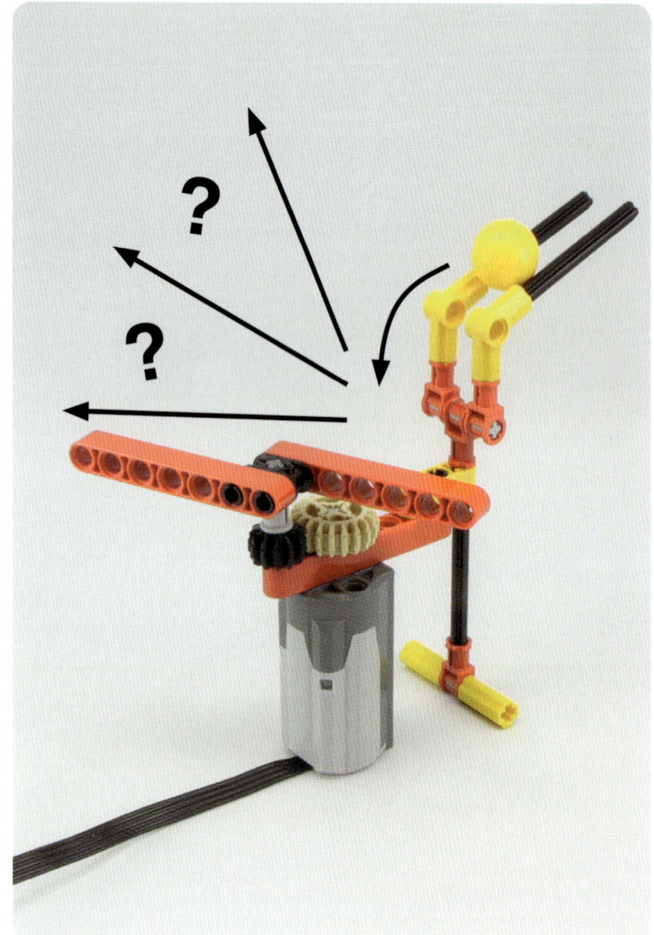

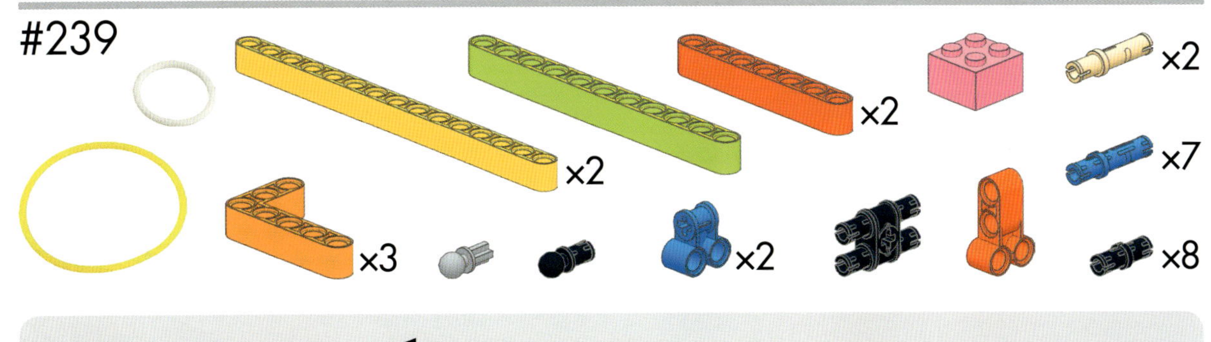

#239

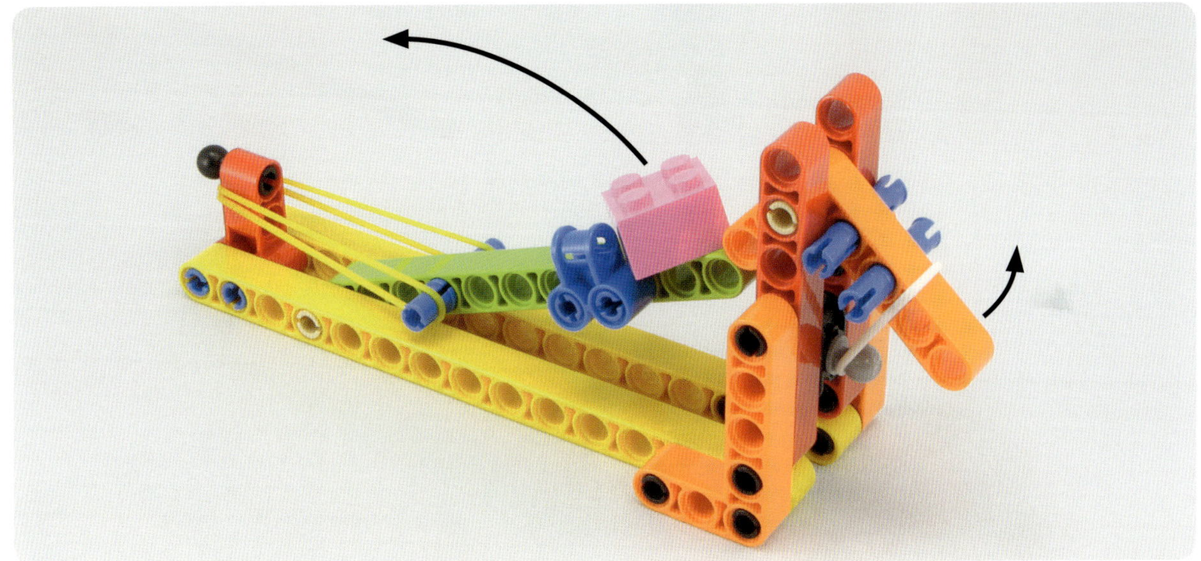

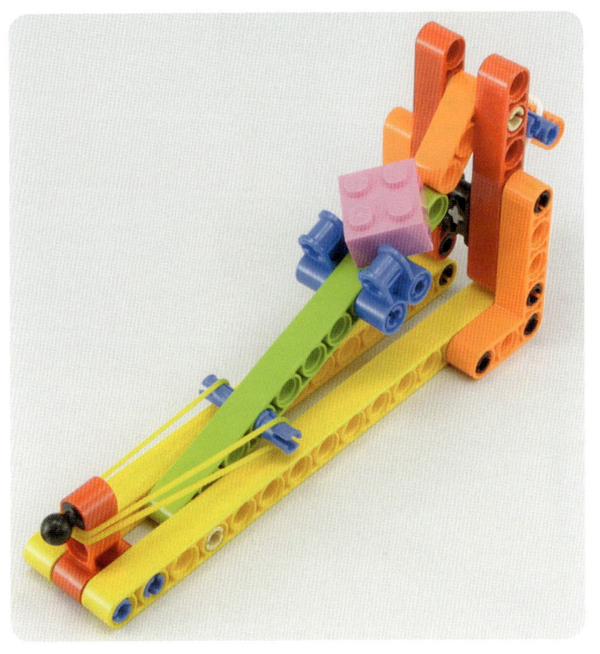

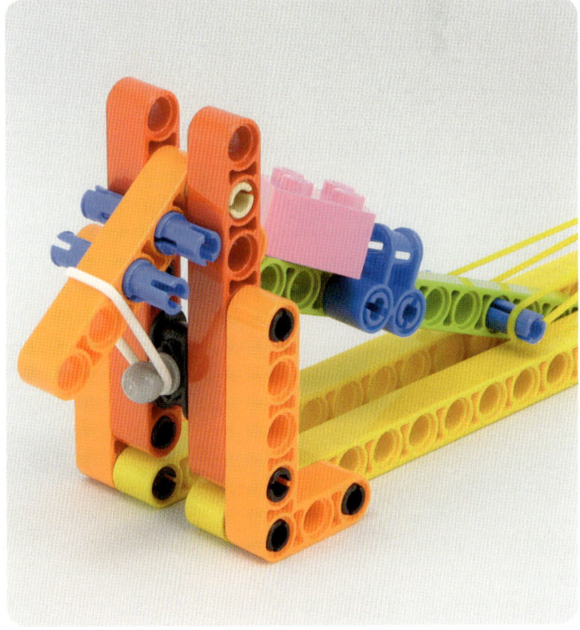

#240

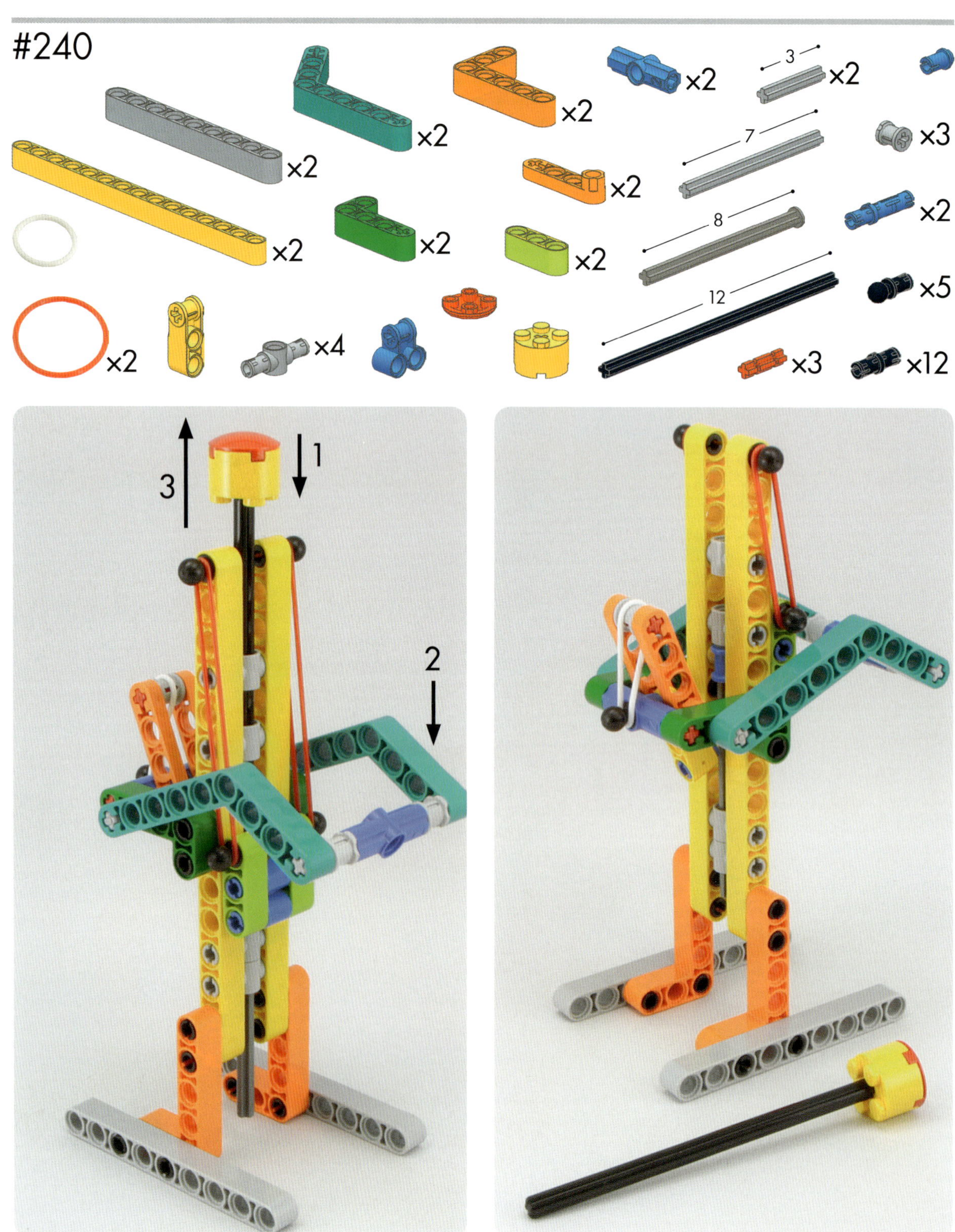

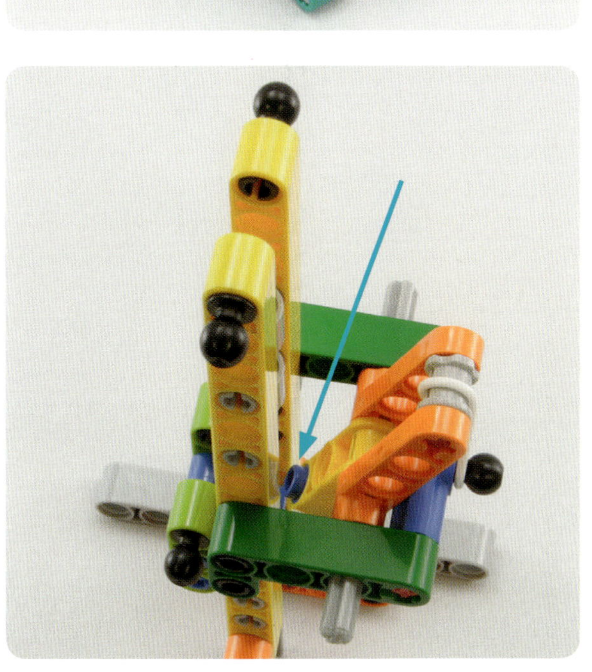

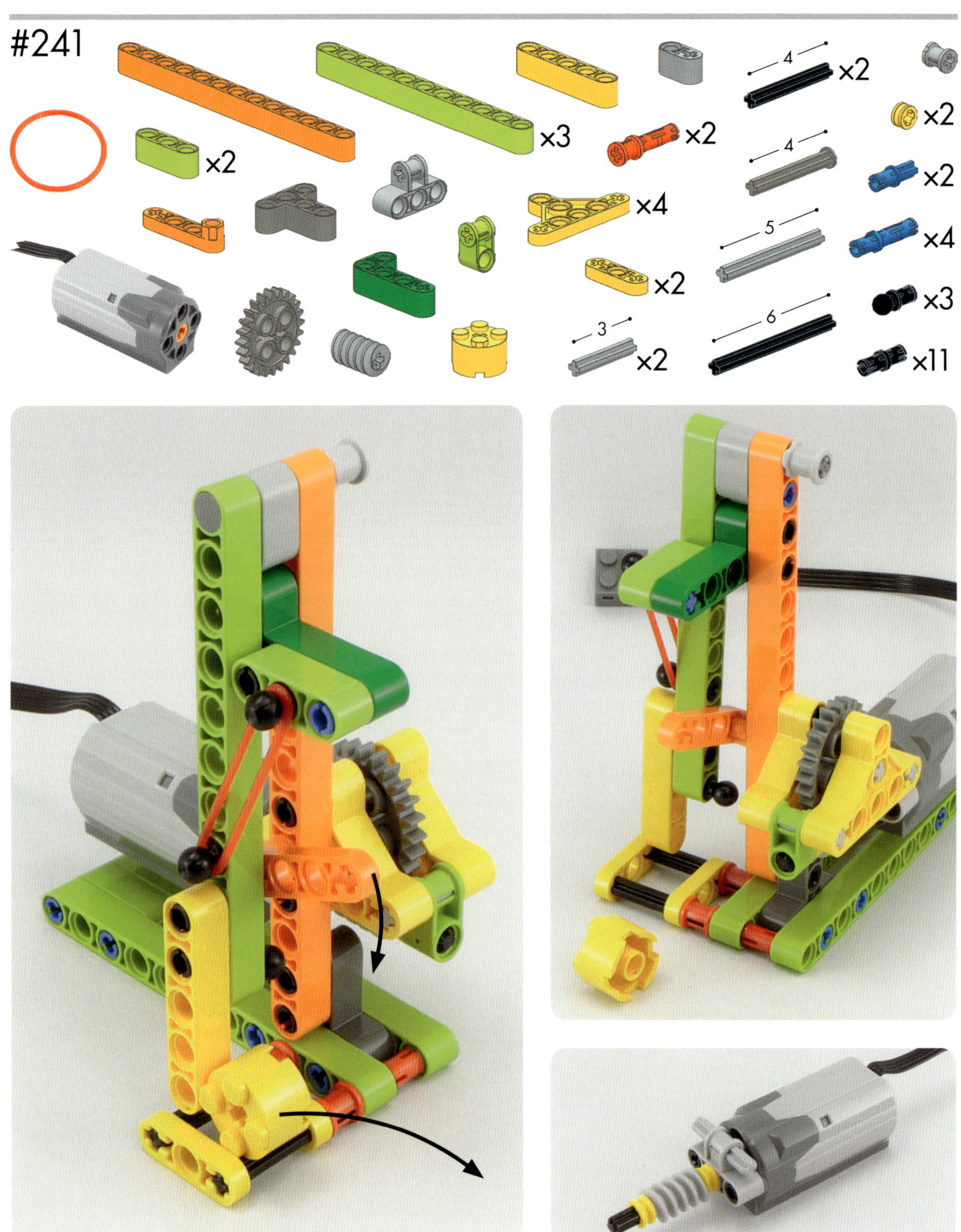

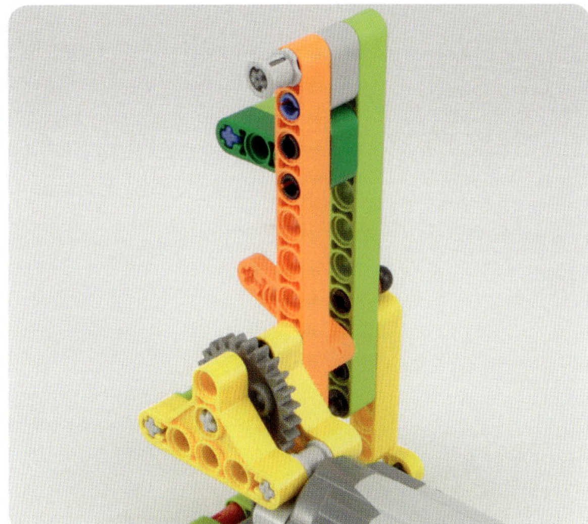

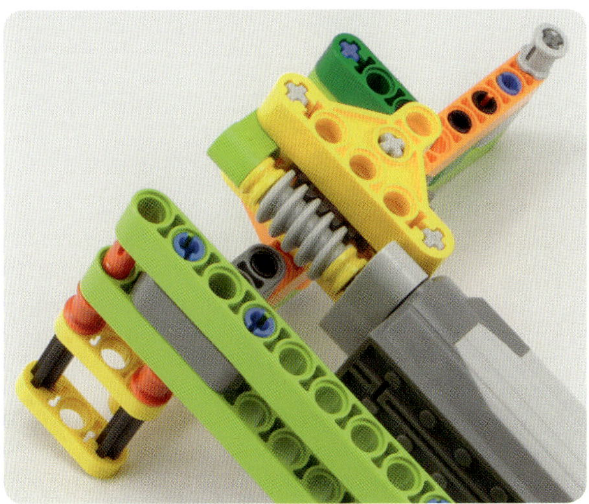

#242

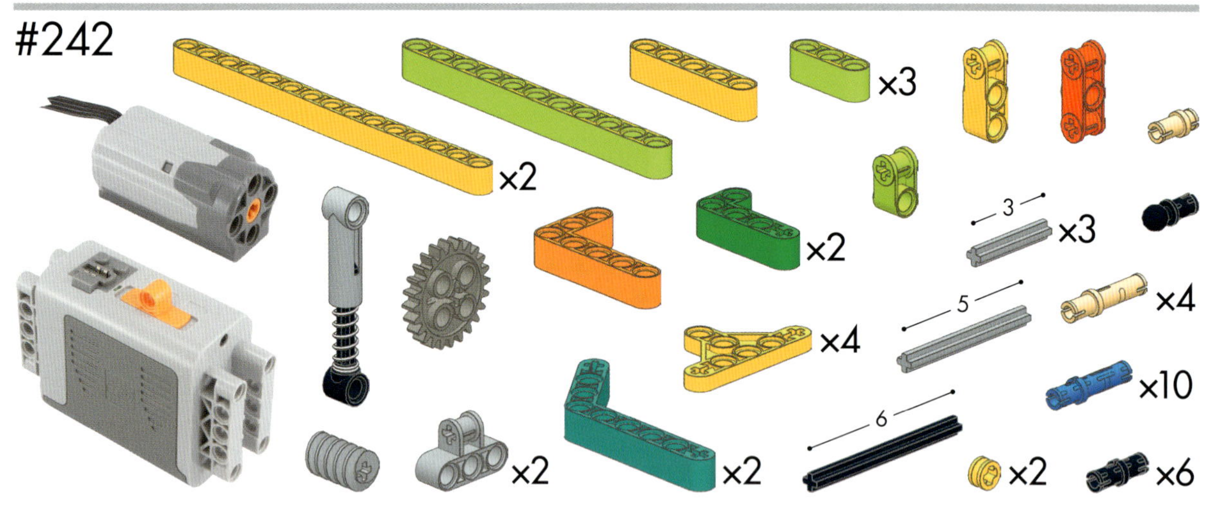

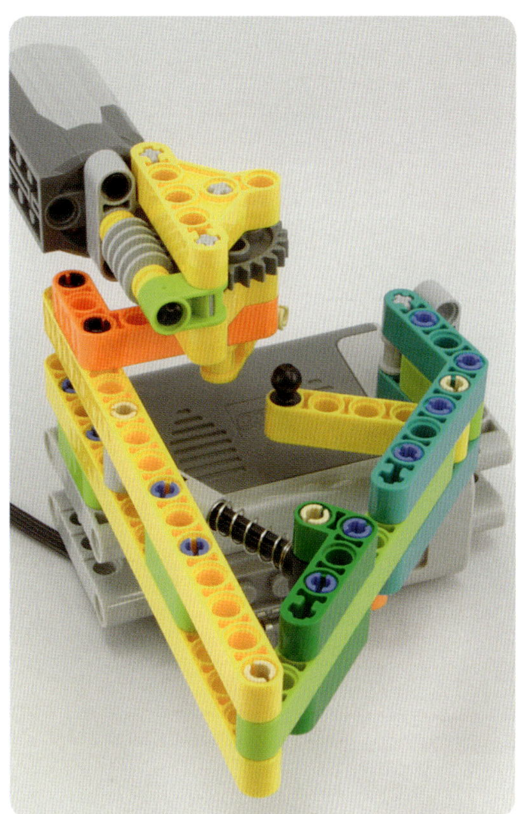

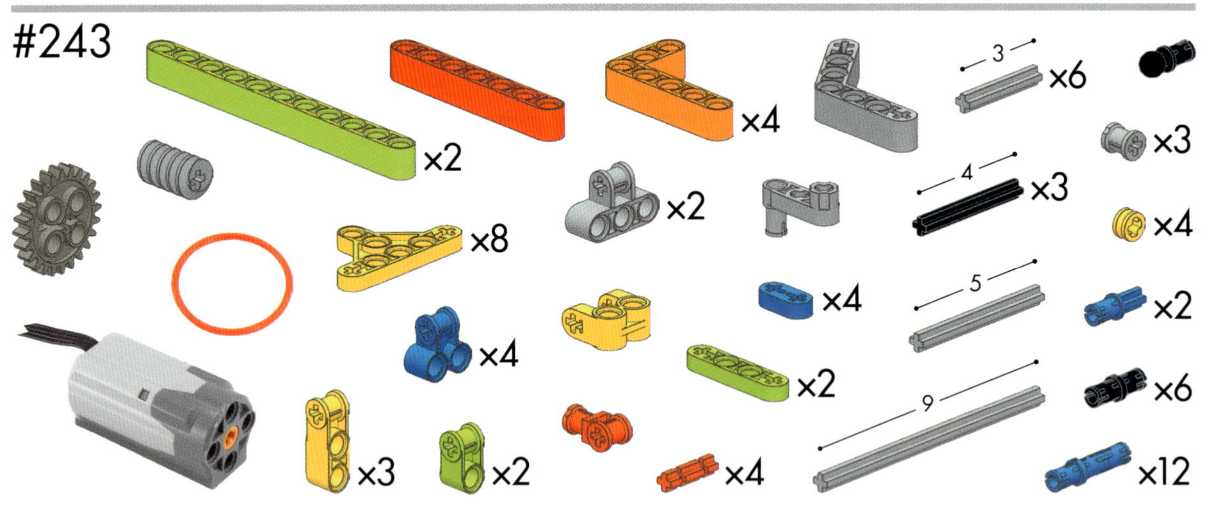

#243
×2
×4
×6
×3
×3
×4
×8
×4
×4
×2
×3
5
×2
×2
×6
×3
×2
9
×4
×12

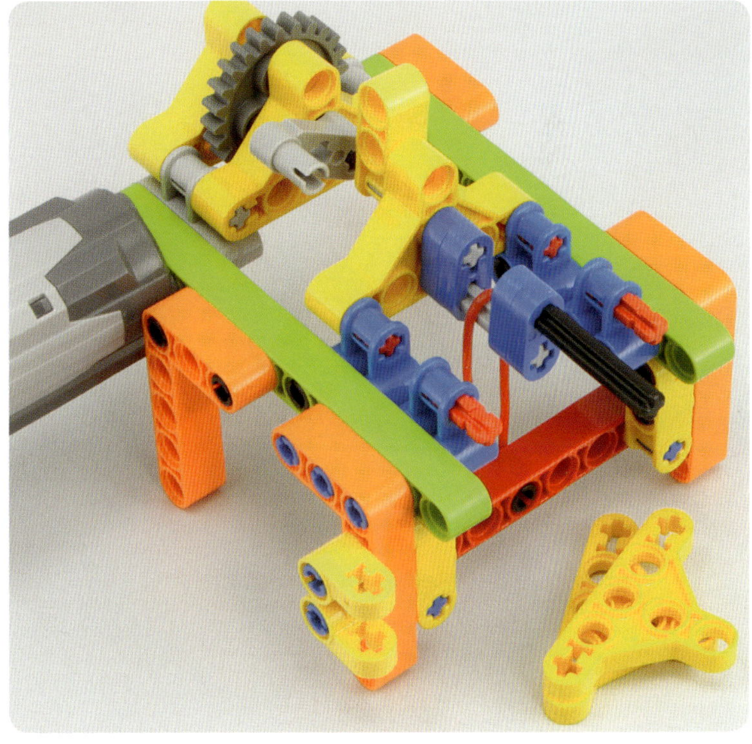

자동문

#244

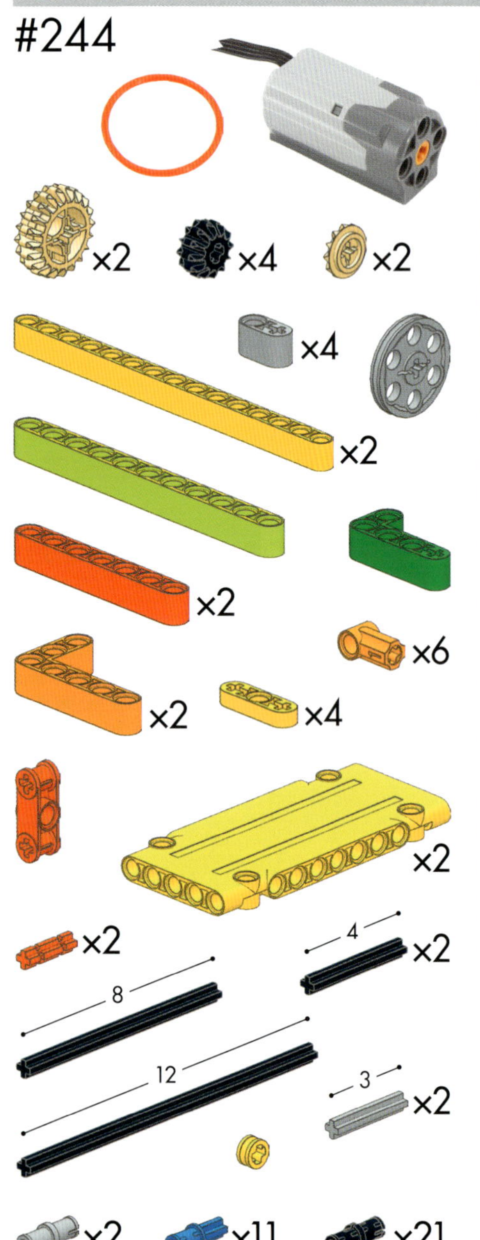

×2 ×4 ×2

×4

×2

×2

×2

×6

×2 ×4

×2

×2   4 ×2

8

12   3 ×2

×2 ×11 ×21

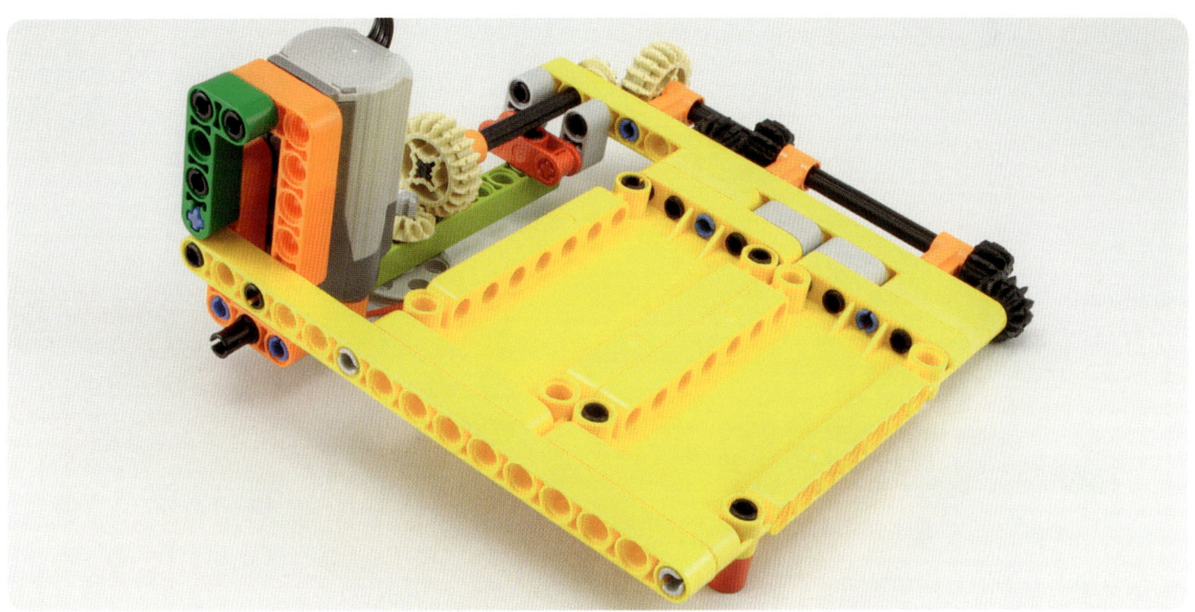

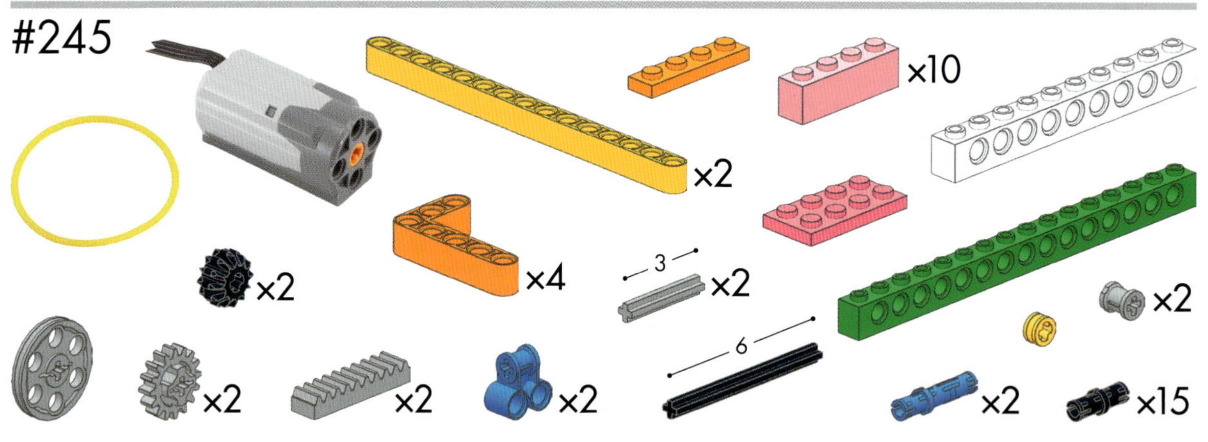

#245
×2
×10
×4
3
×2
6
×2
×2
×2
×2
×2
×15

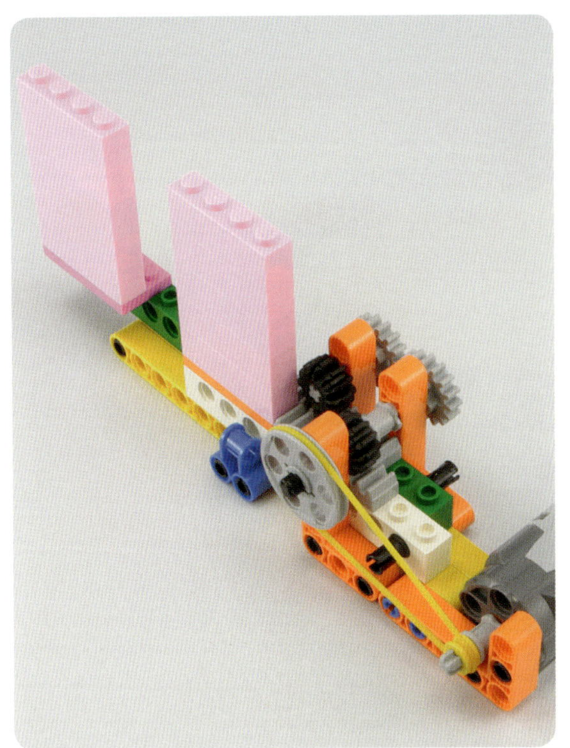

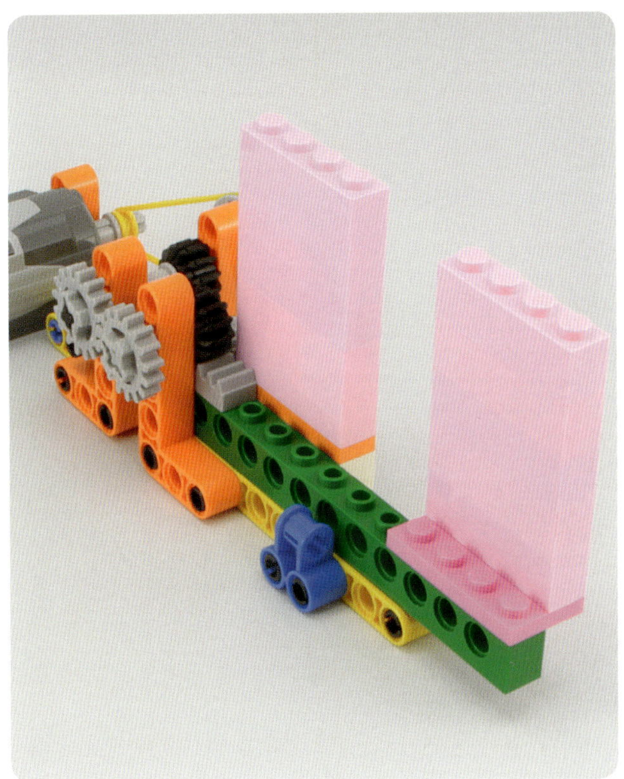

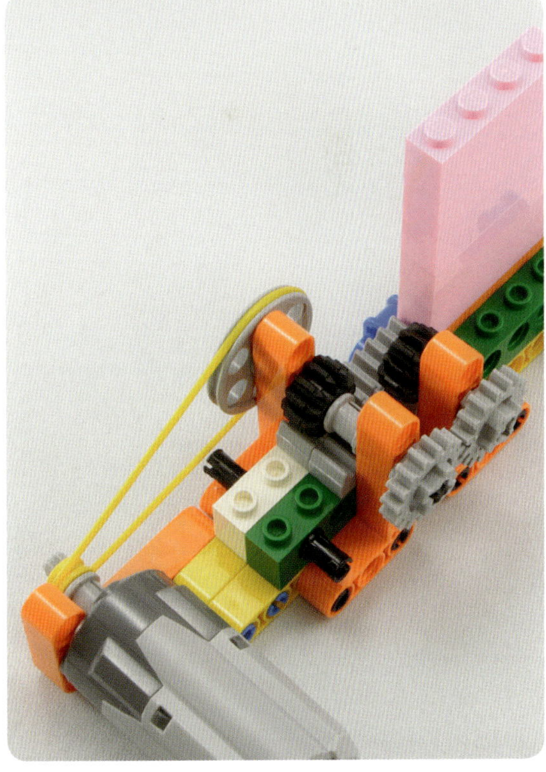

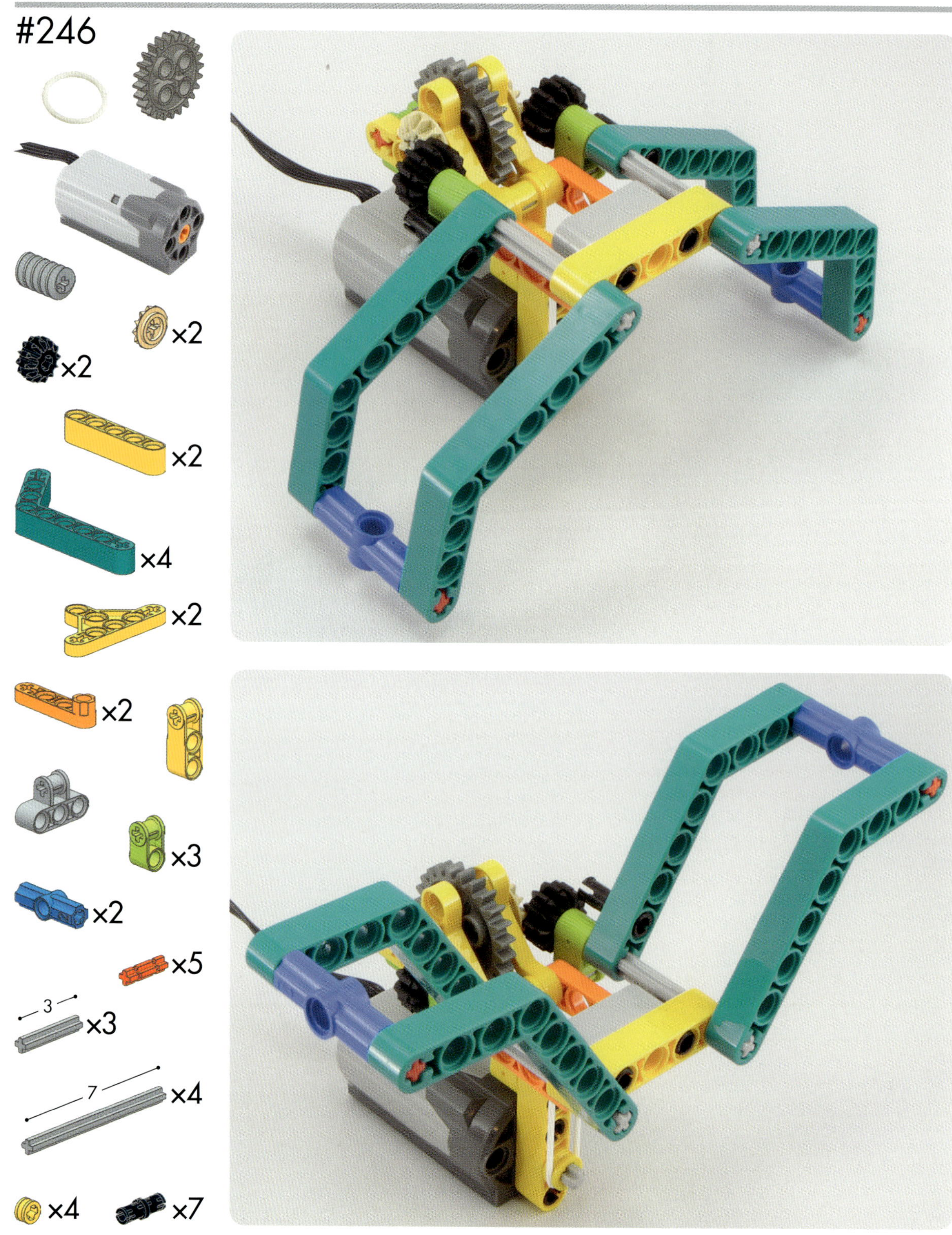

#247
×2
×8
×4
×2
×4
×4
×3
×3
×3
×2
×15

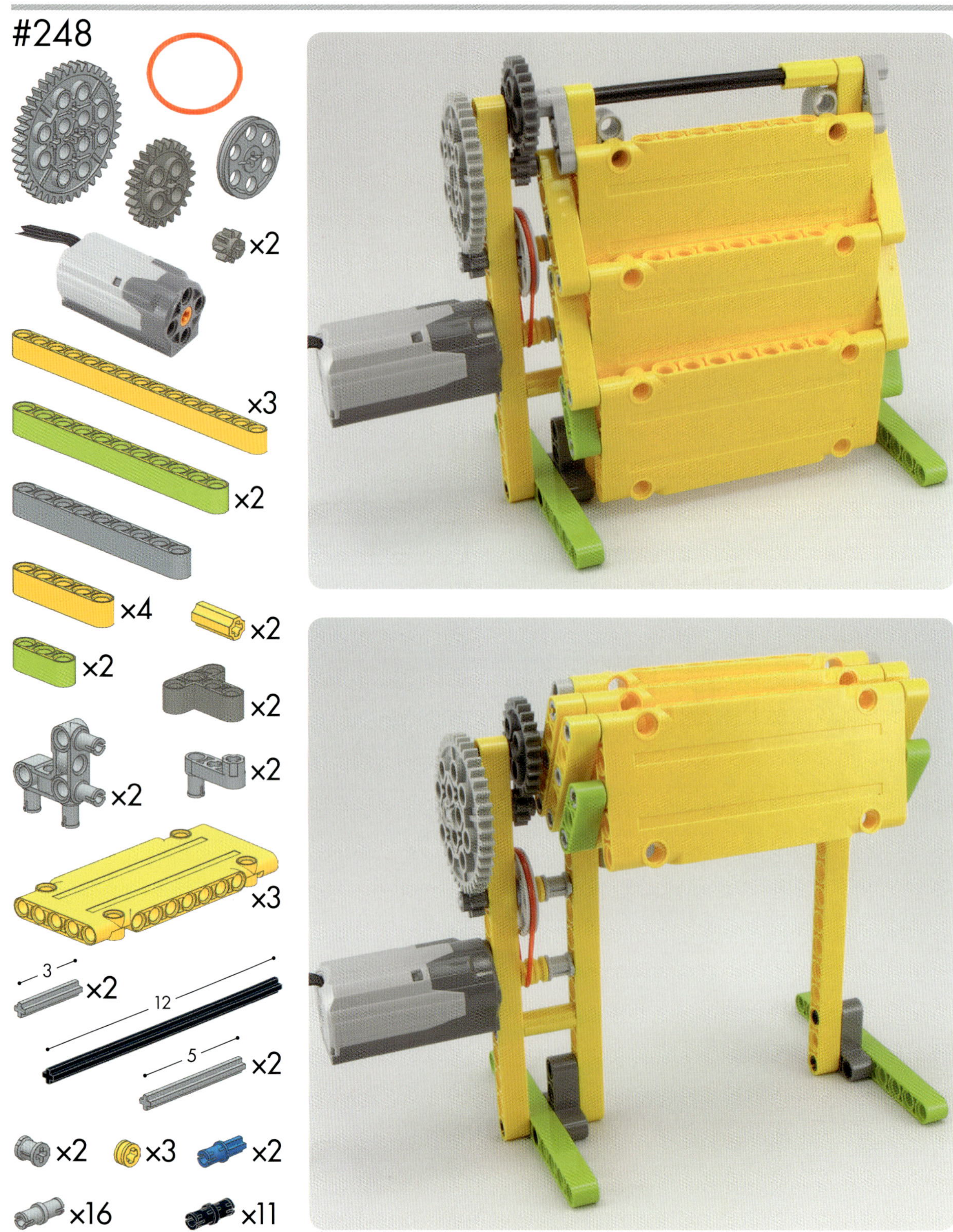

#248
×2
×3
×2
×4
×2
×2
×2
×2
×2
×3
3
×2
12
5
×2
×2
×3
×2
×16
×11

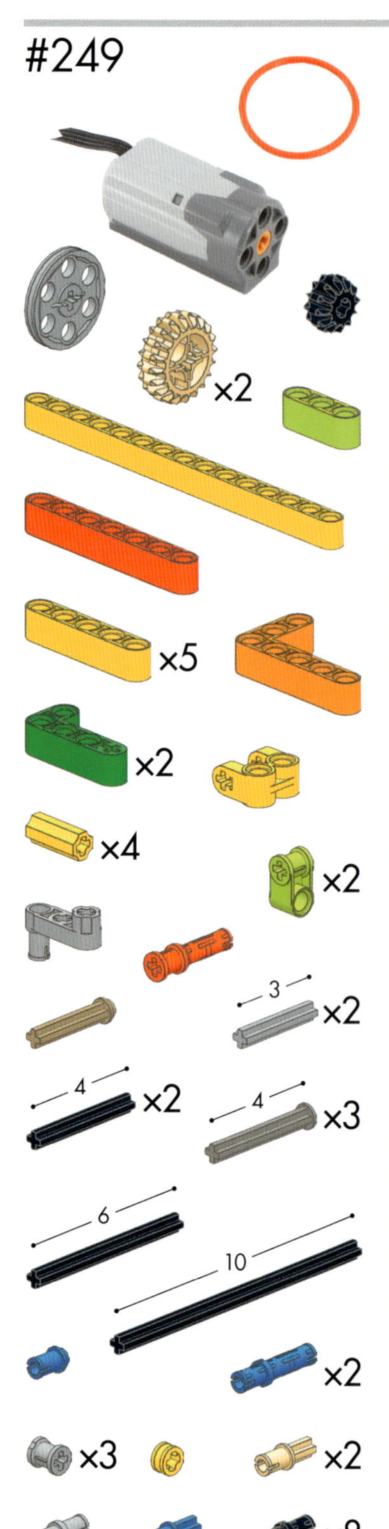

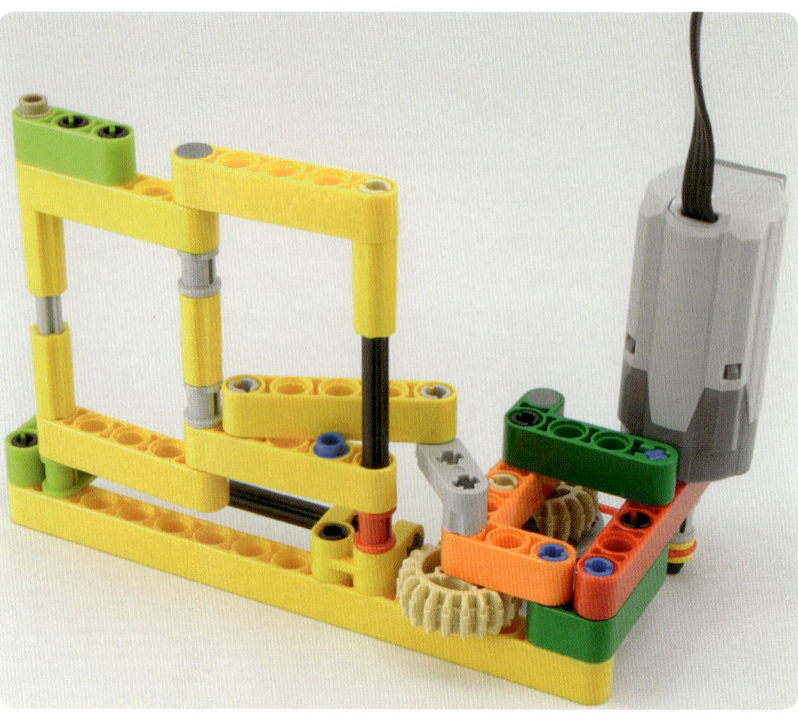

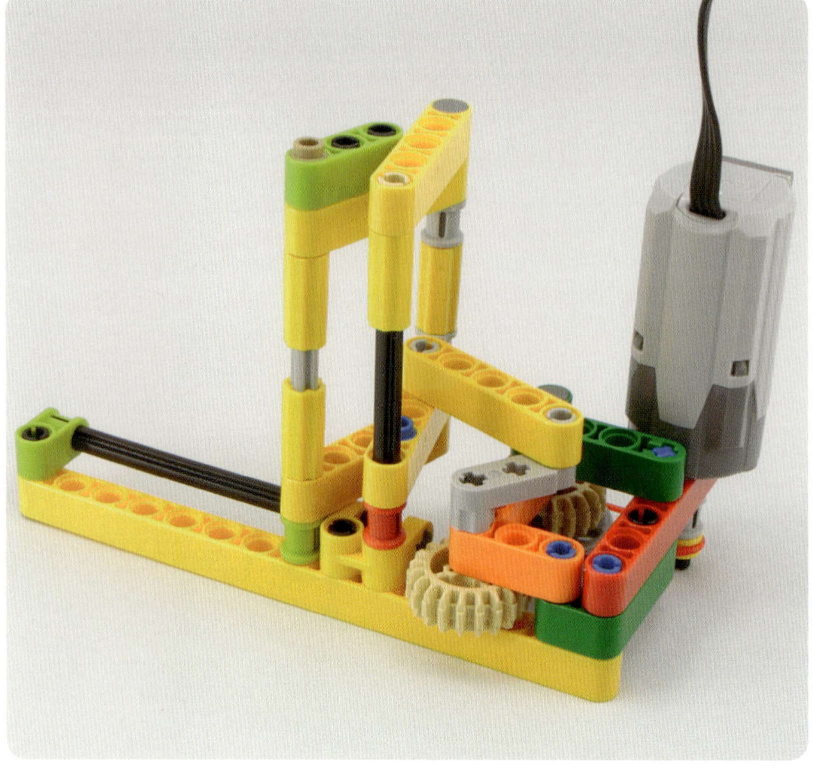

기계 팔

#250

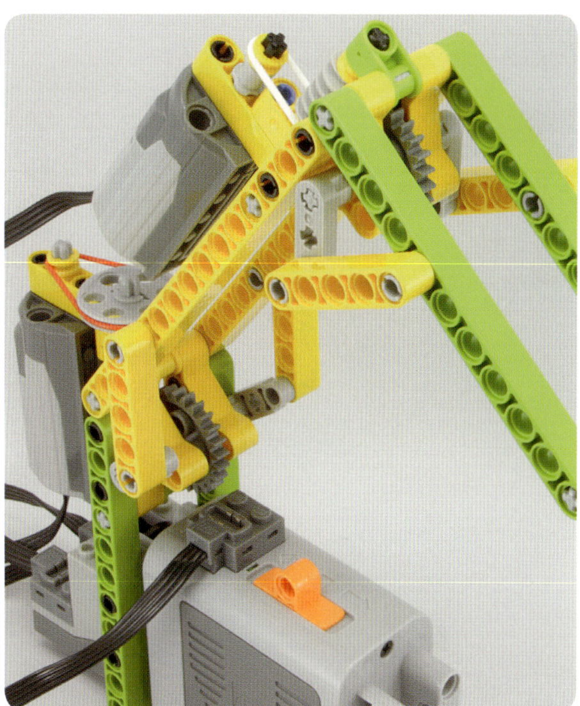

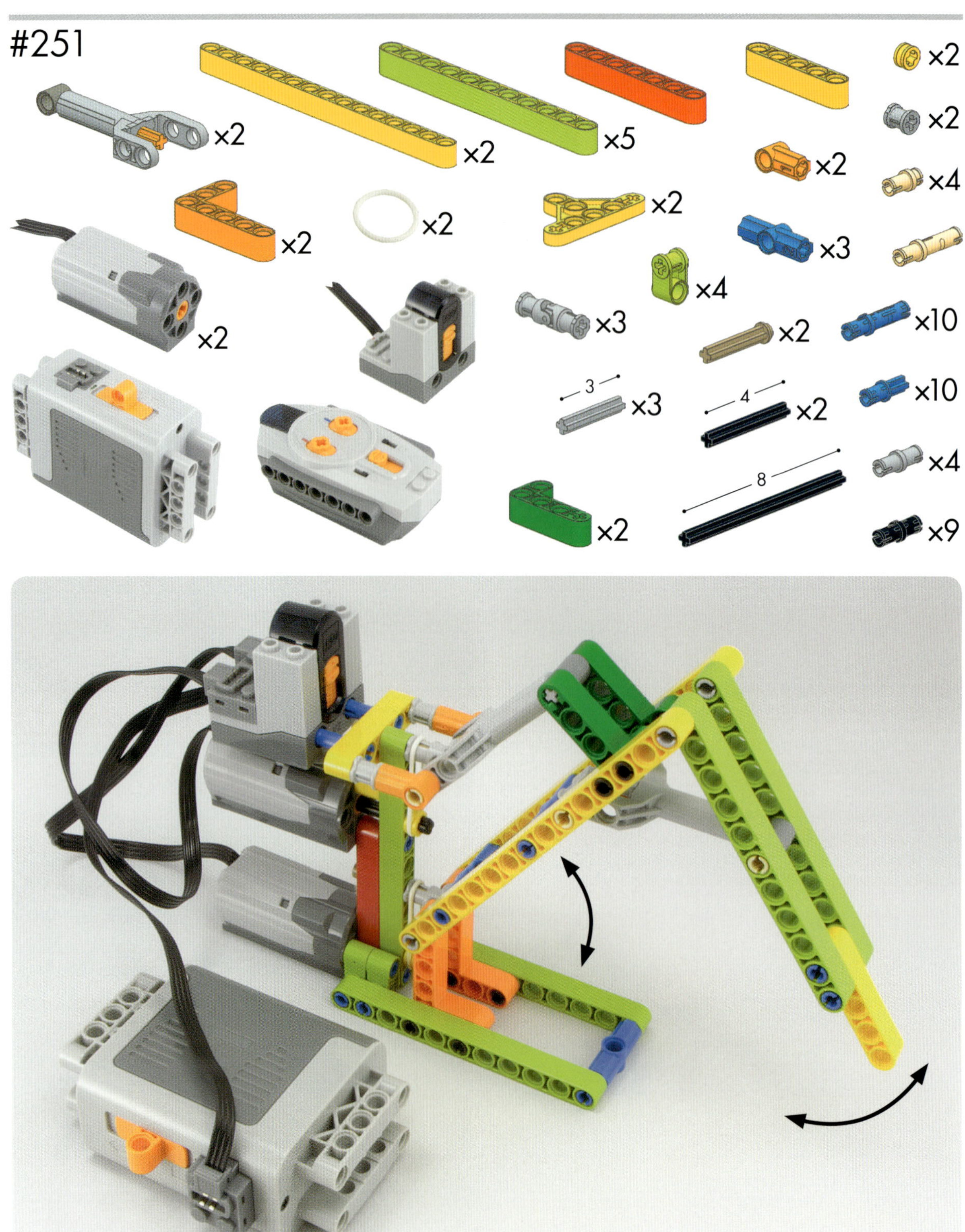

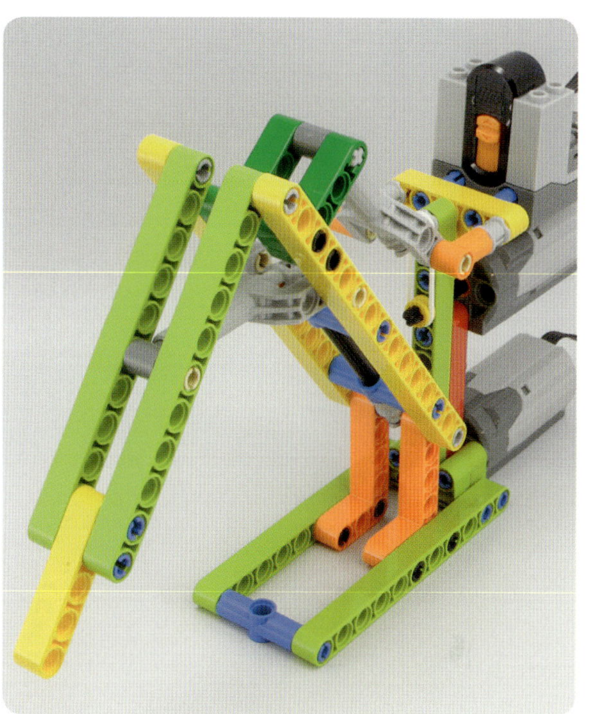

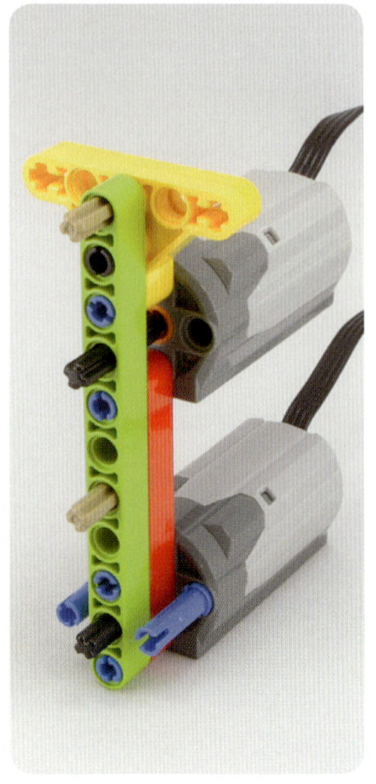

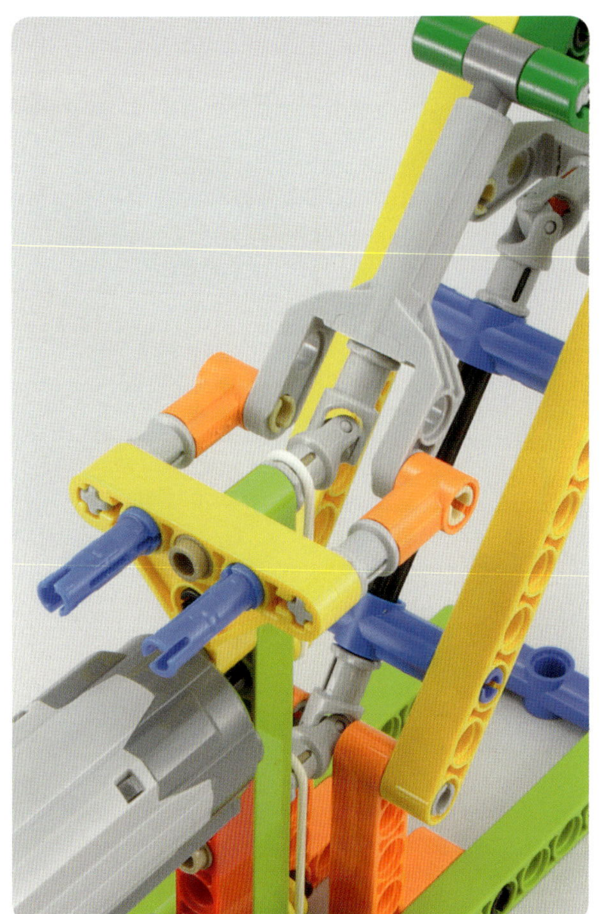

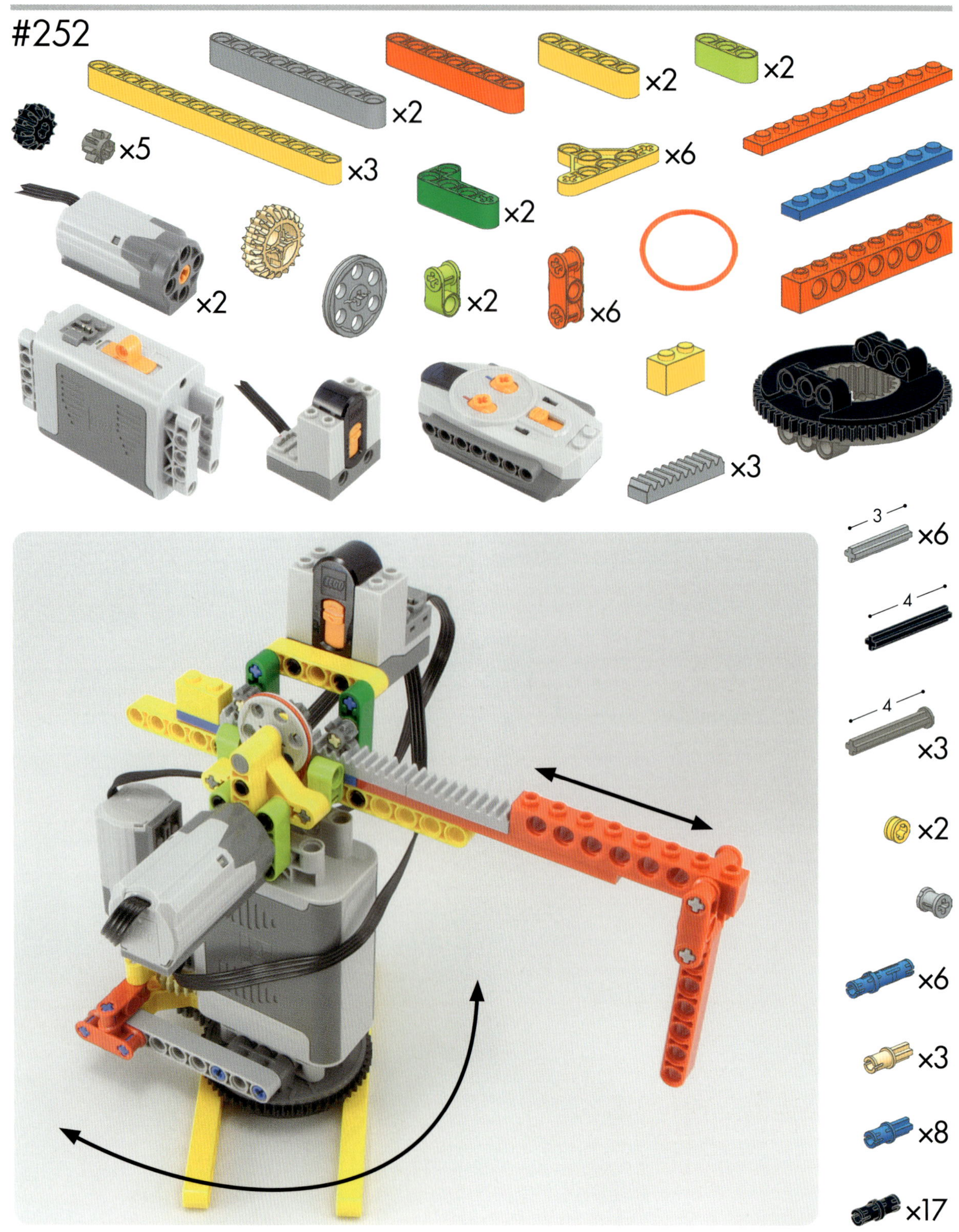

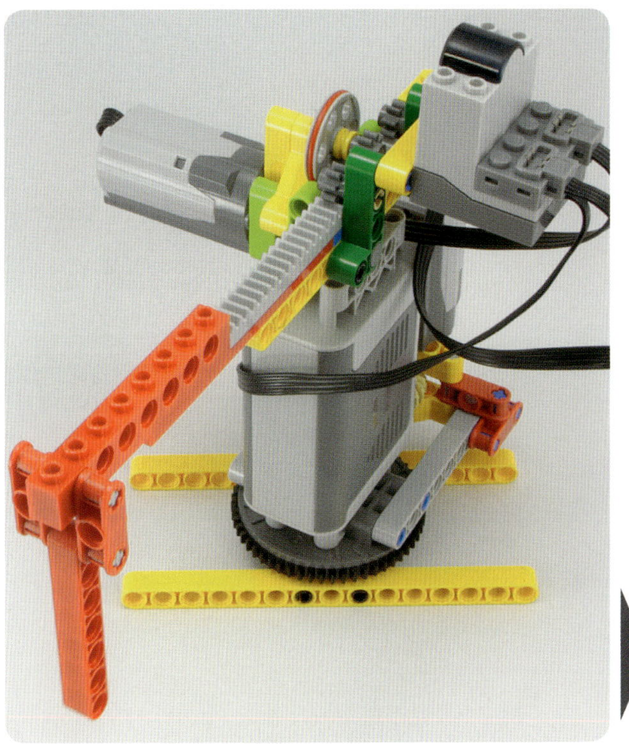

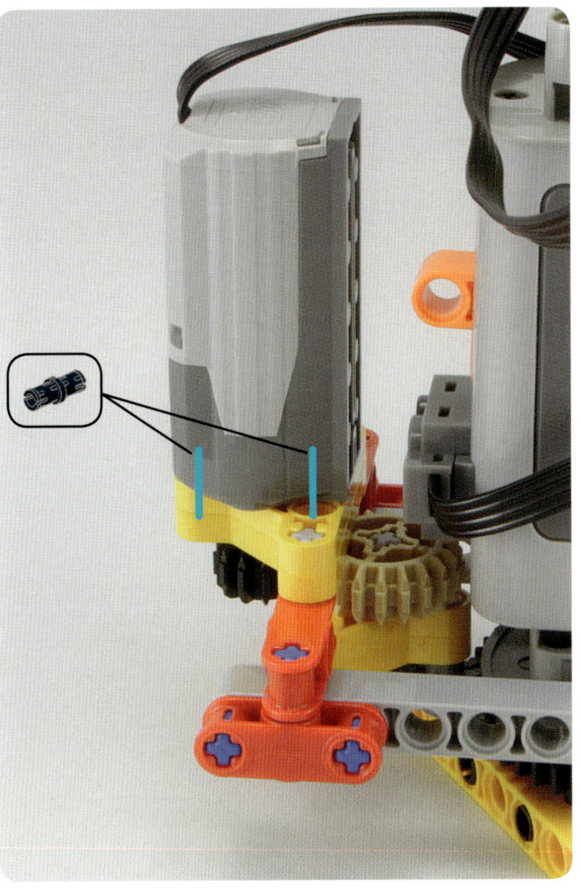

회전하는 날개

#253

×2

×3

3

×6

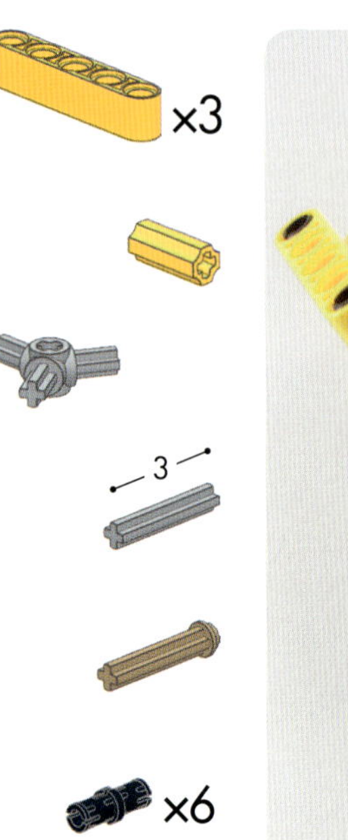

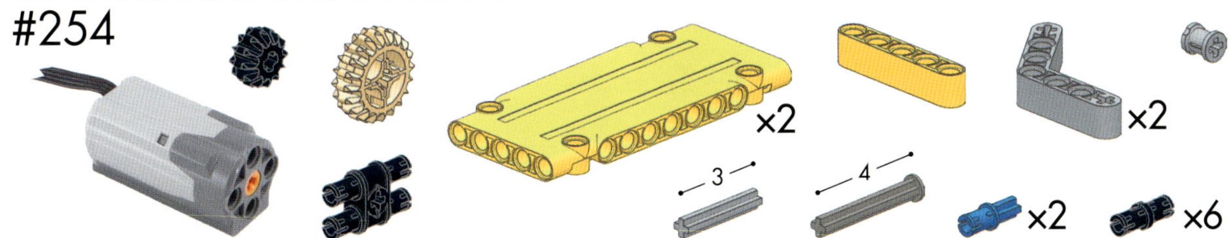

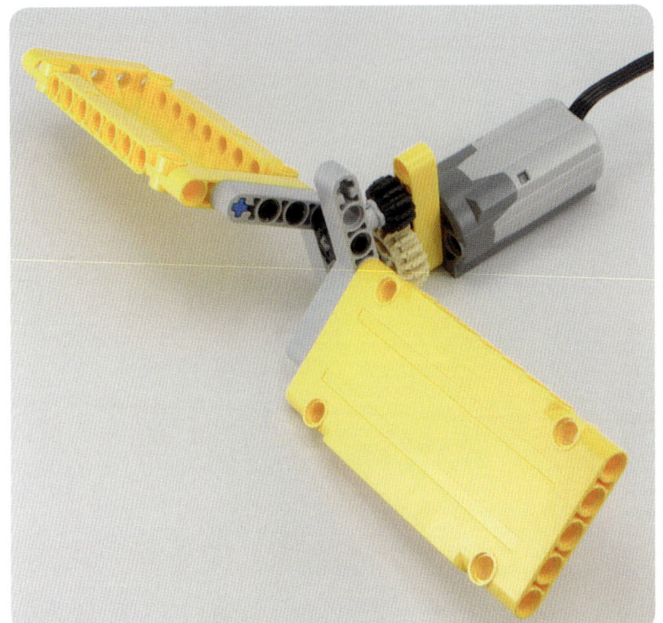

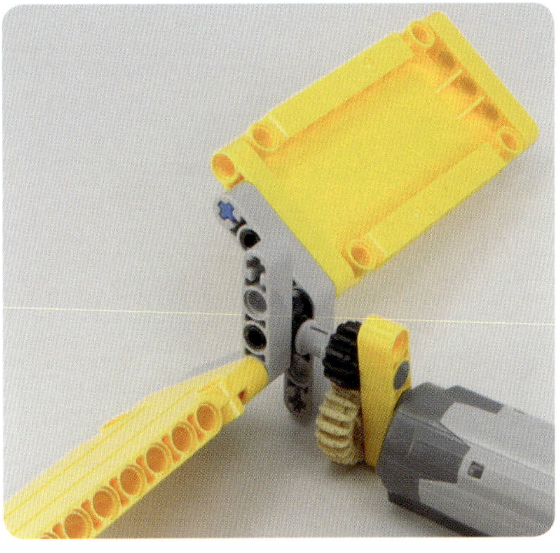

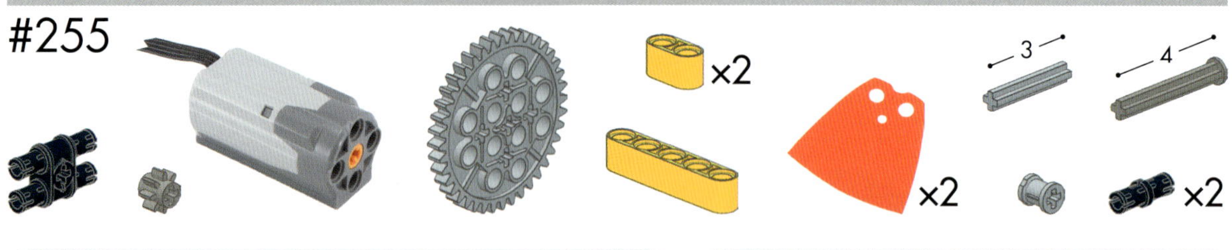

#255

#256

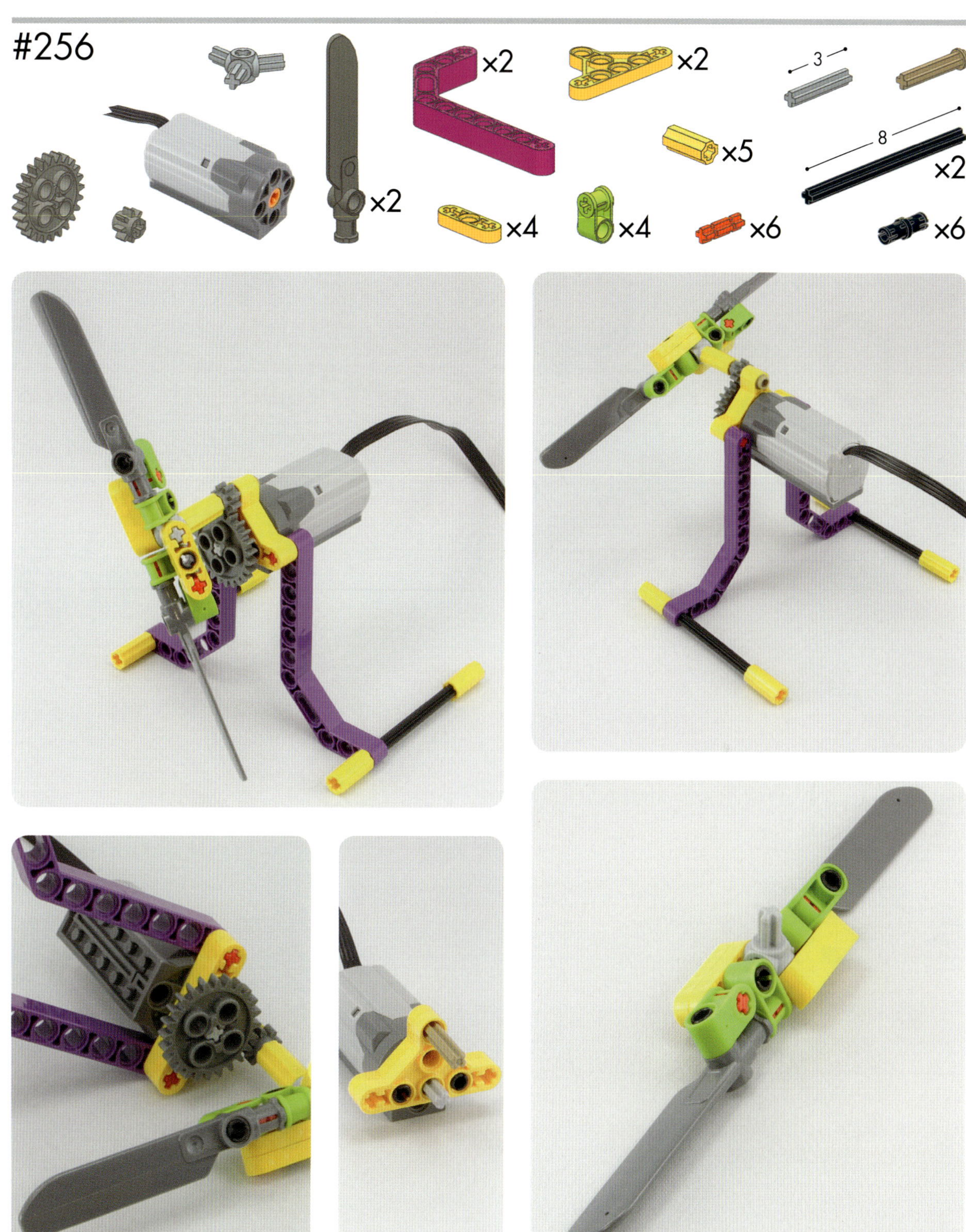

#257

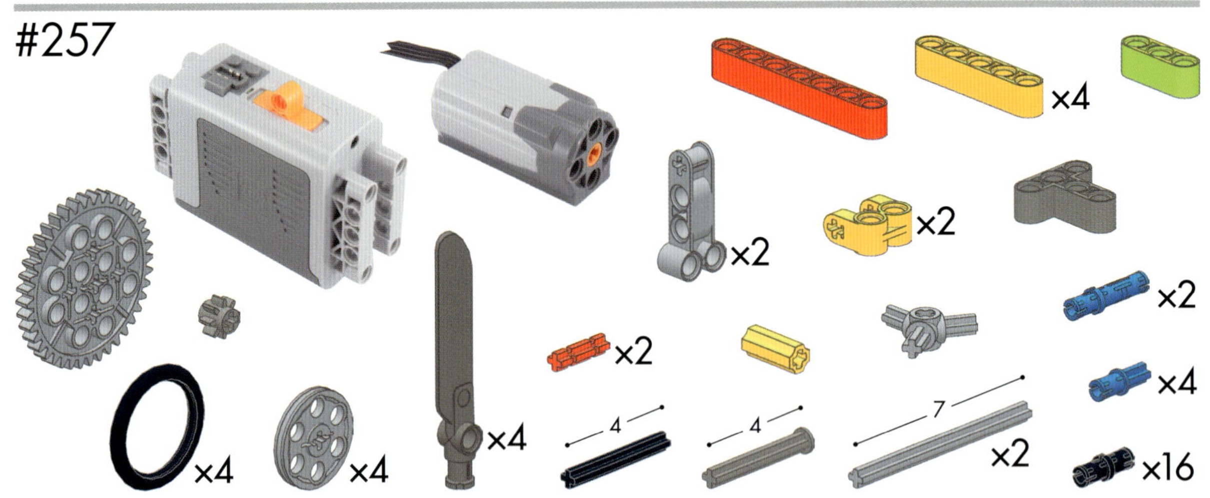

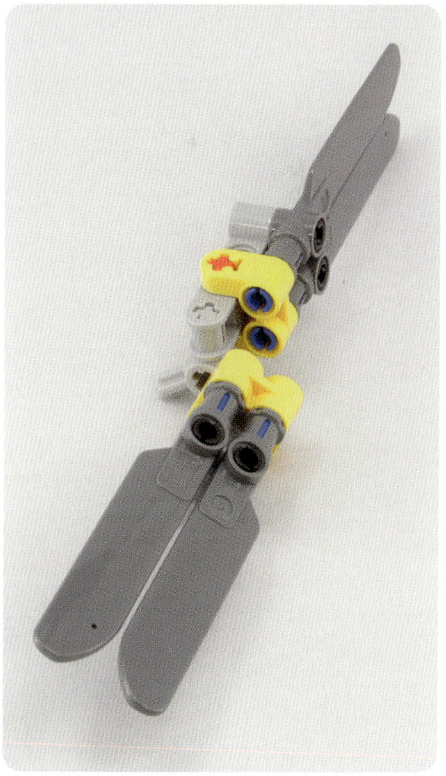

#258

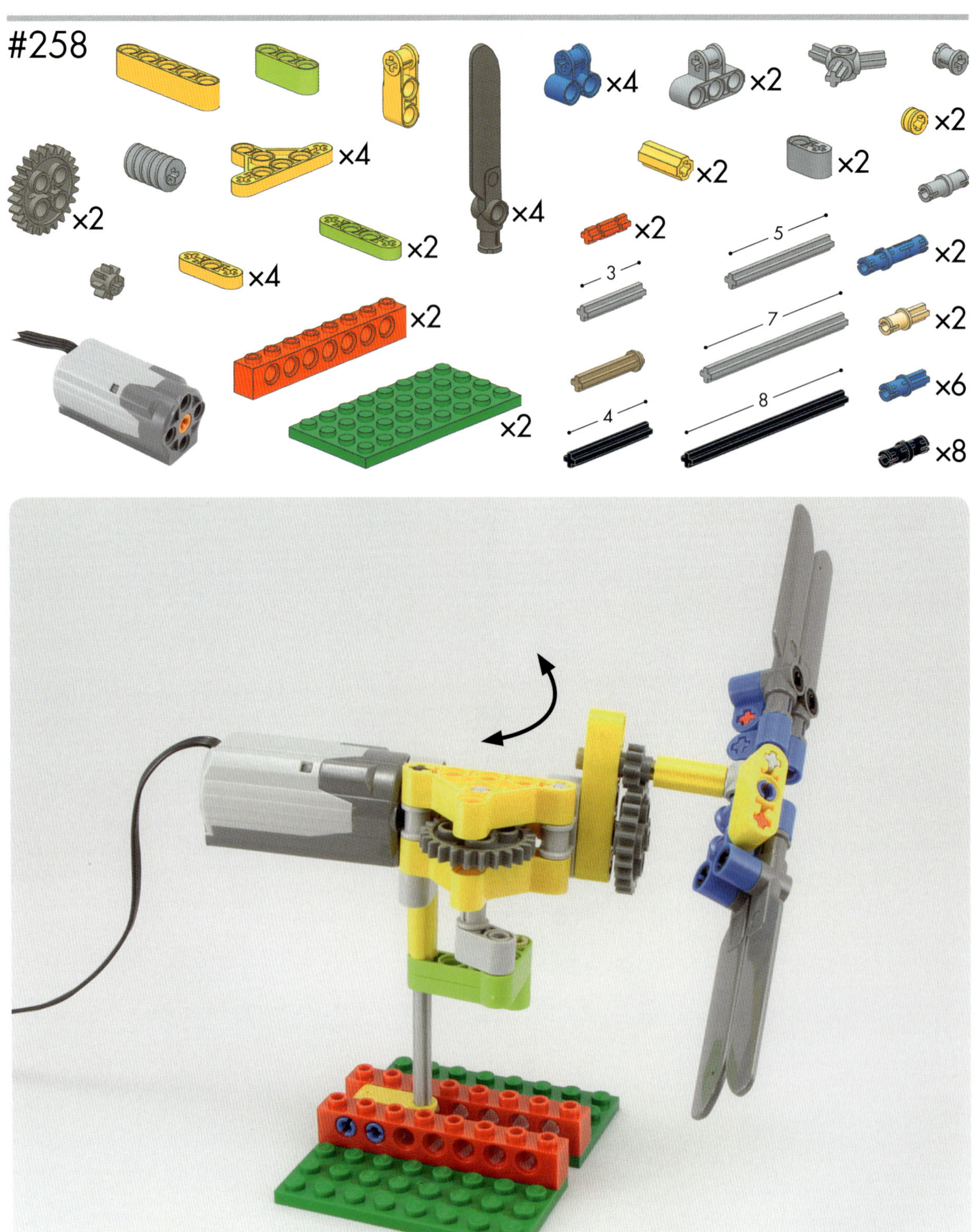

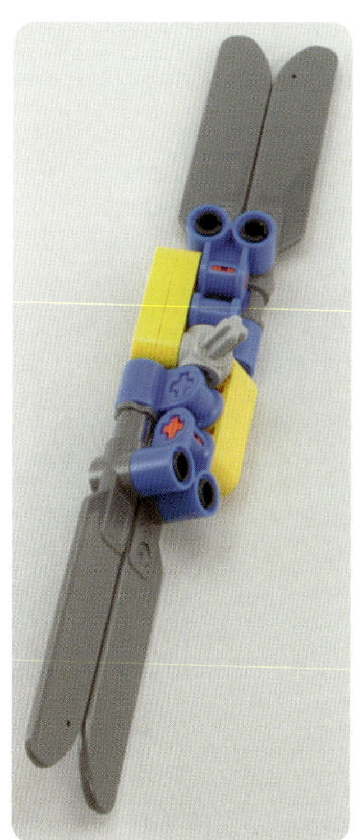

#259

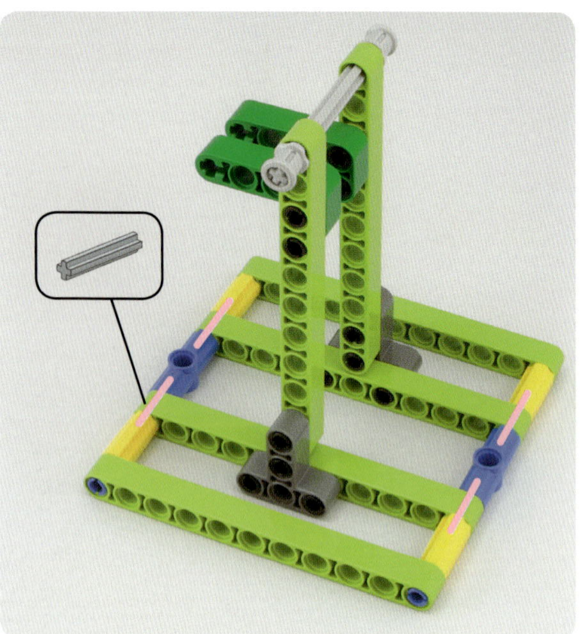
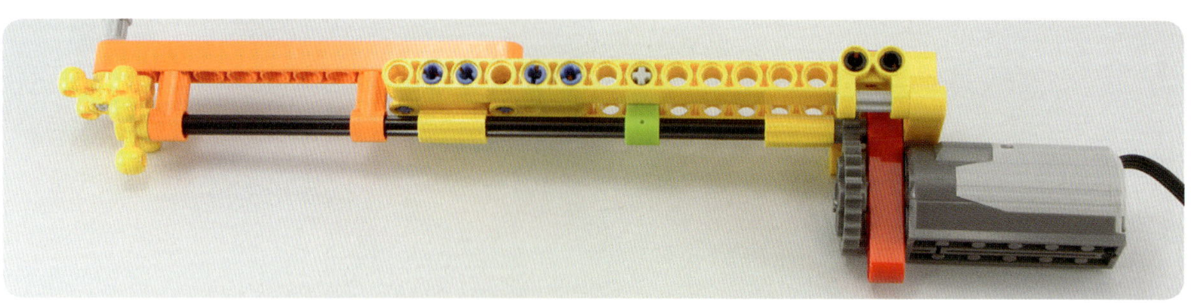
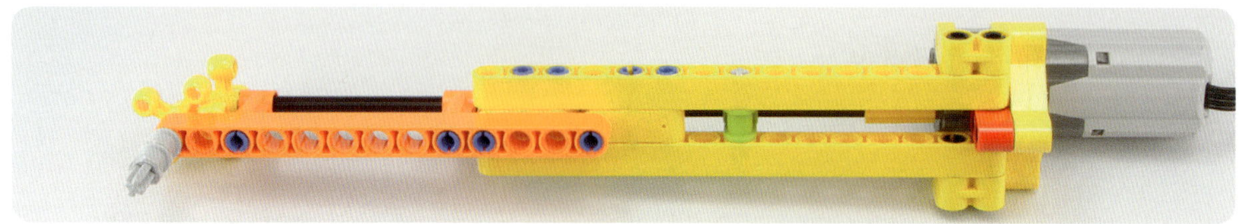
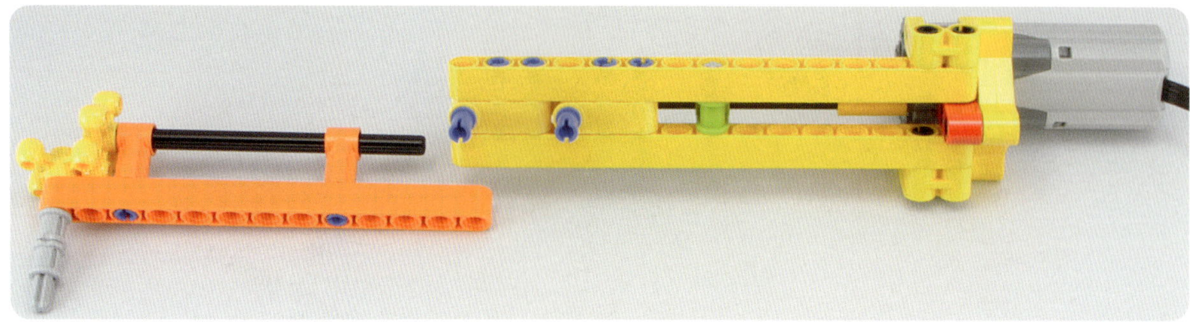

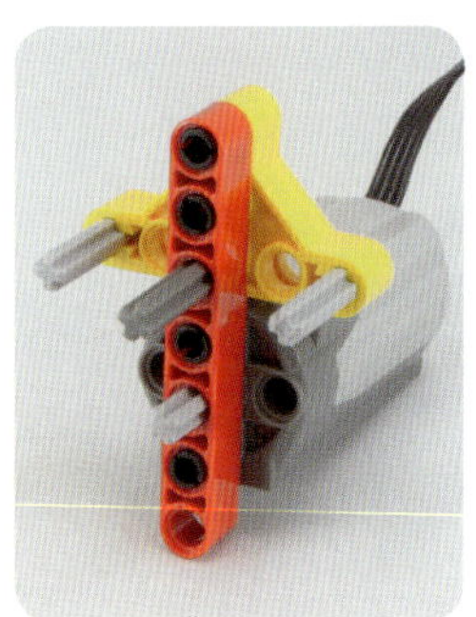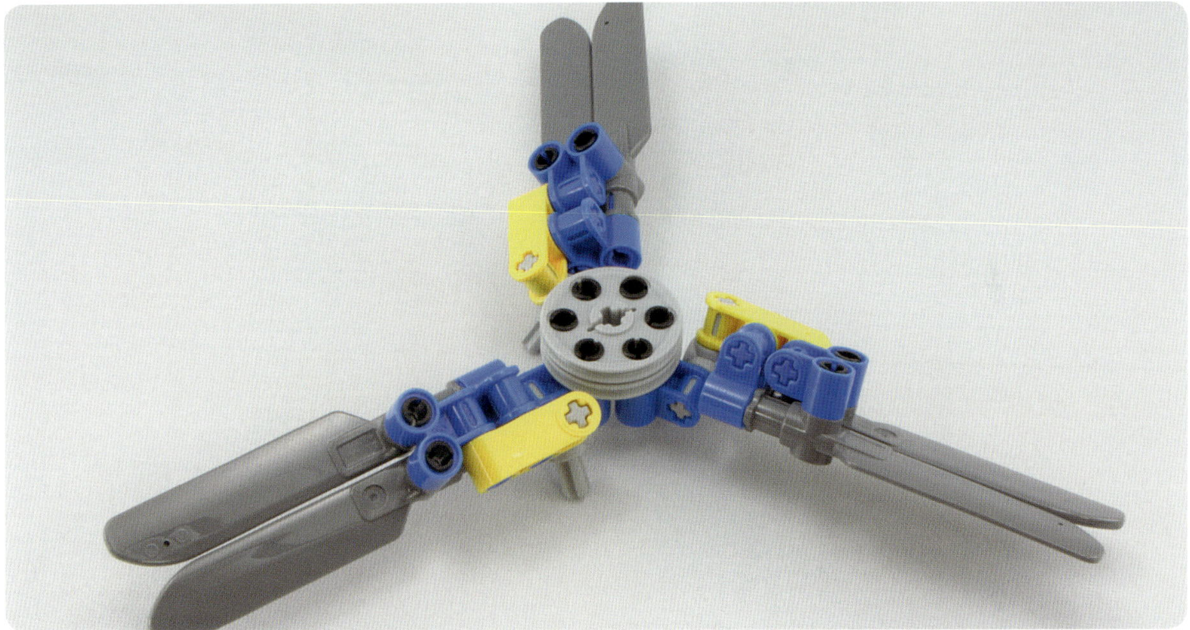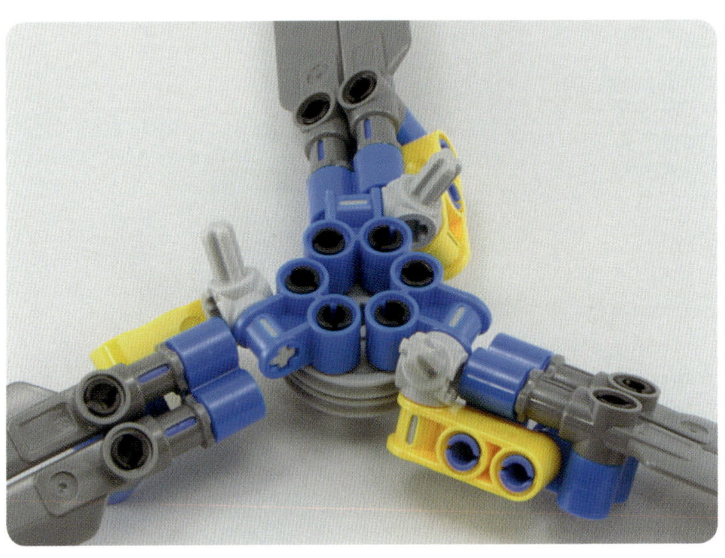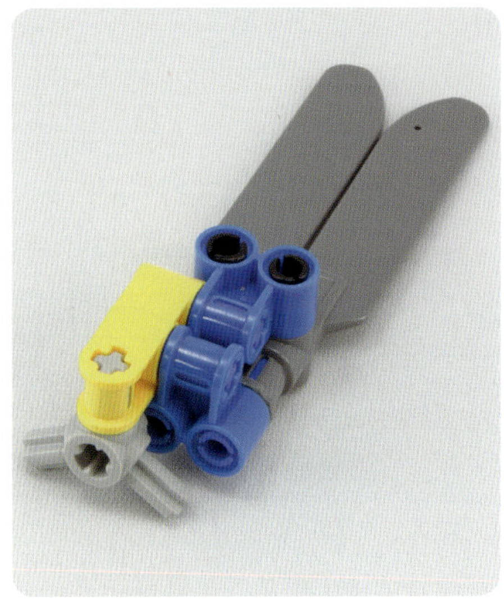

그림을 그리는 재미있는 장치

×2

×2

×2

×4

×4

- 3 -

- 4 -

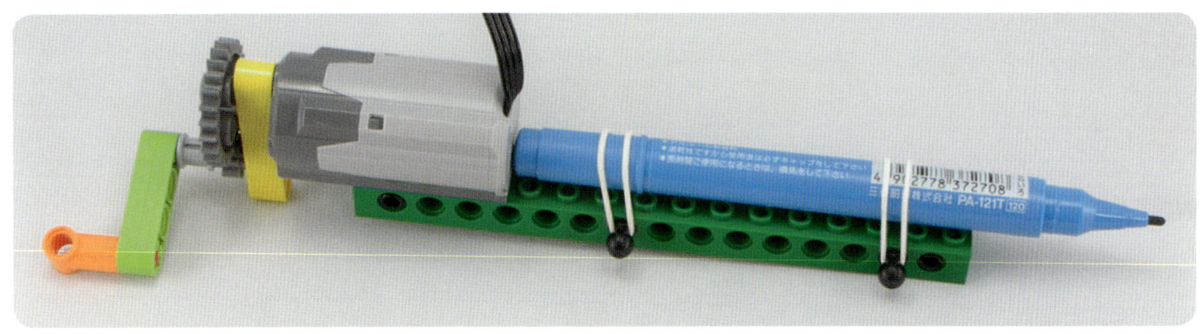

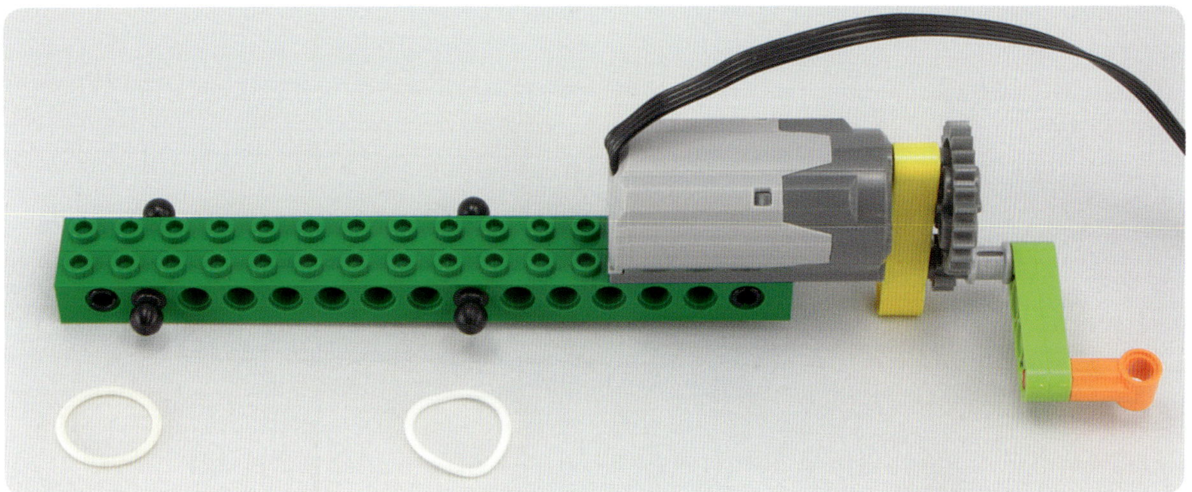

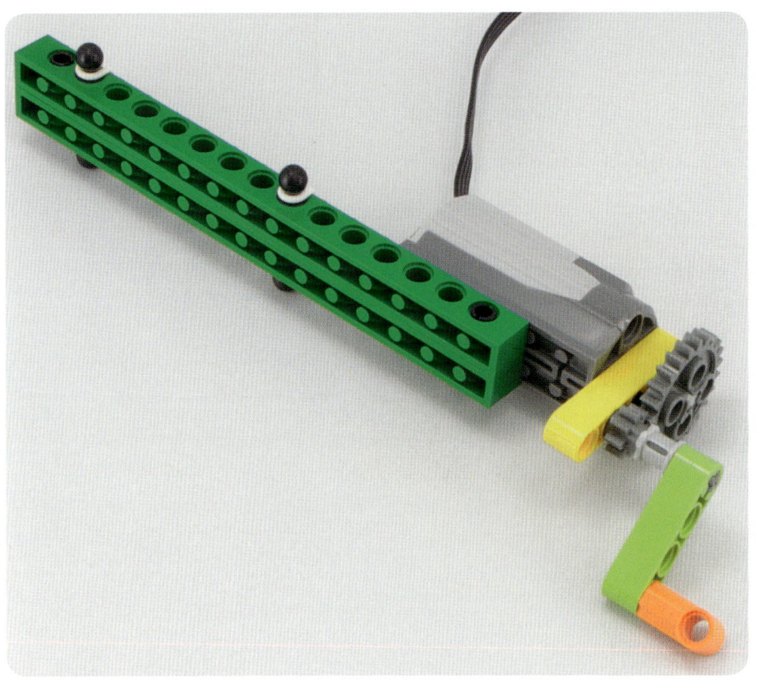

#261

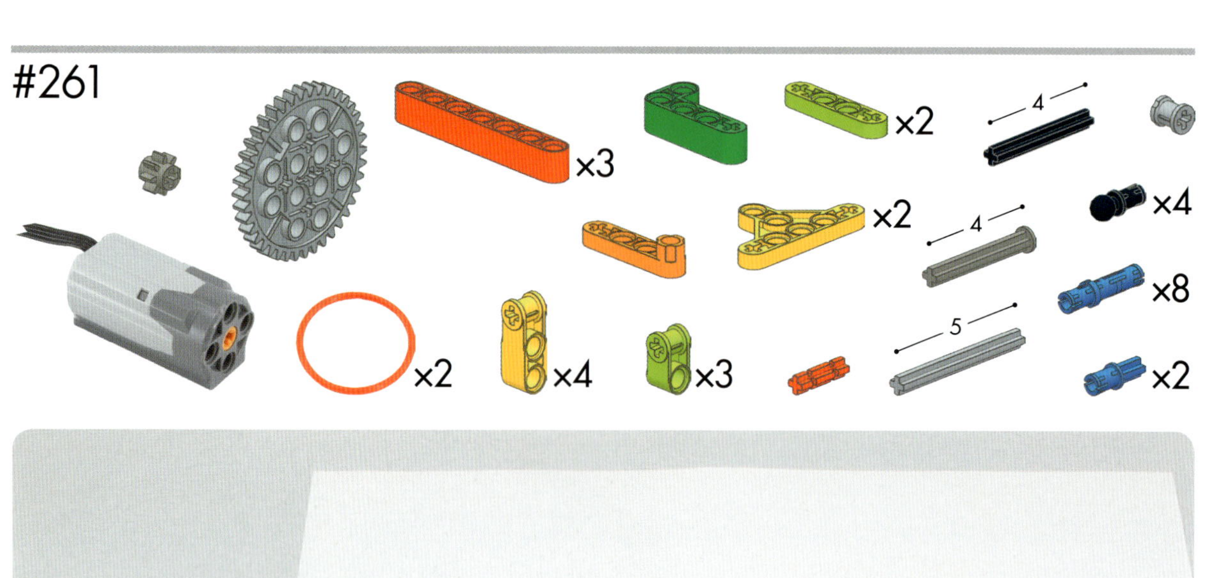

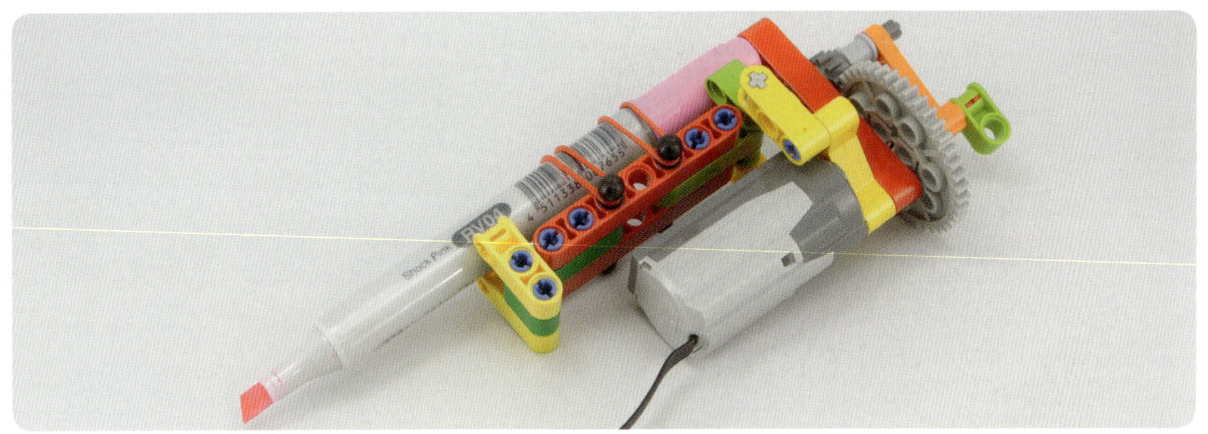

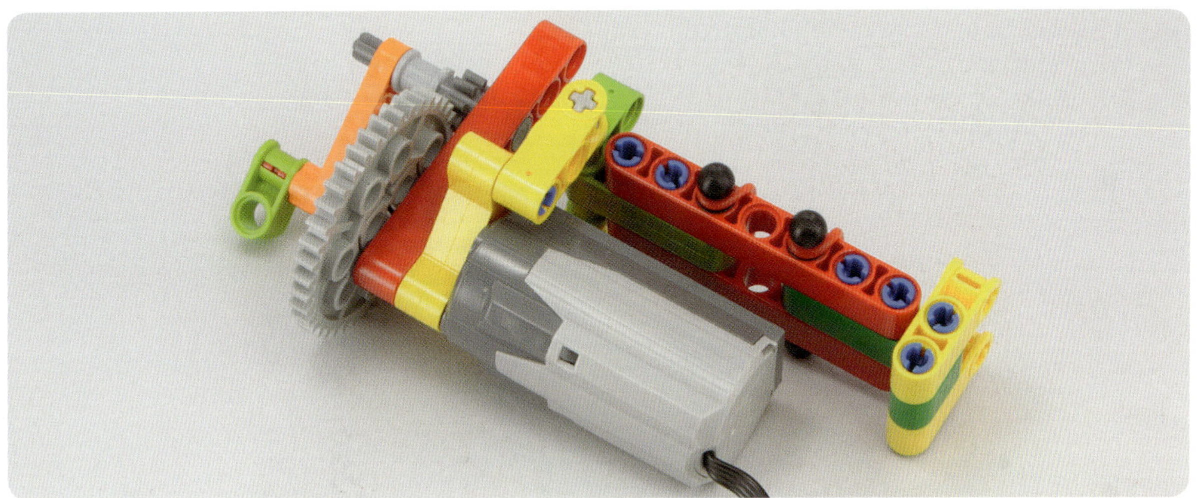

#262

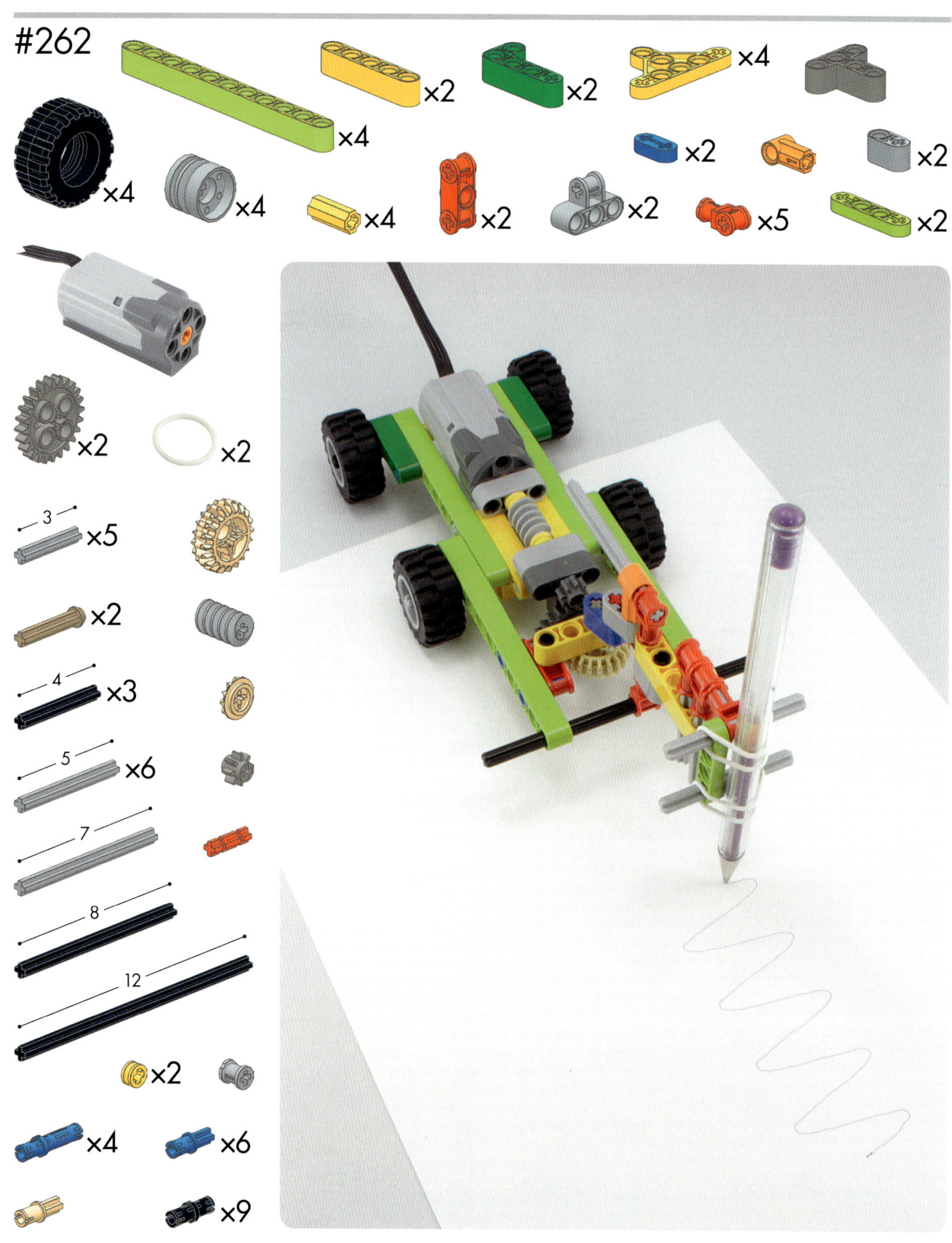

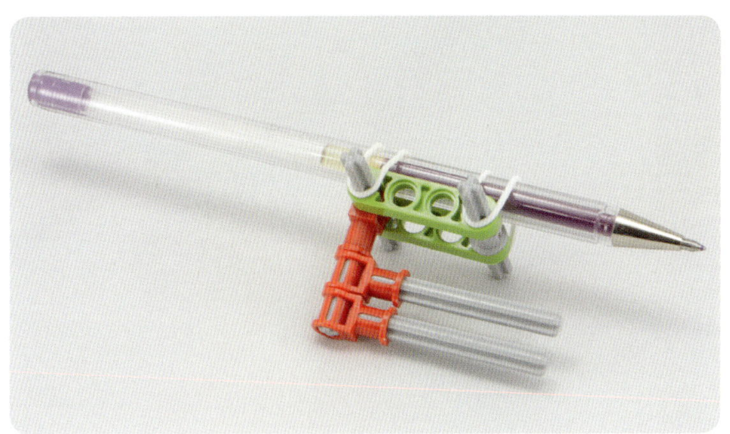

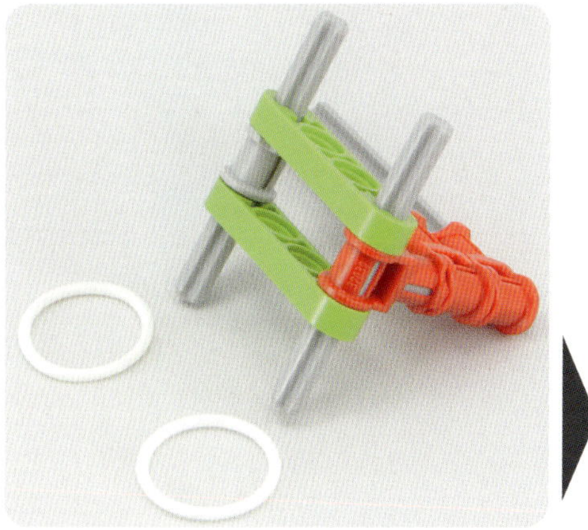

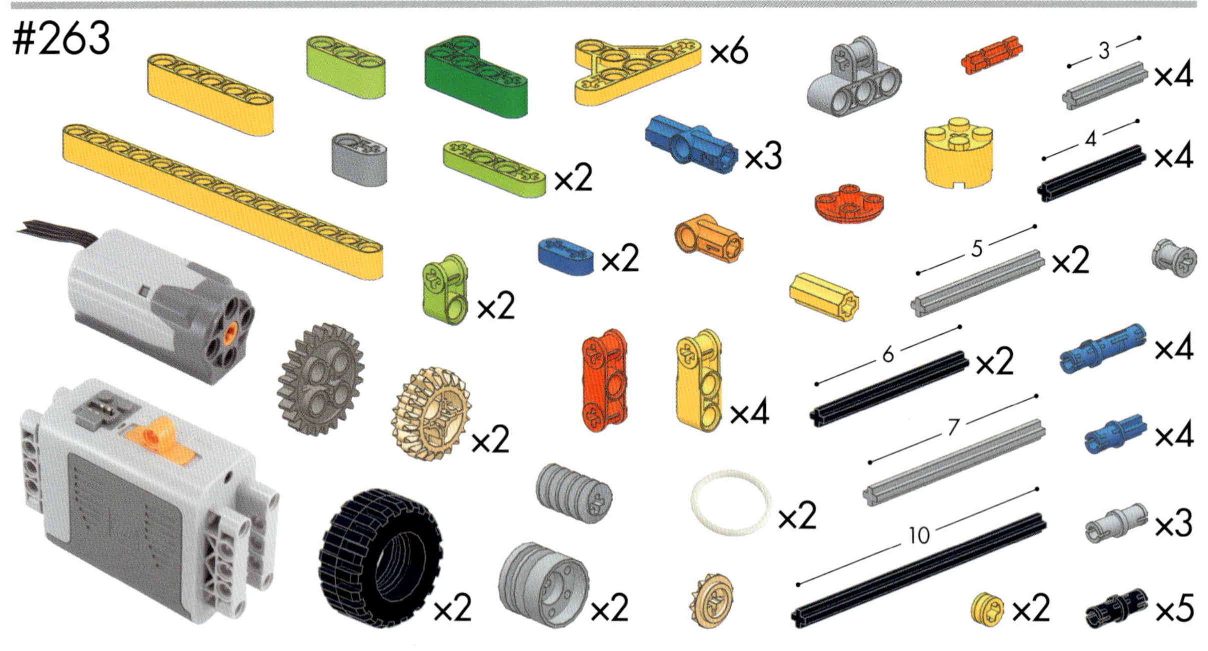

#263

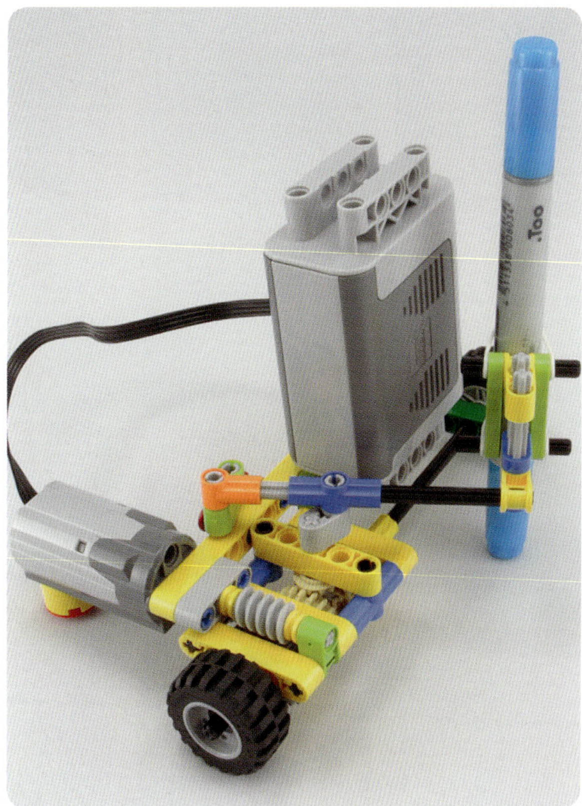

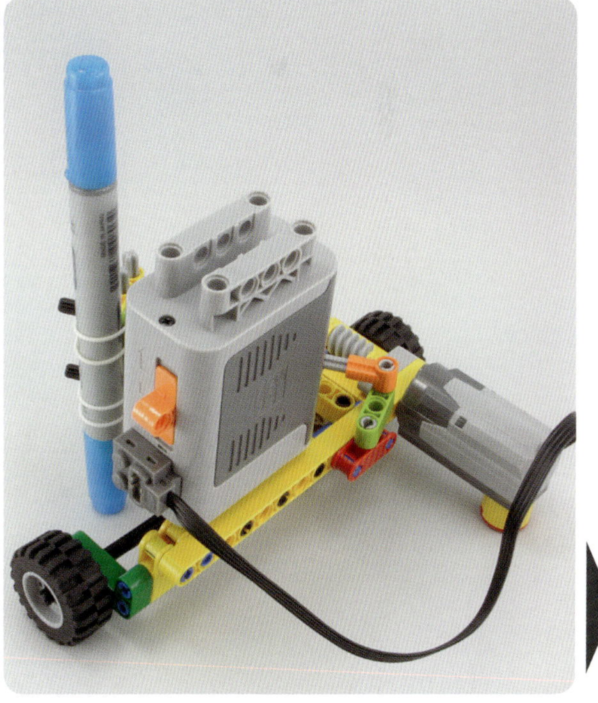

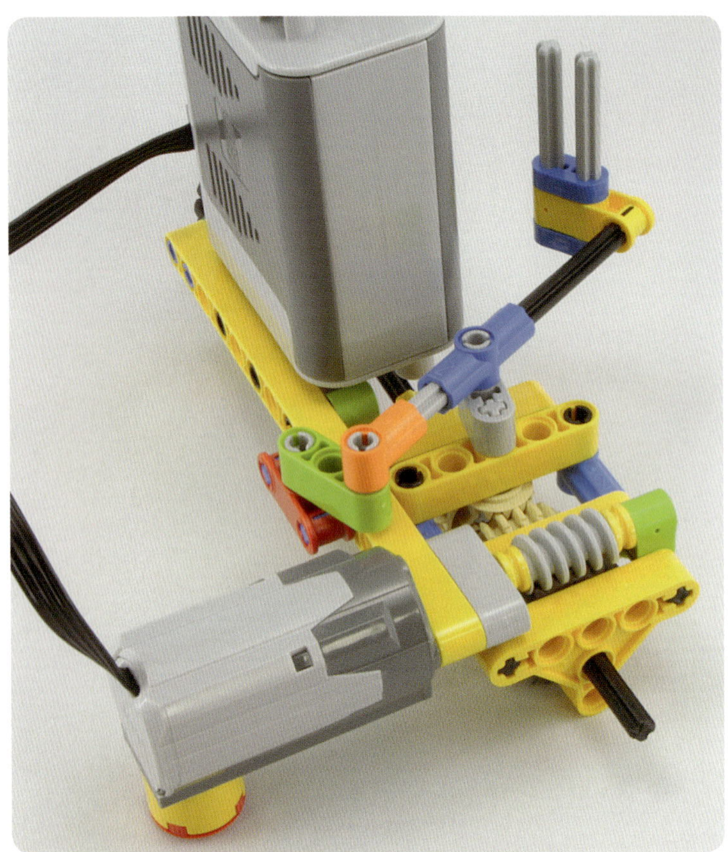

#264

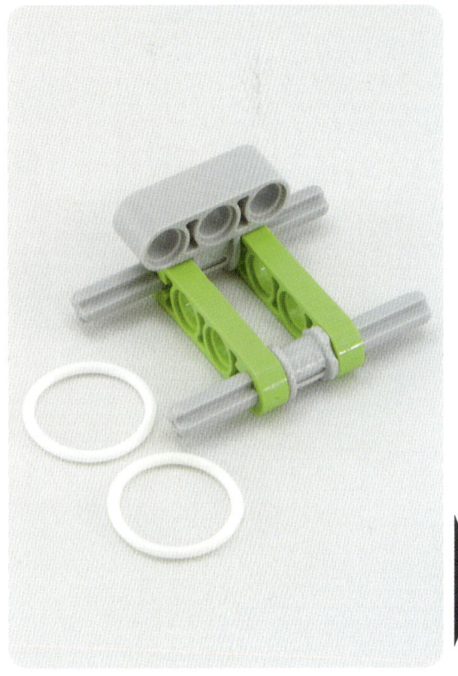

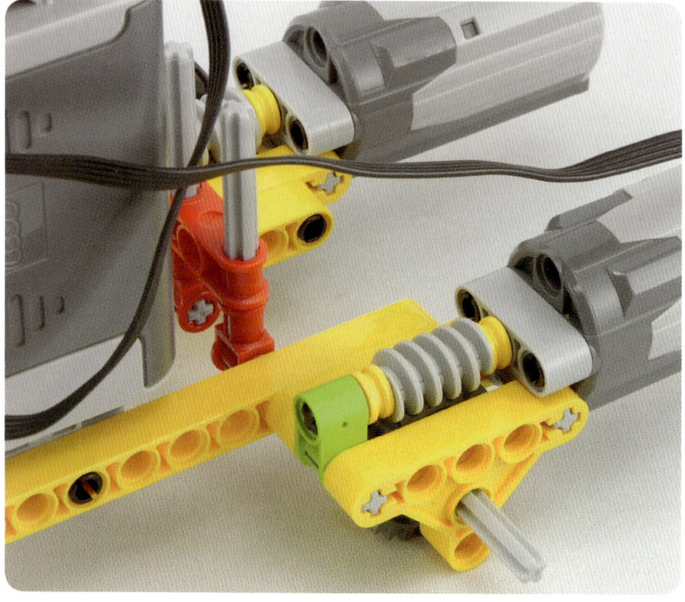

#265

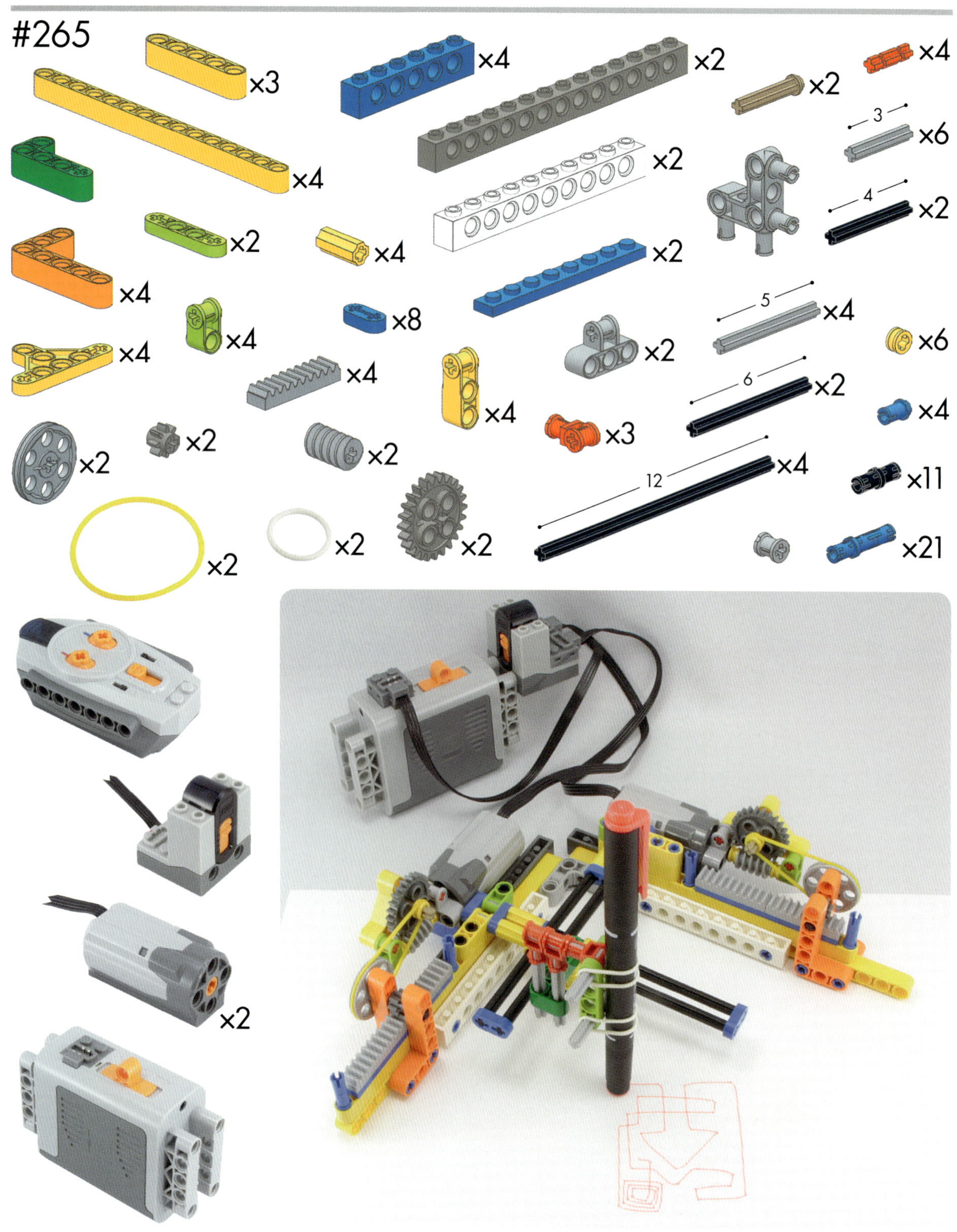

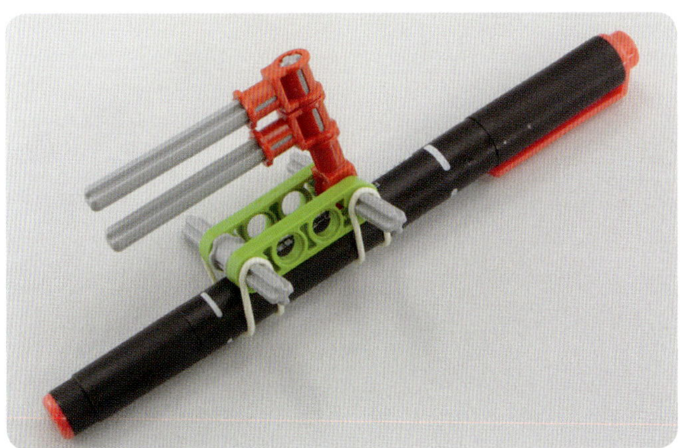

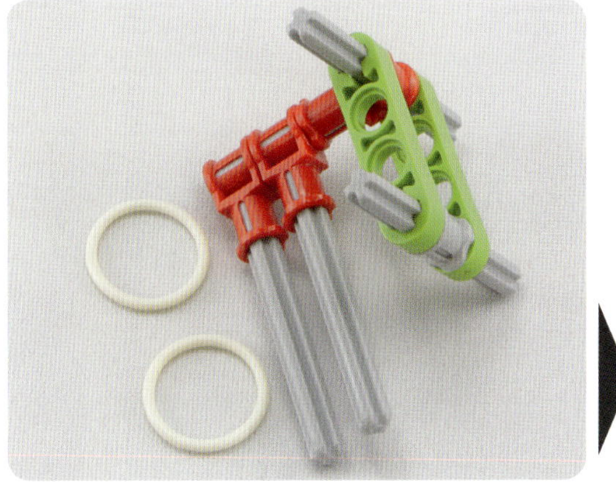

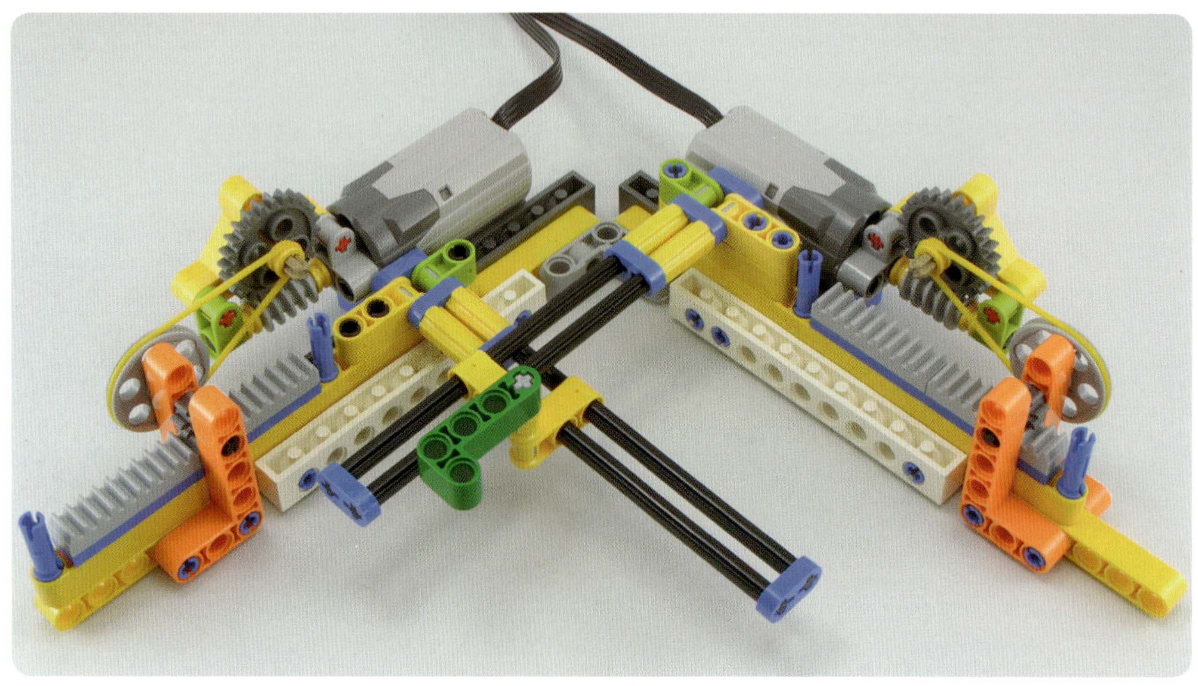

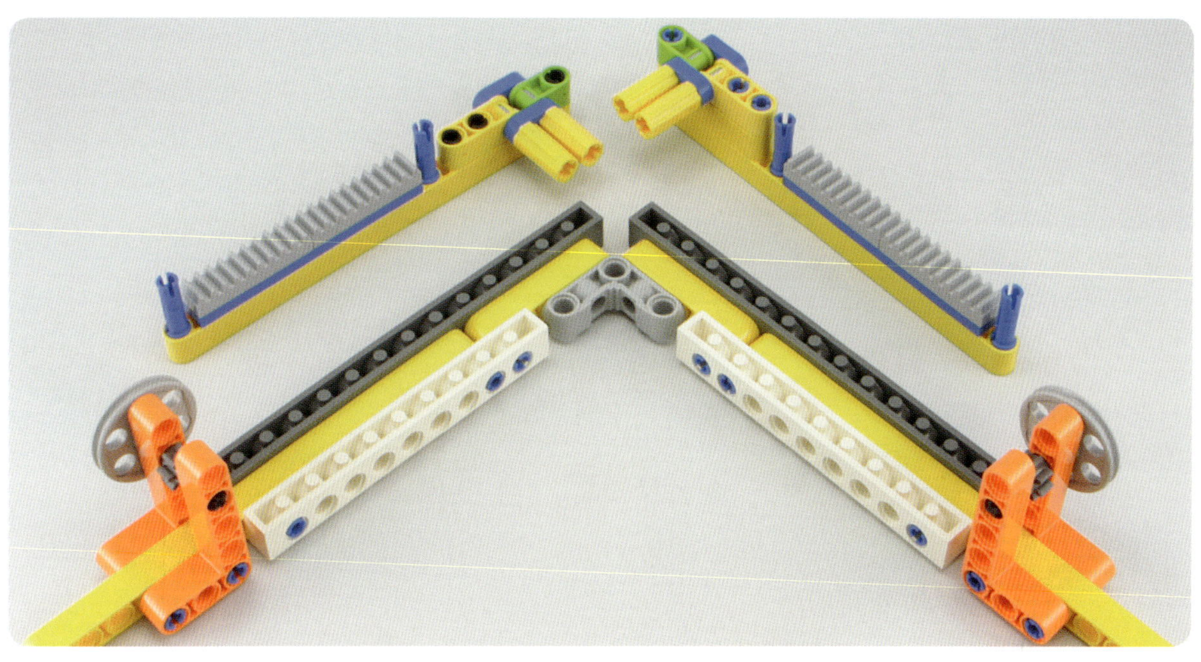

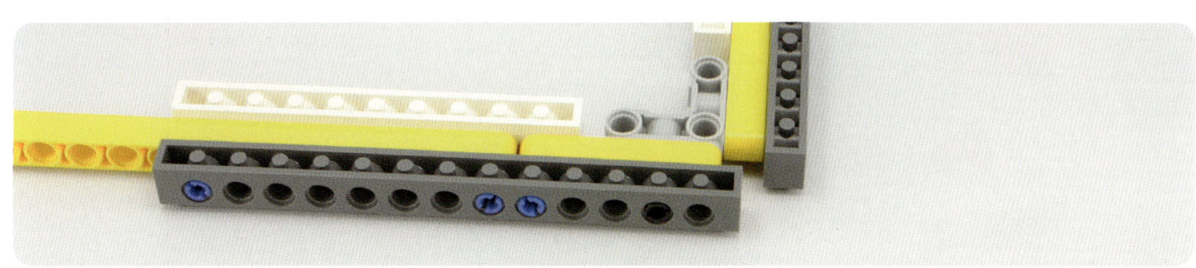

회전 운동을 이용한 복잡하고 재미있는 움직임

#266

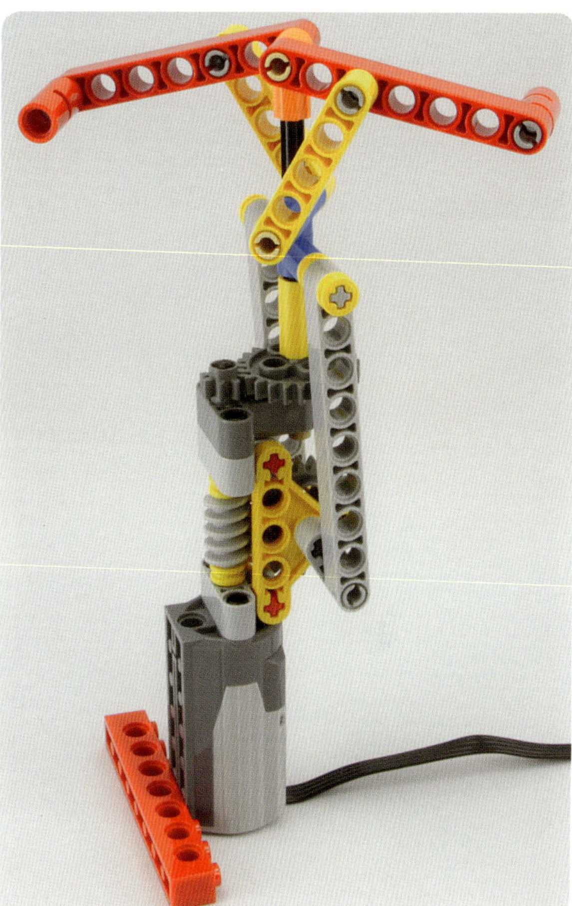

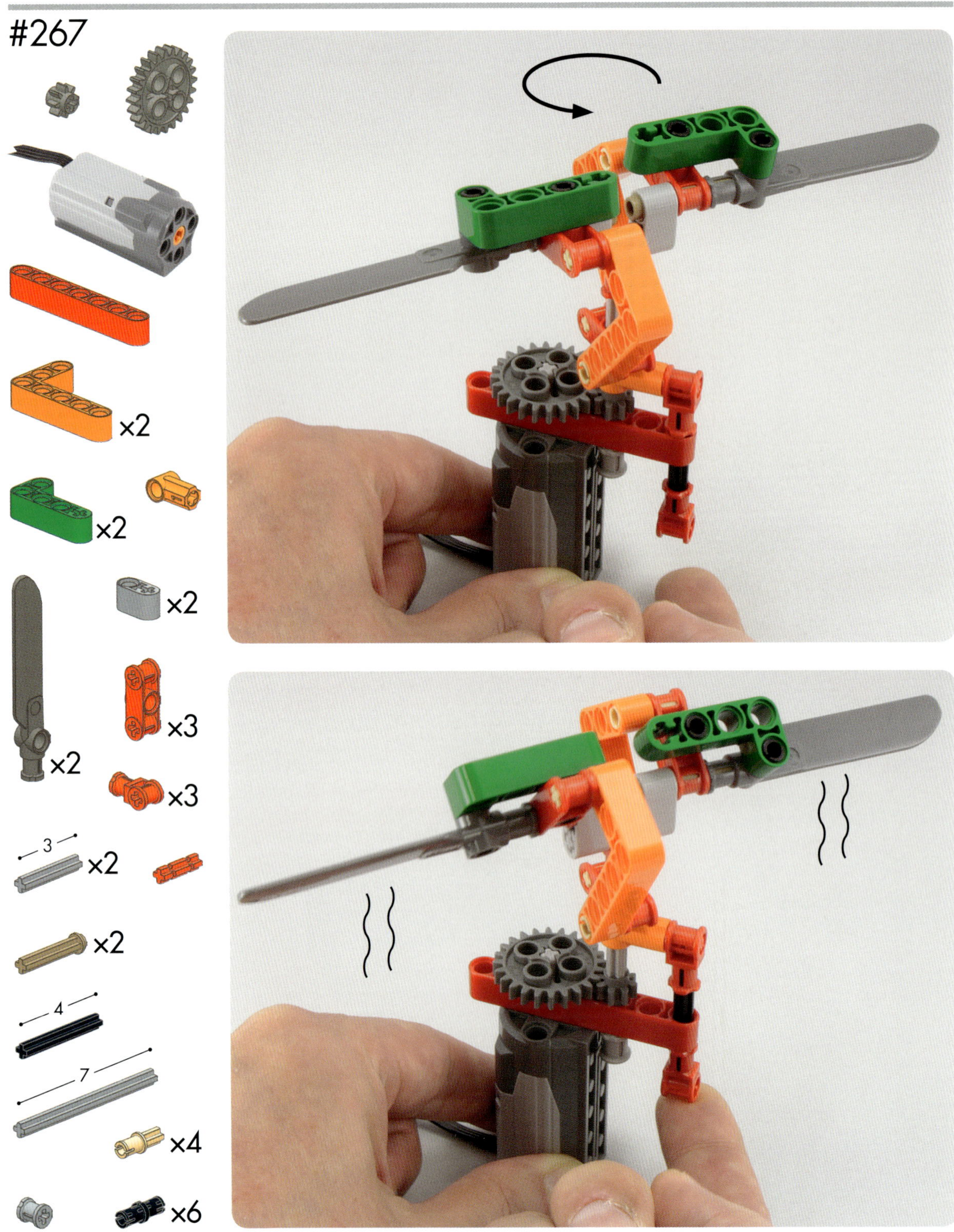

#267
×2
×2
×2
×3
×2
×3
3
×2
×2
4
7
×4
×6

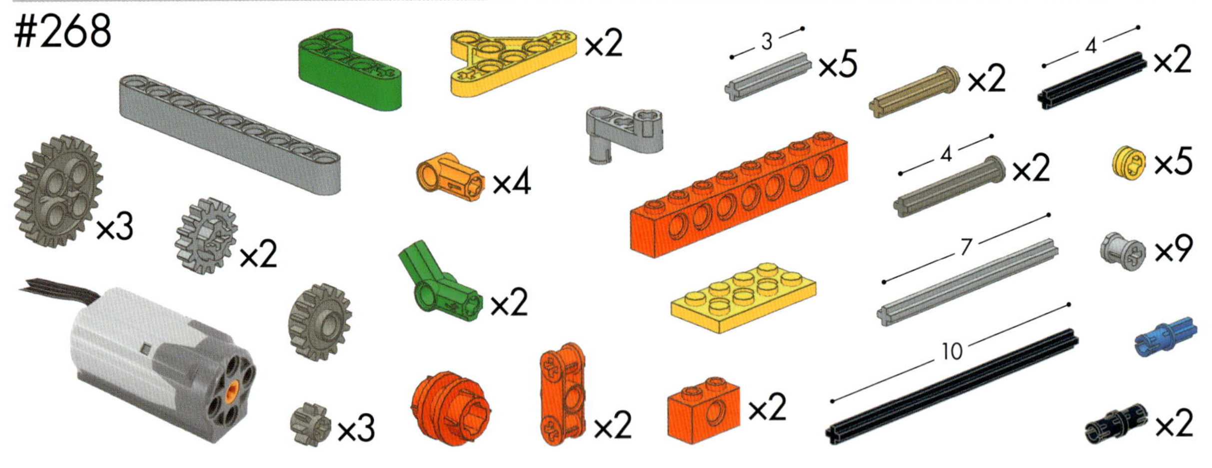

#268
×2
×2
3
×5
×2
4
×2
×3
×2
×4
4
×2
×5
×2
7
×9
×3
×2
×2
10
×2
×2

#269

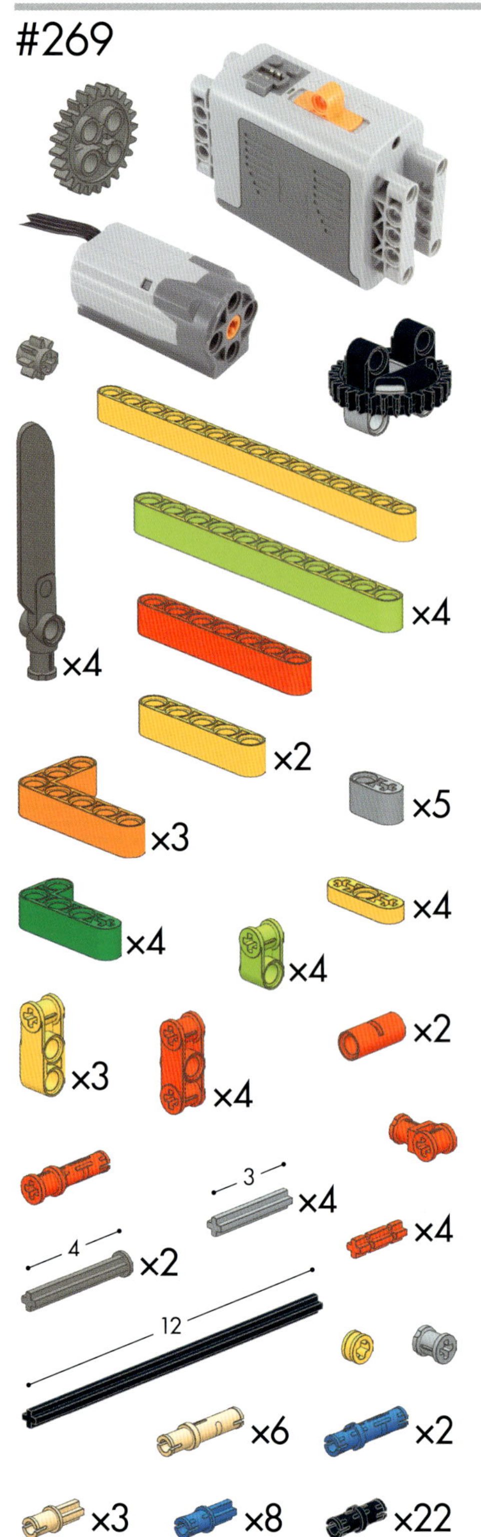

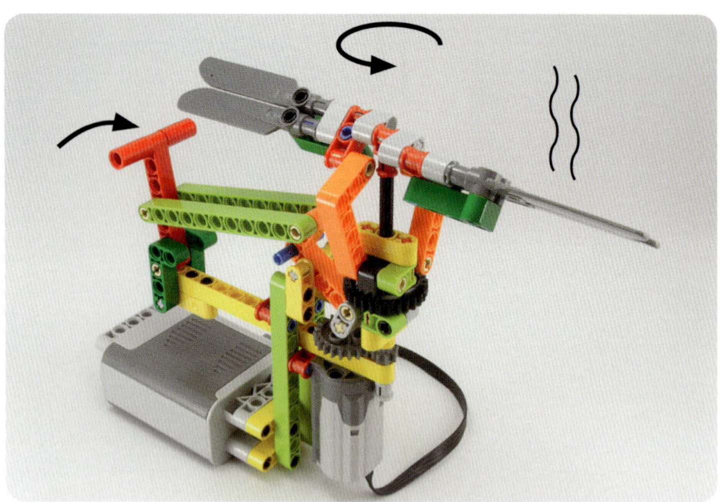

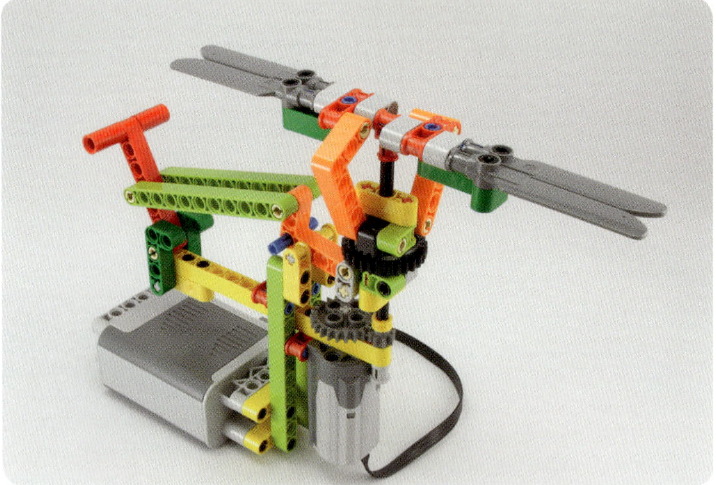

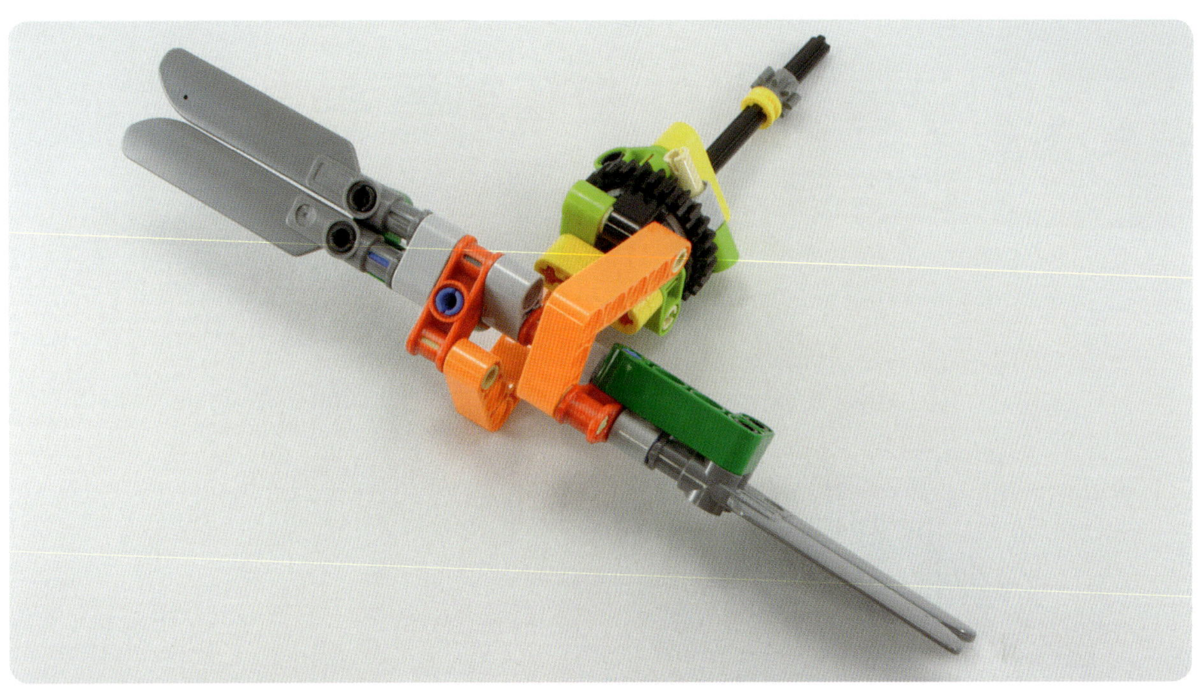

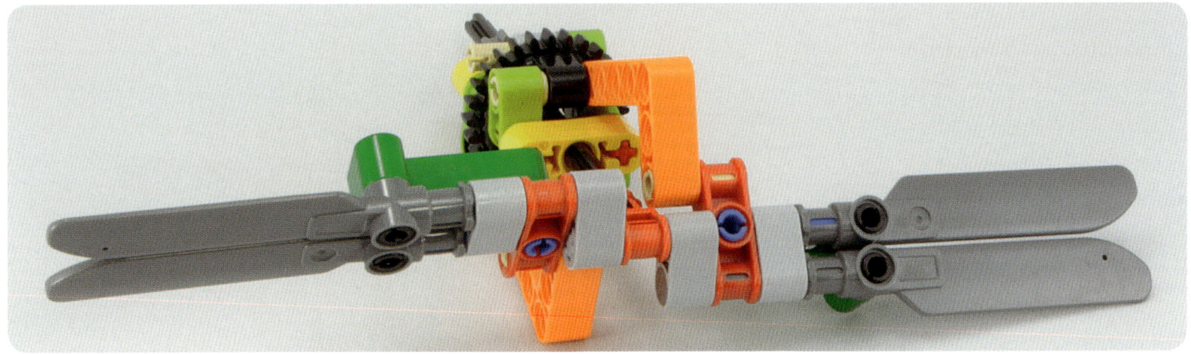

구동 장치의 모듈화를 통한 다양한 움직임

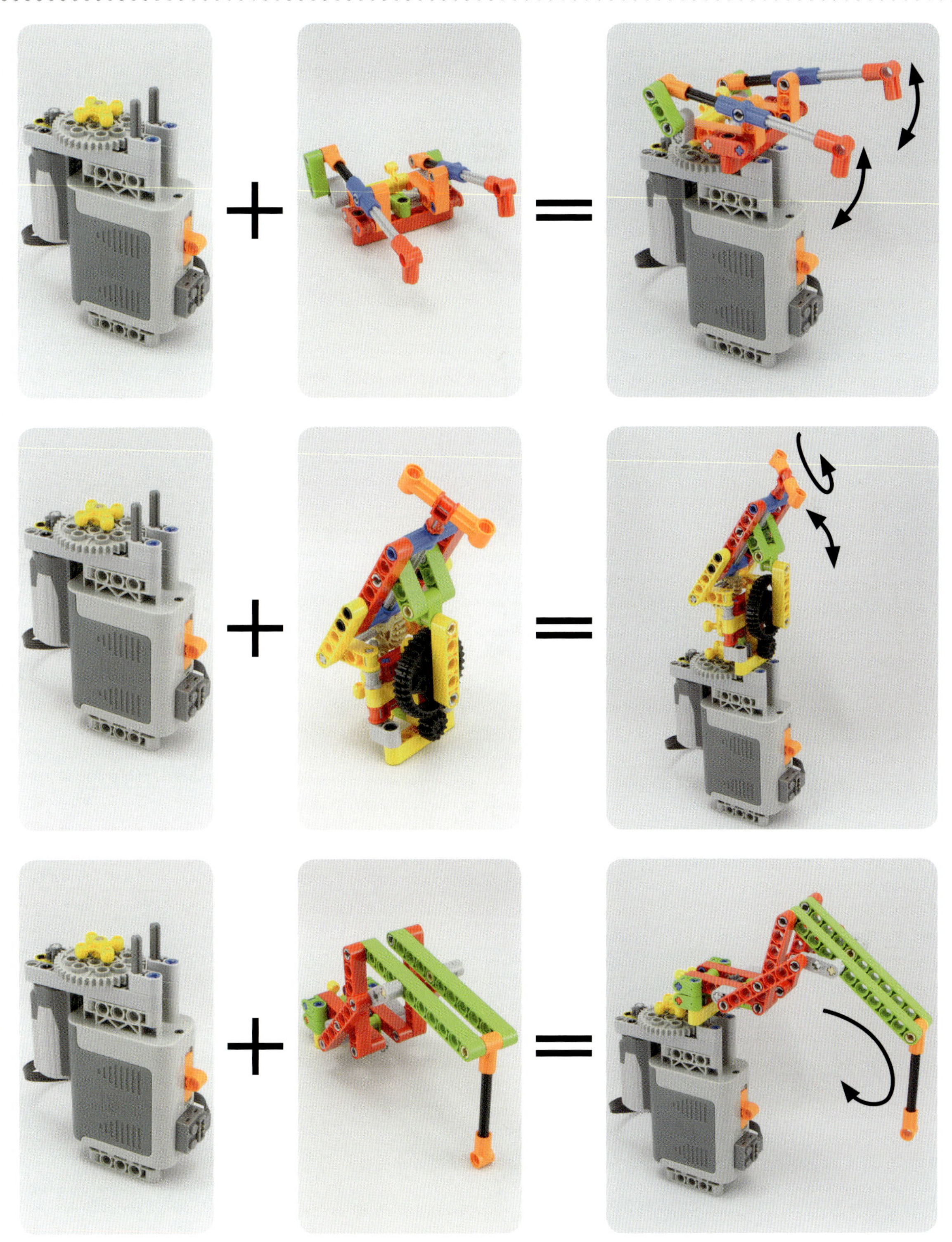

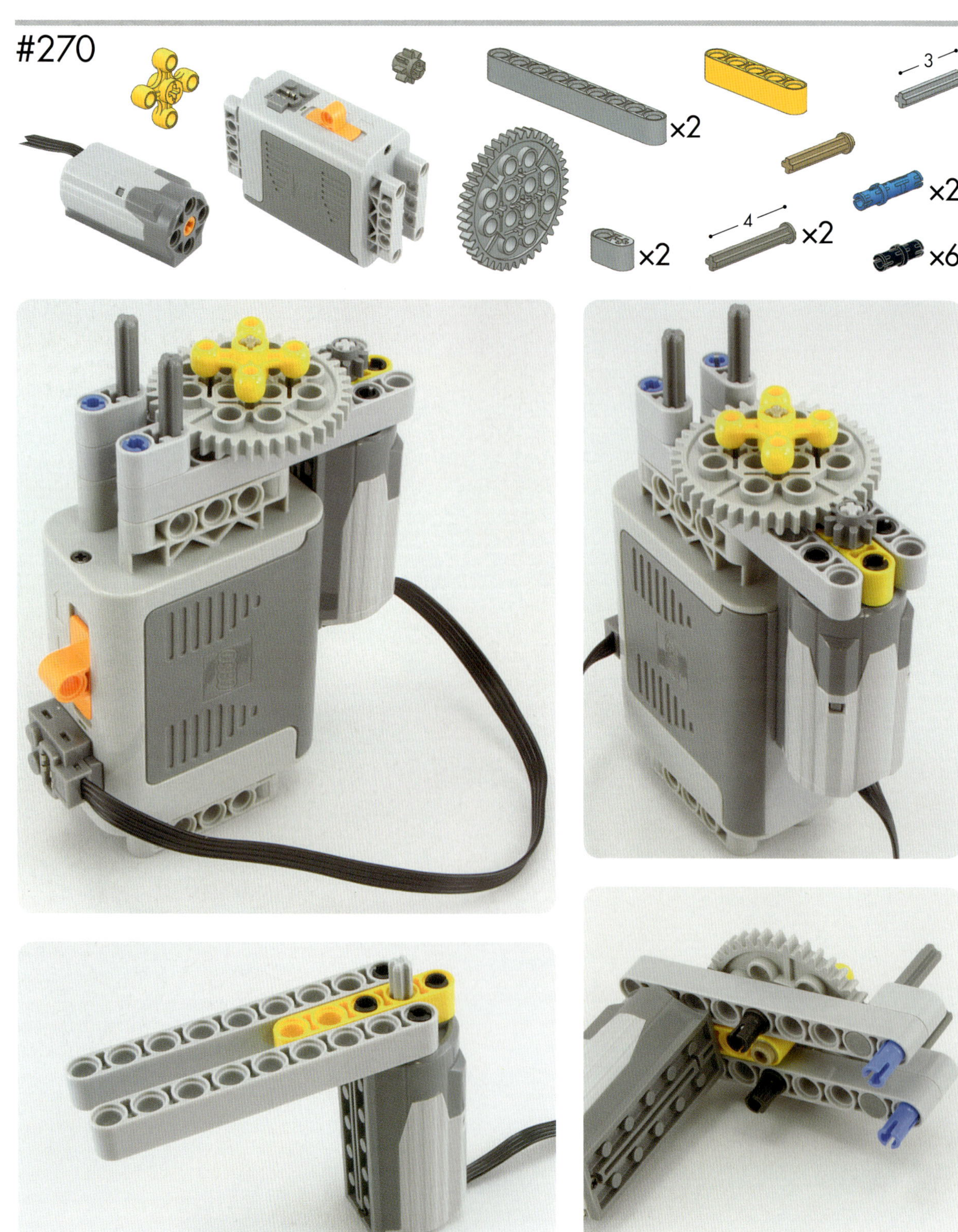

#271

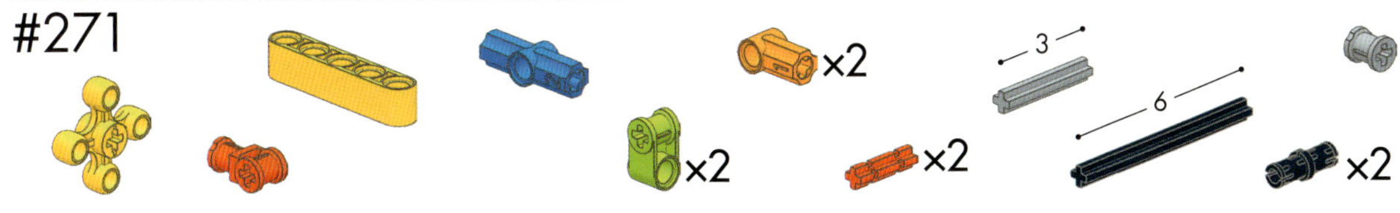

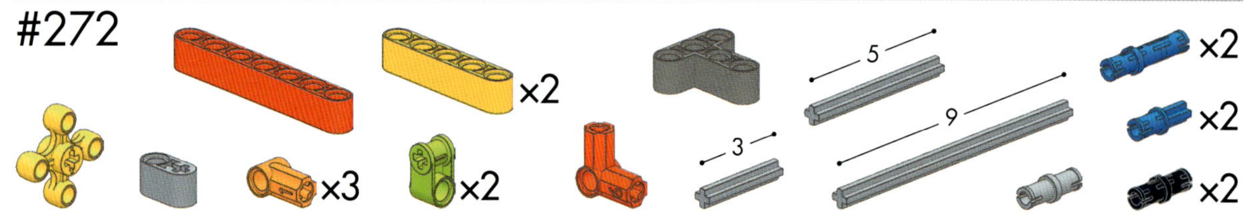

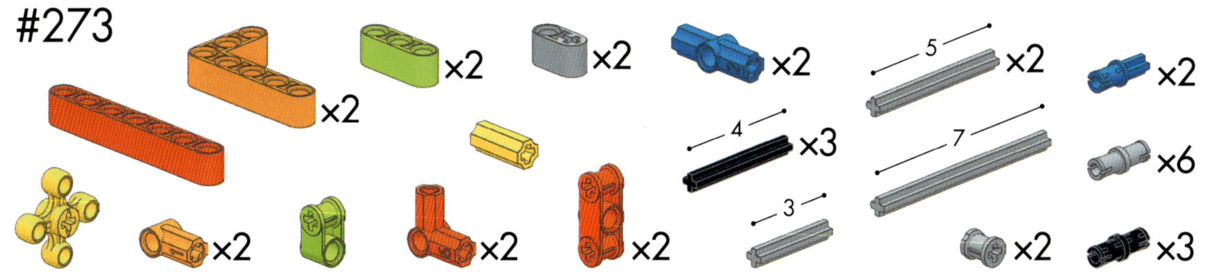

#273
×2
×2
×2
×2
5
×2
×2
4
×3
×6
7
3
×2
×2
×2
×3

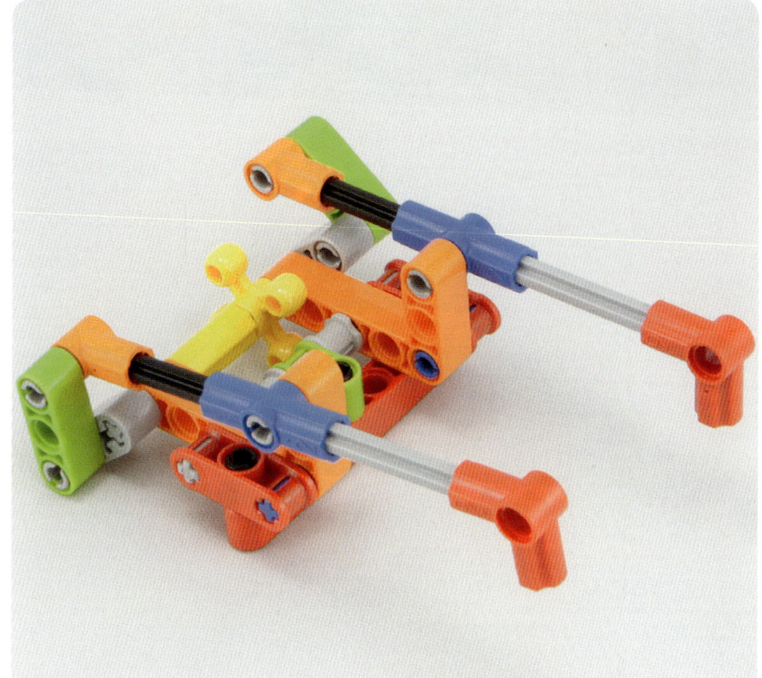

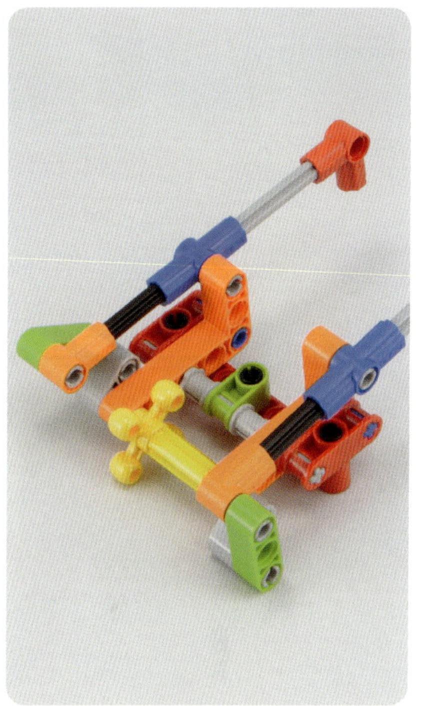

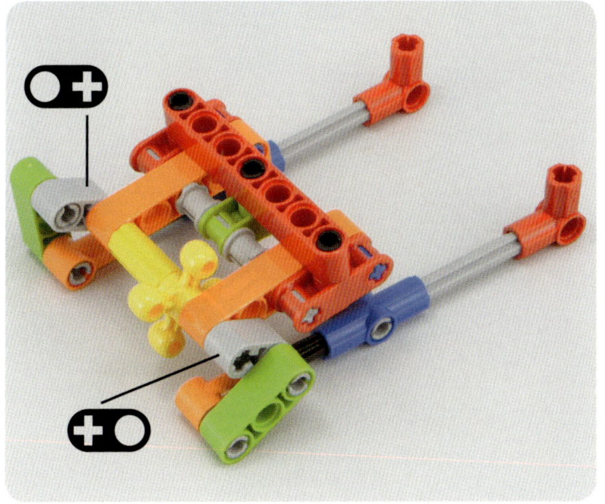

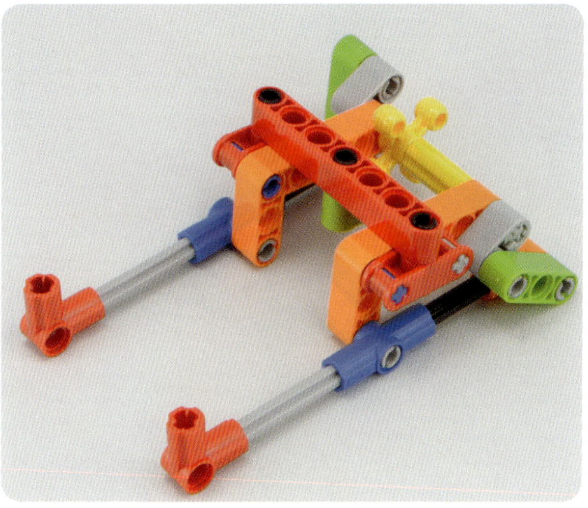

#274

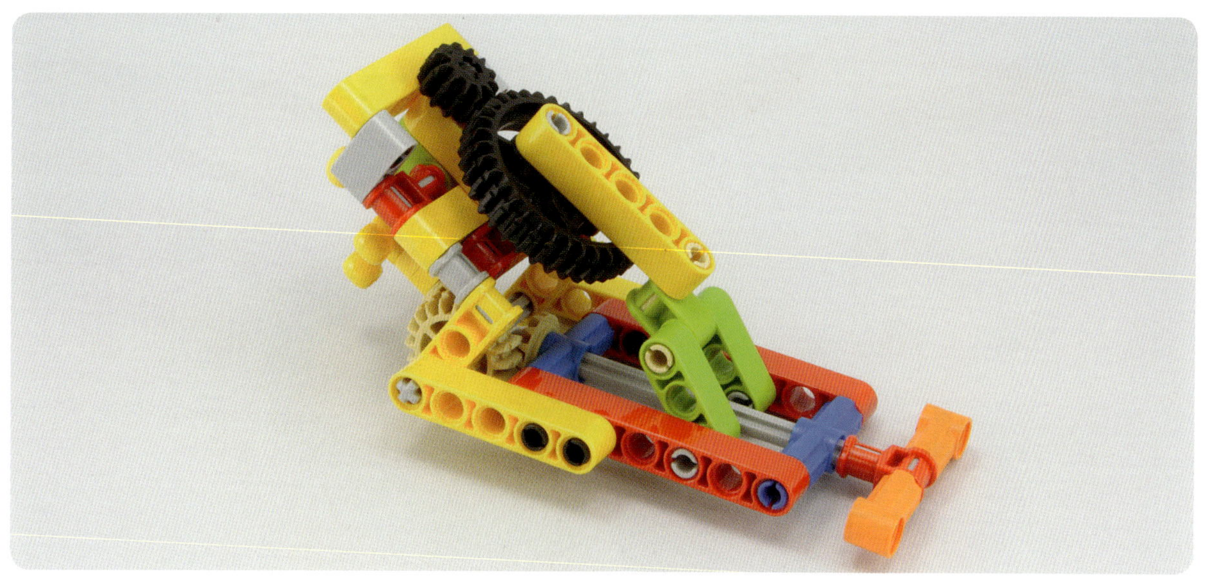

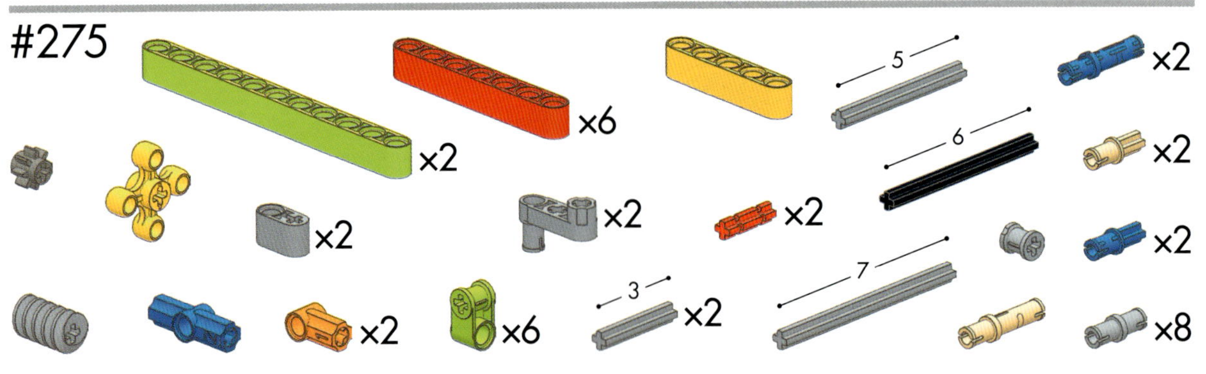

#275

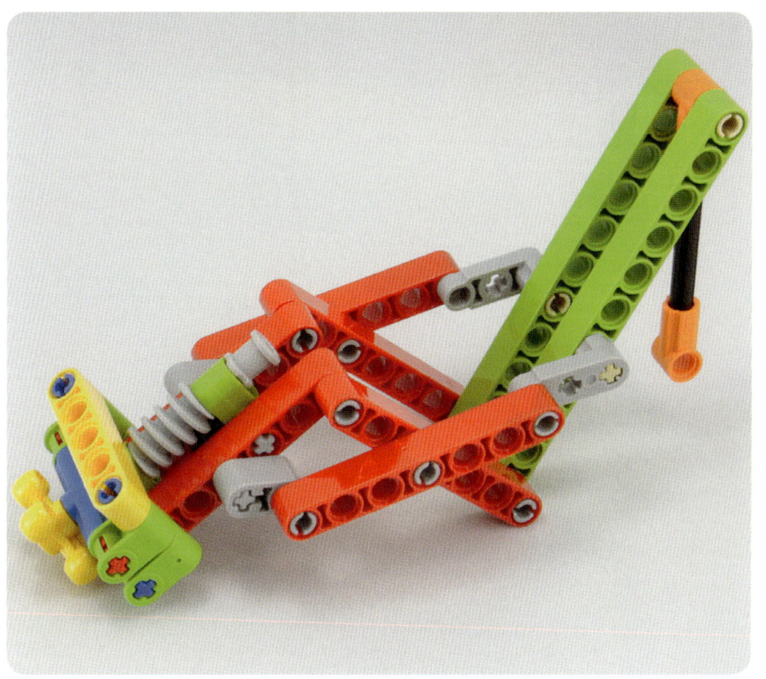

모듈형 장치의 조합

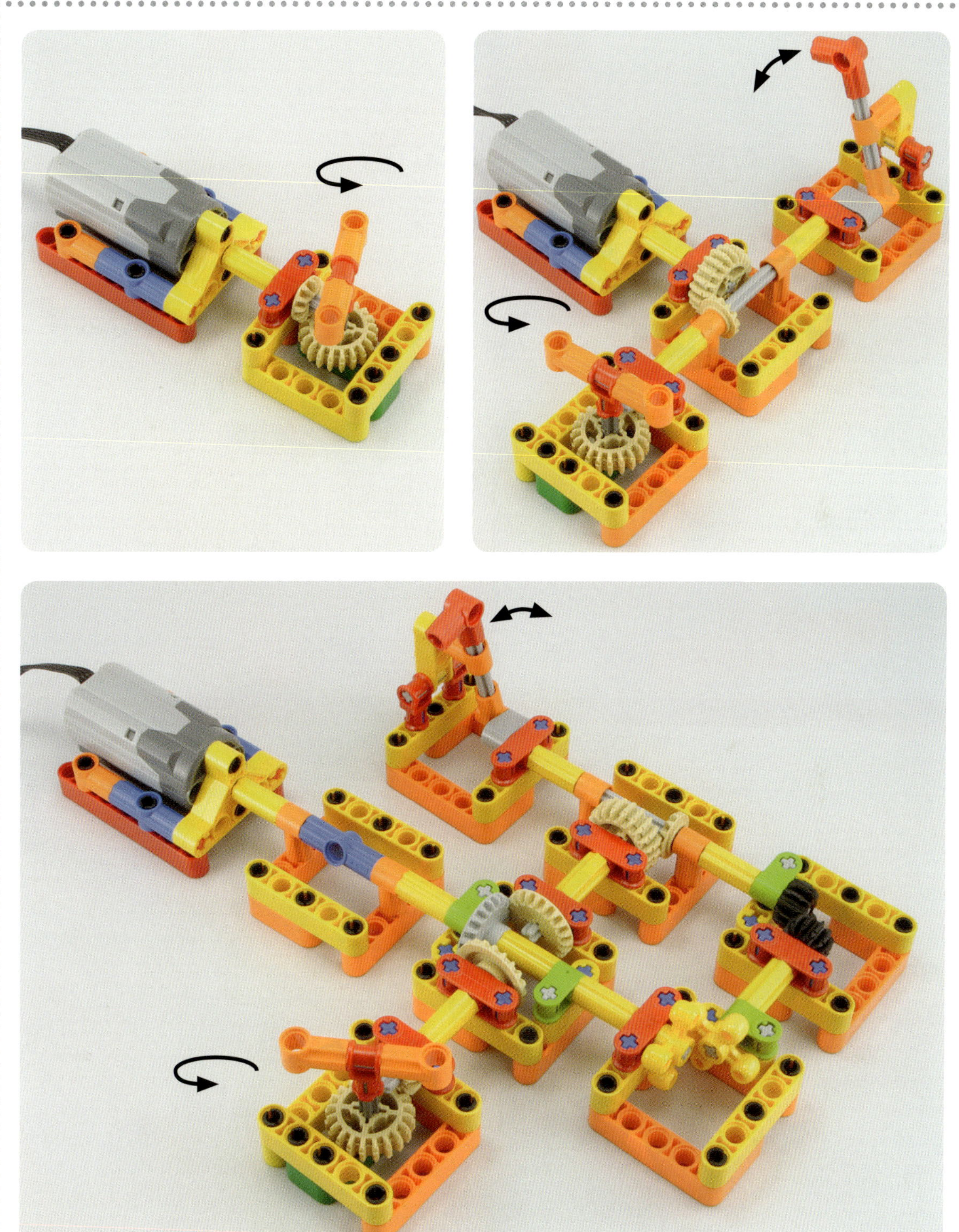

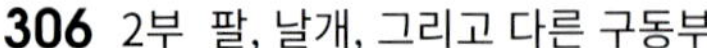

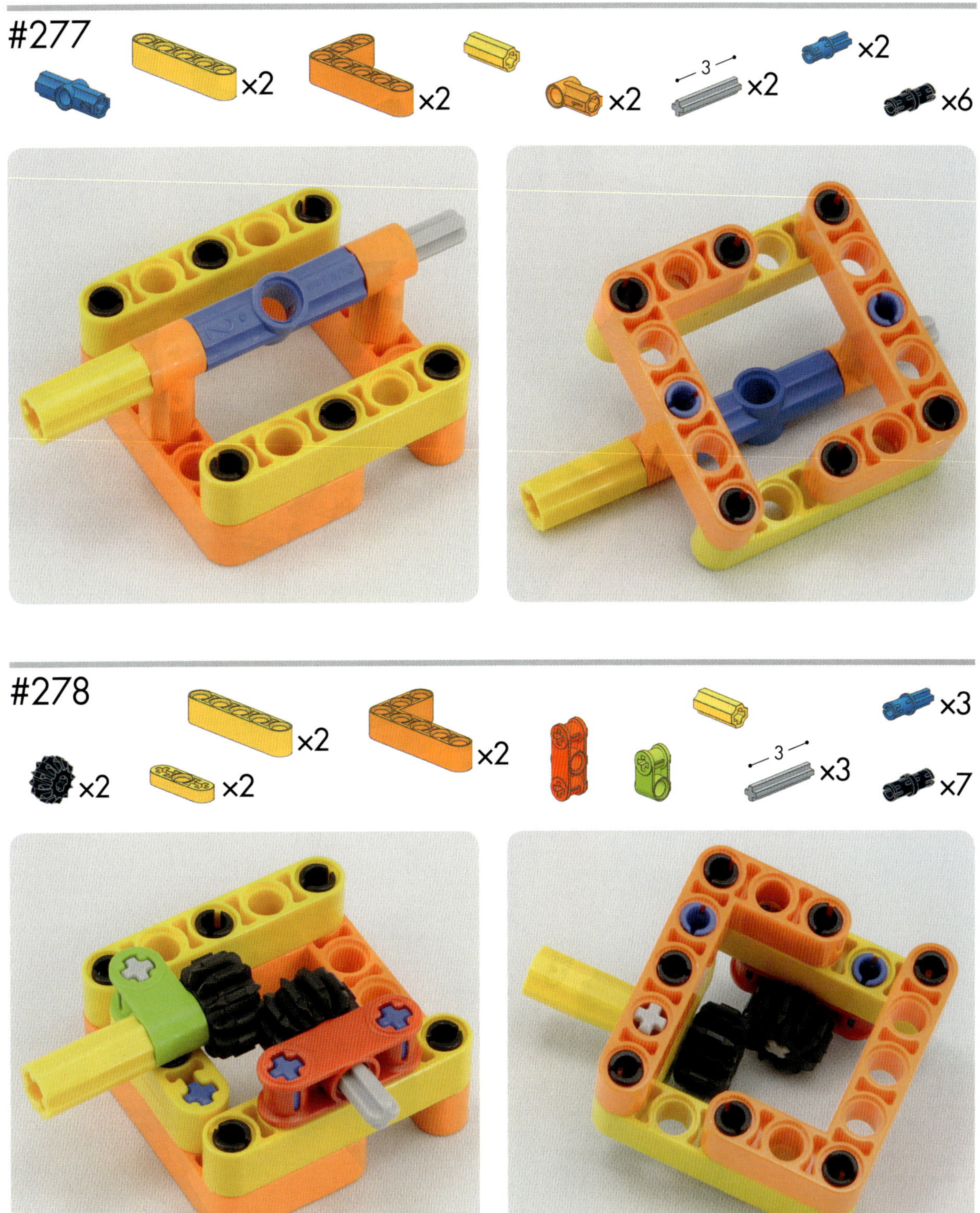

#277

#278

#279

#280

#281

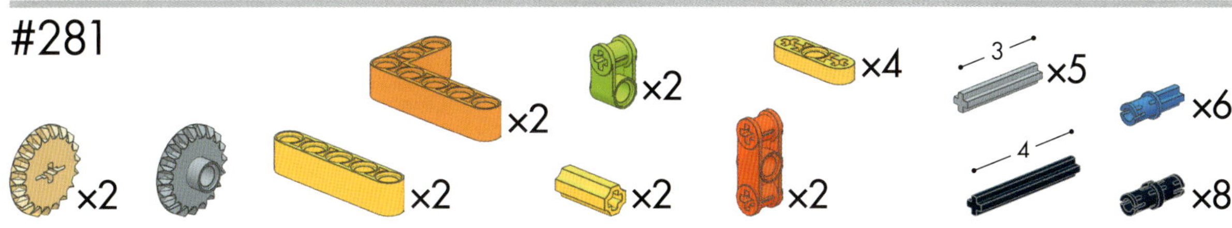

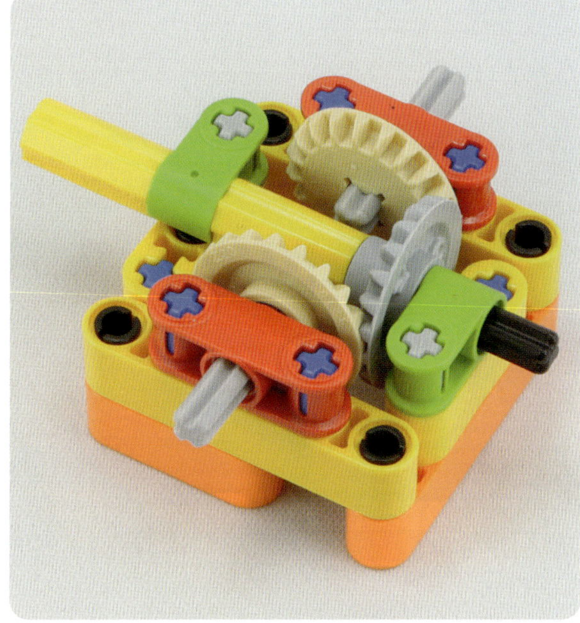

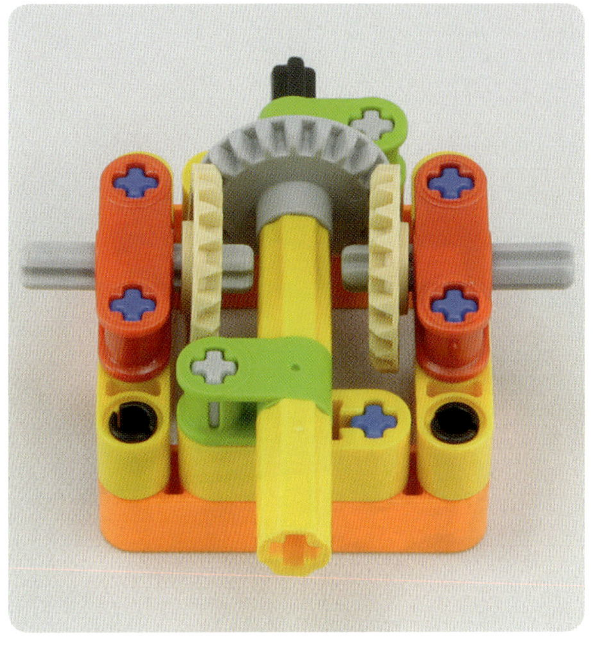

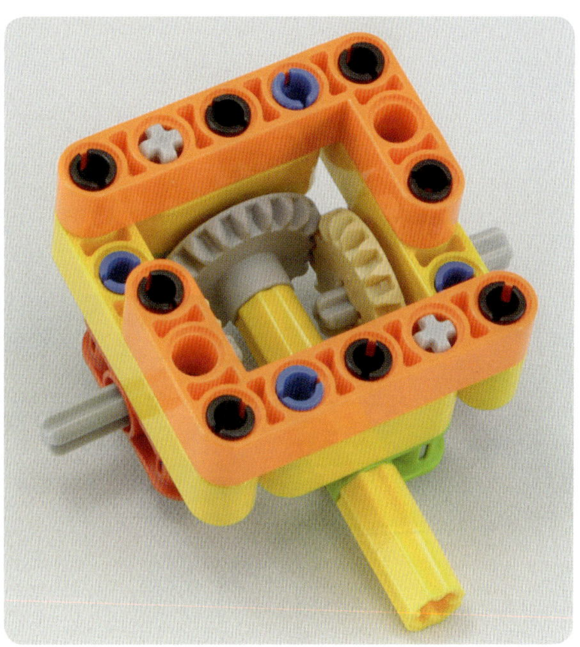

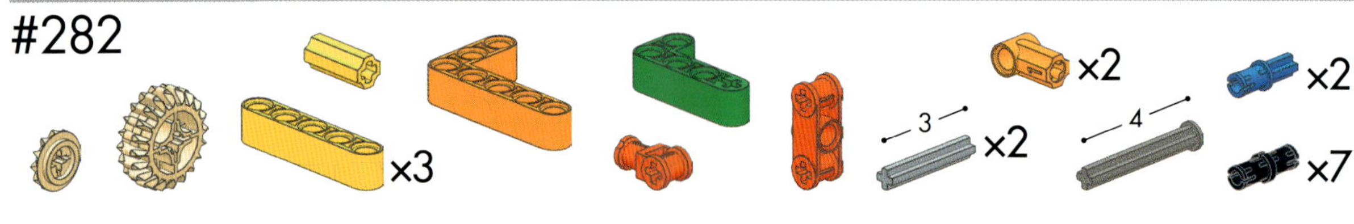

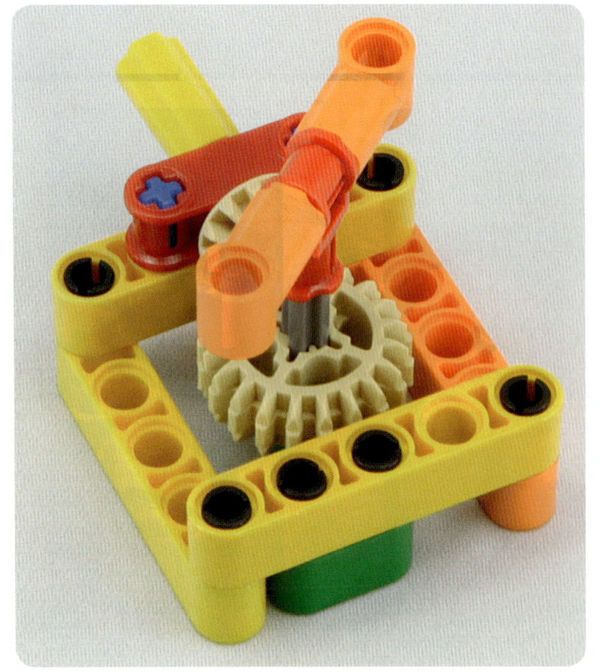

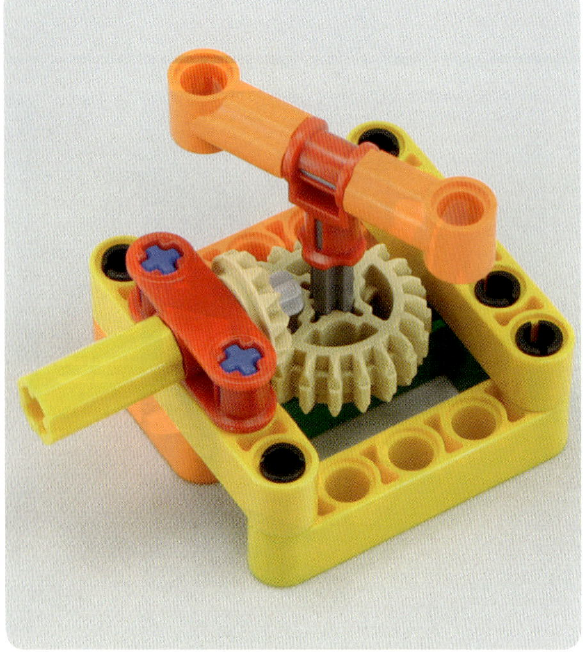

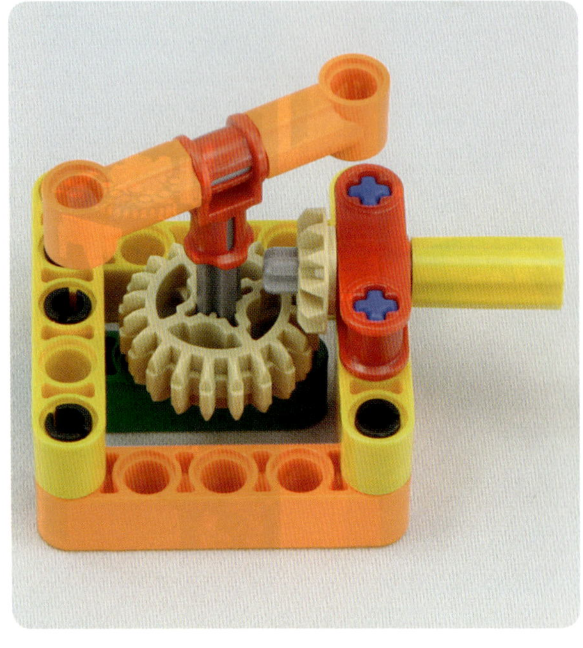

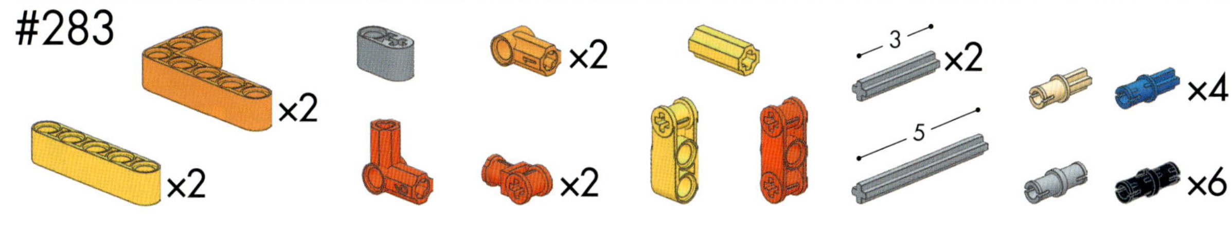

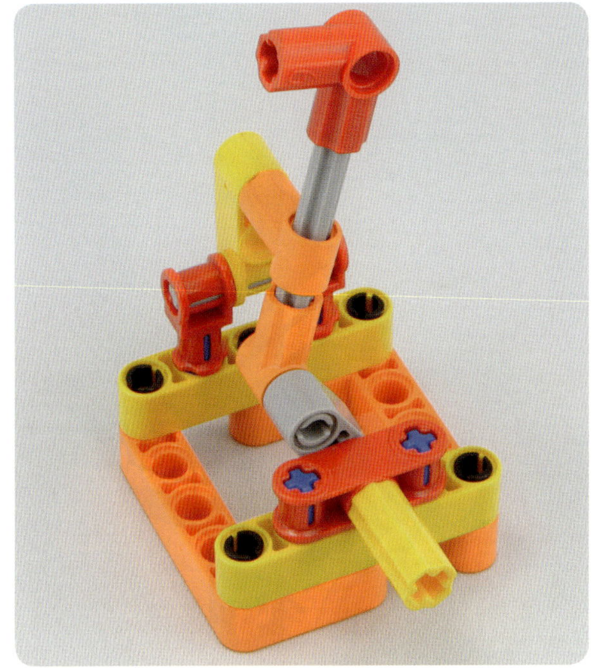

부품 목록

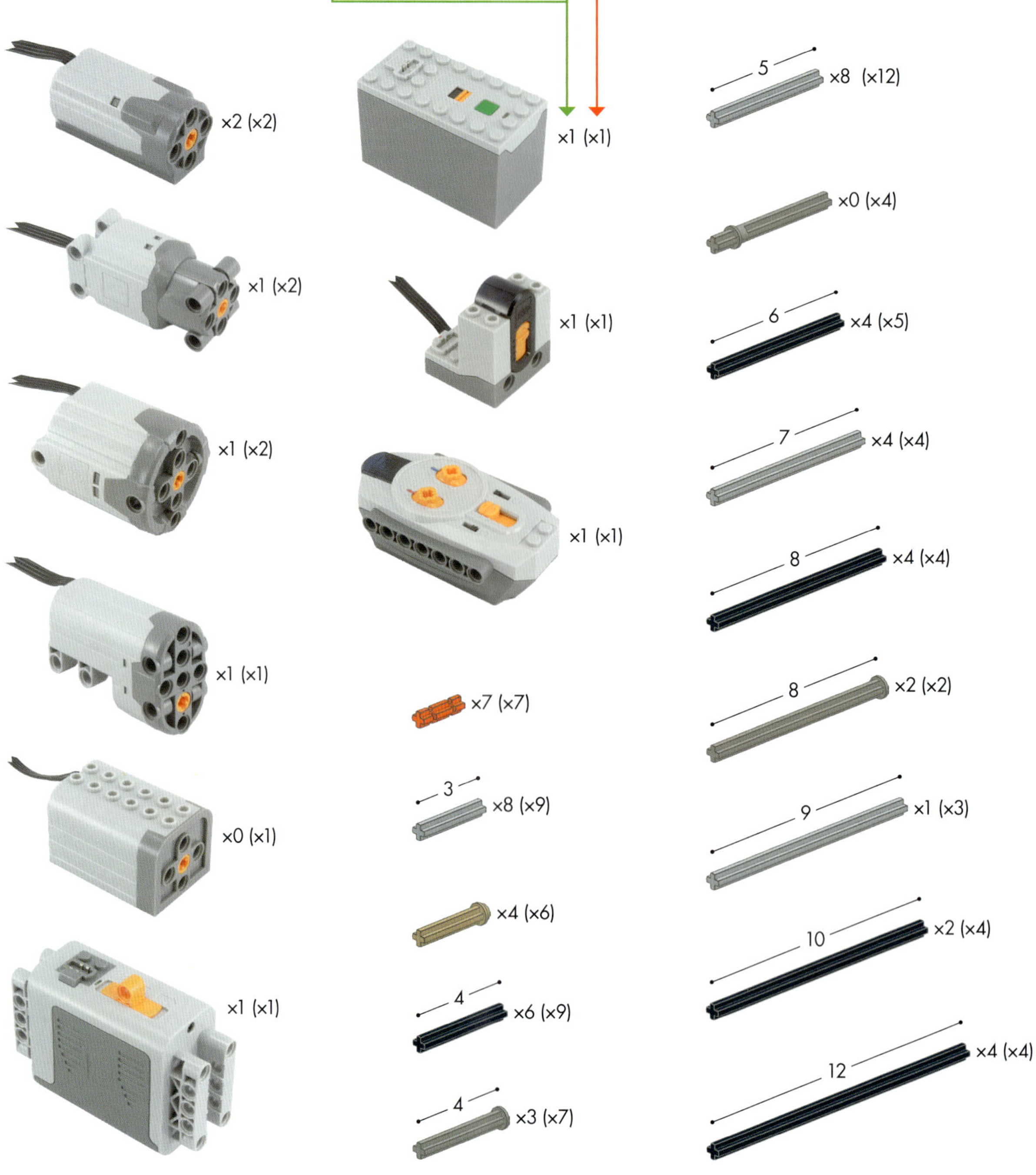

×5 (×5)
×1 (×1)
×4 (×5)
×4 (×6)
×8 (×8)
×1 (×2)
×2 (×2)
×5 (×6)
×1 (×1)
×1 (×8)
×3 (×9)
×4 (×4)
×1 (×1)
×2 (×2)
×2 (×2)
×1 (×1)
×0 (×1)
×1 (×1)
×4 (×6)
×40 (×92)
×29 (×98)
×31 (×58)
×1 (×2)
×6 (×6)
×2 (×2)
×8 (×8)
×4 (×4)
×4 (×6)
×2 (×2)
×2 (×2)
×0 (×2)
×0 (×2)
×4 (×6)
×4 (×6)
×4 (×6)
×0 (×4)
×0 (×4)
×0 (×2)
×0 (×2)
×0 (×2)
×2 (×2)
×2 (×4)
×2 (×2)
×1 (×1)
×2 (×4)
×1 (×1)
×2 (×2)

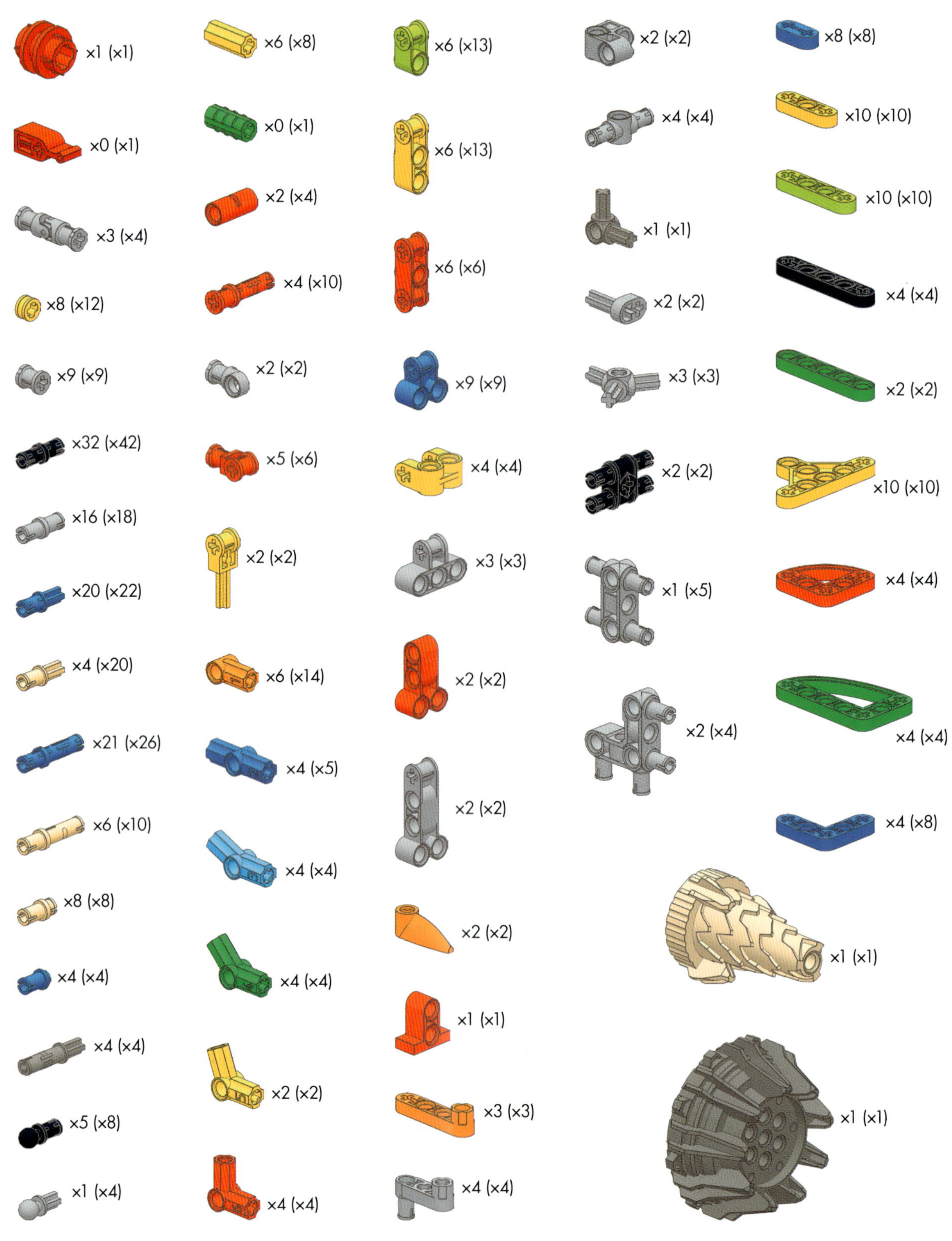

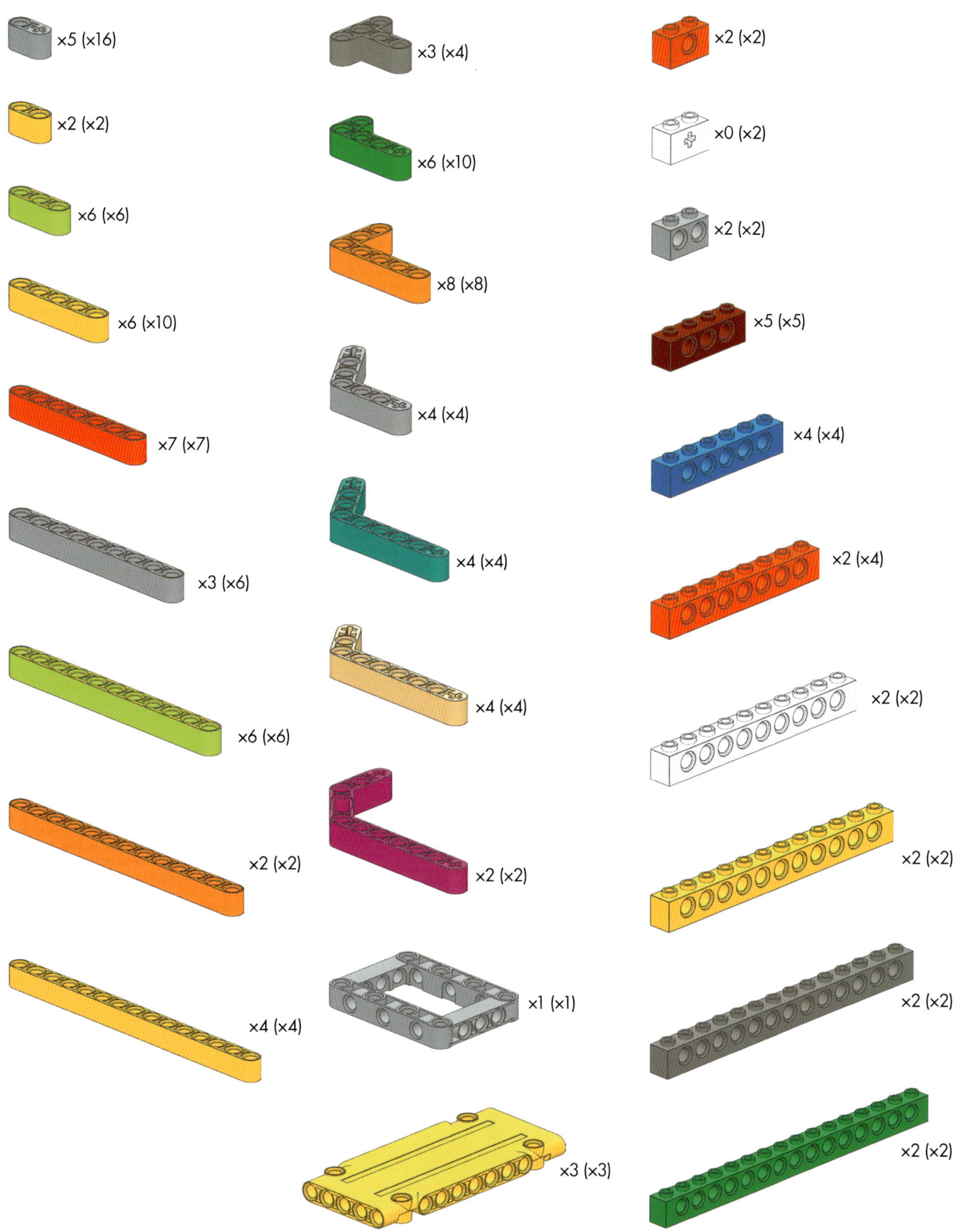

×5 (×16)
×2 (×2)
×6 (×6)
×6 (×10)
×7 (×7)
×3 (×6)
×6 (×6)
×2 (×2)
×4 (×4)
×3 (×4)
×6 (×10)
×8 (×8)
×4 (×4)
×4 (×4)
×4 (×4)
×2 (×2)
×1 (×1)
×3 (×3)
×2 (×2)
×0 (×2)
×2 (×2)
×5 (×5)
×4 (×4)
×2 (×4)
×2 (×2)
×2 (×2)
×2 (×2)
×2 (×2)

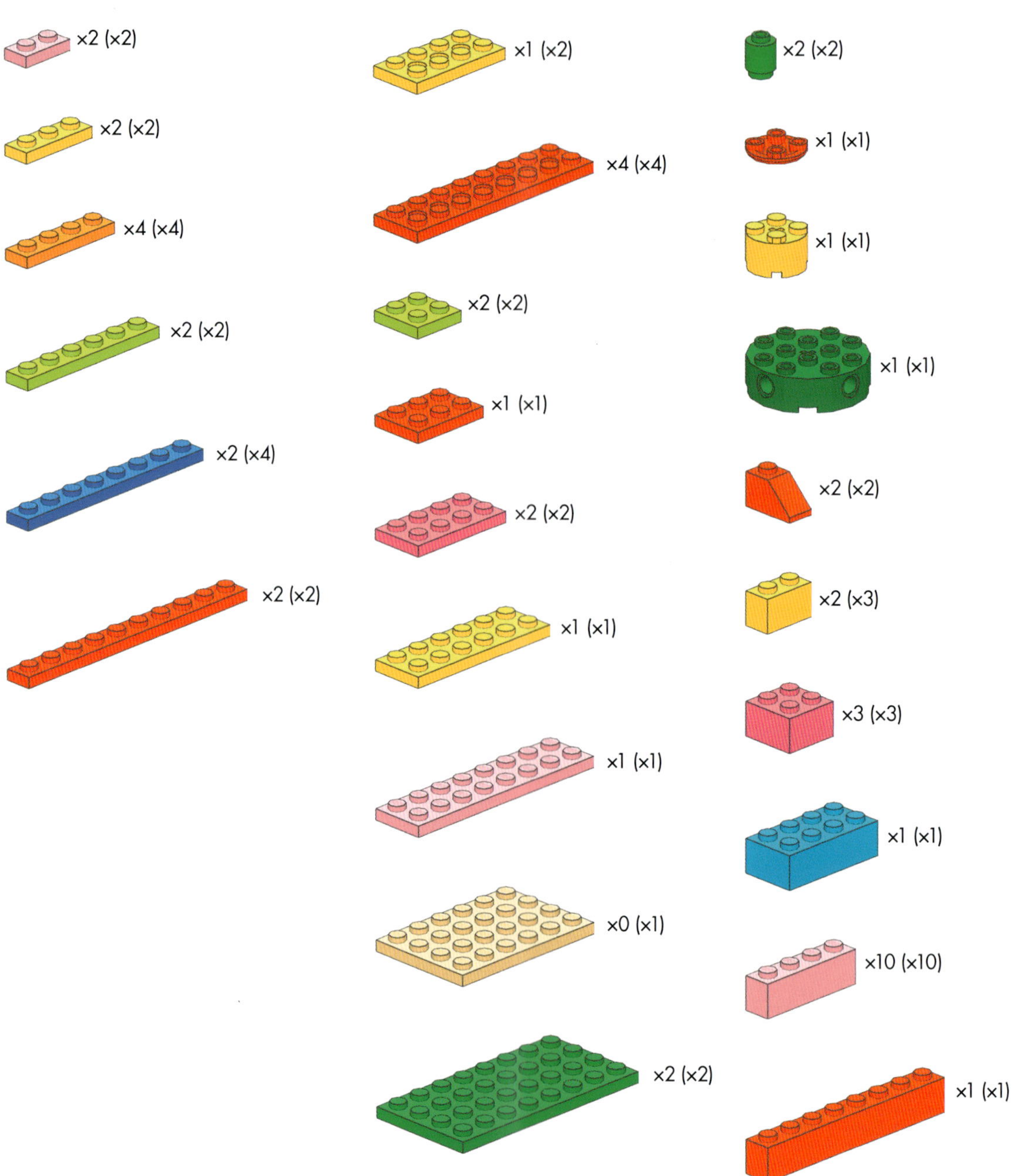

×2 (×2)
×2 (×2)
×4 (×4)
×2 (×2)
×2 (×4)
×2 (×2)
×1 (×2)
×4 (×4)
×2 (×2)
×1 (×1)
×2 (×2)
×1 (×1)
×1 (×1)
×0 (×1)
×2 (×2)
×2 (×2)
×1 (×1)
×1 (×1)
×1 (×1)
×2 (×2)
×2 (×3)
×3 (×3)
×1 (×1)
×10 (×10)
×1 (×1)